Neil Postman

Das Technopol
Die Macht der Technologien und die Entmündigung der Gesellschaft

Aus dem Amerikanischen von Reinhard Kaiser

S. Fischer

2. Auflage: 26.–33. Tausend
Die amerikanische Originalausgabe mit dem Titel
›Technopoly‹ erschien 1991 bei Alfred A. Knopf, Inc., New York
Copyright © 1991 by Neil Postman
Für die deutsche Ausgabe:
© 1992 S. Fischer Verlag GmbH, Frankfurt am Main
Alle Rechte vorbehalten
Umschlaggestaltung: Buchholz/Hinsch/Walch
Umschlagabbildung: Image Bank/Bavaria
Satz: Fotosatz Otto Gutfreund, Darmstadt
Druck und Einband: Clausen & Bosse, Leck
Printed in Germany 1992
ISBN 3-10-062413-0

Für Faye und Manny

»Gleichgültig, ob sie sich auf neue wissenschaftliche Forschungen stützt oder nicht – die Technik
ist eine Unterabteilung der Moralphilosophie und
nicht der Wissenschaft.«

Paul Goodman, *New Reformation*

Inhalt

Einleitung

Im Jahre 1959 veröffentlichte Sir Charles Snow seinen Essay *The Two Cultures and the Scientific Revolution*. Unter diesem Titel und diesem Thema hatte auch die »Rede-Lecture« gestanden, die er zuvor an der Cambridge University gehalten hatte. In dieser Vorlesung beschäftigte sich Sir Charles mit einer Frage, die er für eines der großen Probleme unserer Zeit hielt – mit dem Gegensatz von Kunst und Wissenschaft oder, genauer gesagt, mit der unversöhnlichen Feindseligkeit zwischen literarisch gebildeten Intellektuellen (die man zuweilen auch Geisteswissenschaftler oder »Humanisten« nennt) und Naturwissenschaftlern. Unter Universitätsleuten löste das Erscheinen dieses Buches ein kleineres Erdbeben aus (sagen wir, von der Stärke 2,3 auf der Richter-Skala), nicht zuletzt deshalb, weil sich Snow entschieden auf die Seite der Naturwissenschaftler schlug und den Geisteswissenschaftlern reichlich Grund und Anlaß zu witzigen und boshaften Erwiderungen bot. Aber die Kontroverse währte nicht lange, und das Buch verschwand bald von der Bildfläche. Aus gutem Grund. Sir Charles hatte die falsche Frage gestellt, er hatte die falsche Argumentation entwickelt und war deshalb zu einer belanglosen Antwort gelangt. Zwischen Geisteswissenschaftlern und Naturwissenschaftlern gibt es keinen Streit, jedenfalls keinen, der für ein breiteres Publikum von Interesse wäre.

Dennoch gebührt Snow beträchtlicher Respekt für die Beobachtung, daß es tatsächlich zwei Kulturen gibt, daß sie in einem scharfen Gegensatz zueinander stehen und daß über diesen Sachverhalt eine ausführliche Debatte in Gang kommen muß. Hätte er sich weniger mit den Querelen der Leute befaßt, die sich in irgendwelchen Fakultäts-Clubs bewegen, und mehr mit dem

Leben derer, die solche Räume noch nie betreten haben, dann hätte er sicherlich erkannt, daß es Streit nicht zwischen Geisteswissenschaftlern und Naturwissenschaftlern gibt, sondern zwischen der Technik und allen anderen. Damit ist nicht gesagt, daß »alle anderen« dies auch erkennen. Die meisten Menschen halten die Technik sogar für einen zuverlässigen Freund. Dafür gibt es zwei Gründe. Erstens: die Technik ist tatsächlich ein Freund. Sie macht das Leben leichter, sauberer und länger. Kann man von einem Freund mehr verlangen? Zweitens: wegen der seit langem bestehenden, engen und unausweichlichen Beziehung, die die Technik mit der Kultur unterhält, legt sie es von sich aus nicht nahe, ihre Konsequenzen für die Kultur einer genauen Prüfung zu unterziehen. Sie ist einer von jenen Freunden, die uns Zutrauen und Gehorsam abverlangen, und weil die Technik so reiche Gaben gewährt, sind die meisten Menschen bereit, auf dieses Verlangen einzugehen. Aber dieser Freund hat auch eine dunkle Seite. Seine Geschenke sind mit hohen Kosten verbunden. Um es dramatisch zu formulieren: man kann gegen die Technik den Vorwurf erheben, daß ihr unkontrolliertes Wachstum die Lebensquellen der Menschheit zerstört. Sie schafft eine Kultur ohne moralische Grundlage. Sie untergräbt bestimmte geistige Prozesse und gesellschaftliche Beziehungen, die das menschliche Leben lebenswert machen. Kurz, die Technik ist beides – Freund und Feind.

Dieses Buch versucht zu beschreiben, wann, wie und warum die Technik zu einem besonders gefährlichen Feind wurde. Mit dieser Frage haben sich schon viele andere Autoren kenntnisreich und engagiert auseinandergesetzt – in unserer Zeit Lewis Mumford, Jacques Ellul, Herbert Read, Arnold Gehlen, Ivan Illich, um nur einige zu nennen. Diese Debatten wurden durch die irrelevanten Überlegungen von Snow nur kurz unterbrochen und dann mit einer Dringlichkeit fortgeführt, die durch die spektakuläre Demonstration der technologischen Überlegenheit der Vereinigten Staaten im Krieg gegen den Irak noch unabweisbarer geworden ist. Ich behaupte nicht, daß dieser Krieg ungerechtfertigt war oder daß die Technik hier mißbraucht wurde, sondern nur, daß der amerikanische Erfolg womöglich der katastrophalen Vorstellung Vorschub leisten könnte, im Frieden wie im Krieg sei die Technik unsere Erlösung.

1. Das Urteil des Thamus

In Platons *Phaidros* findet sich eine Geschichte über Thamus, den König einer großen Stadt in Oberägypten. Für Leute wie uns, die wir uns (Henry David Thoreau zufolge) gern zu Werkzeugen unserer Werkzeuge machen, gibt es kaum einen lehrreicheren Mythos als diesen. Sokrates erzählt ihn seinem Freund Phaidros auf folgende Weise: Einst hatte Thamus den Gott Theuth zu Gast, der vieles erfunden hatte – die Zahl, das Rechnen, die Geometrie, die Astronomie und das Schreiben. Theuth stellte dem König Thamus seine Erfindungen vor und begehrte, sie sollten den Ägyptern bekannt und zugänglich gemacht werden. Nun fährt Sokrates fort:

»Thamus fragte, was doch eine jede der Künste für Nutzen gewähre, und je nachdem ihm, was Theuth darüber vorbrachte, richtig oder unrichtig dünkte, tadelte er oder lobte. Vieles nun soll Thamus dem Theuth über jede Kunst dafür und dawider gesagt haben, welches weitläufig wäre alles anzuführen. Als er aber an die Buchstaben gekommen, habe Theuth gesagt: Diese Kunst, o König, wird die Ägypter weiser machen und gedächtnisreicher, denn als ein Mittel für Erinnerung und Weisheit ist sie erfunden. Jener aber habe erwidert: O kunstreicher Theuth, einer weiß, was zu den Künsten gehört, ans Licht zu bringen; ein anderer zu beurteilen, wieviel Schaden und Vorteil sie denen bringen, die sie gebrauchen werden. So hast auch du jetzt, als Vater der Buchstaben, aus Liebe das Gegenteil dessen gesagt, was sie bewirken. Denn diese Erfindung wird den Seelen der Lernenden vielmehr Vergessenheit einflößen aus Vernachlässigung der Erinnerung, weil sie im Vertrauen auf die Schrift sich nur von außen vermittels fremder Zeichen, nicht aber innerlich sich selbst und unmittelbar erinnern werden. Nicht also für die Erinnerung, sondern nur für das Erinnern hast du ein Mittel erfunden, und von der Weisheit bringst du deinen Lehrlingen nur den Schein bei, nicht die Sache selbst. Denn indem sie nun vieles gehört haben ohne Unterricht, werden sie sich auch vielwissend zu sein dünken, obwohl sie größtenteils unwissend sind, und sie werden der Gesellschaft eine Bürde sein, nachdem sie dünkelhaft geworden, statt weise.«[1]

Ich beginne mein Buch mit diesem Mythos, weil die Antwort des Thamus mehrere sehr vernünftige Prinzipien enthält, die wir uns zunutze machen können, wenn wir mit weiser Umsicht Überlegungen zur technologischen Gesellschaft anstellen wollen. Es gibt im Urteil des Thamus sogar einen Irrtum, aus dem wir etwas Wichtiges lernen können. Dieser Irrtum besteht nicht in der Behauptung, die Schrift werde dem Erinnerungsvermögen schaden und eine falsche Art von Weisheit hervorbringen. Es läßt sich nämlich zeigen, daß die Schrift diese Wirkung tatsächlich gehabt hat. Der Irrtum des Thamus besteht vielmehr in der Annahme, die Schrift werde der Gesellschaft eine Bürde sein und sonst nichts. Bei all seiner Weisheit vermag Thamus sich nicht vorzustellen, worin die Vorteile der Schrift bestehen könnten, die, wie wir inzwischen wissen, doch recht beträchtlich sind. Wir erkennen daran, daß es falsch ist, anzunehmen, eine technische Innovation wirke sich nur nach einer Seite aus. Jede Technik ist beides, eine Bürde und ein Segen; es gibt hier kein Entweder-Oder, sondern nur ein Sowohl-Als-auch.

Nun ist dies eigentlich offensichtlich, zumal für jene, die mehr als zwei Minuten über diesen Sachverhalt nachgedacht haben. Und doch sind wir heutzutage von ganzen Scharen eifernder Theuths umgeben, einäugigen Propheten, die nur sehen, was die neuen Technologien zu leisten vermögen, und sich nicht vorstellen wollen, was sie zerstören. Man könnte diese Leute als Technophile bezeichnen. Sie sehen die Technik wie ein Liebhaber seine Geliebte, ohne jeden Makel und ohne Sorge um das, was die Zukunft bringen mag. Deshalb sind sie gefährlich, und man muß sich vor ihnen in acht nehmen. Auf der anderen Seite gibt es einäugige Propheten, wie ich einer bin (oder wie man es mir zum Vorwurf macht), die in der Art des Thamus nur über die Lasten sprechen, die die neuen Technologien verursachen, nicht jedoch über die Chancen, die sie eröffnen. Die Technophilen müssen für sich sprechen, und sie tun es landauf, landab. Zu meiner Verteidigung sage ich nur, daß eine abweichende Stimme zuweilen gebraucht wird, um das Getöse zu dämpfen, das die begeisterten Massen veranstalten. Wenn schon irren, dann lieber auf der Seite eines skeptischen Thamus. Denn um einen Irrtum handelt es sich allemal. Ich darf aber darauf hinweisen, daß Thamus, abgesehen von seinem Urteil über die Schrift, diesen Irrtum nicht wiederholt. Wenn man die ganze Episode noch einmal liest, stellt man fest, daß er sowohl das anführt, was *für* die Erfindungen Theuths spricht, als auch das, was *gegen* sie spricht. Denn keine Gesellschaft kommt umhin, sich, sei es auf vernünftige oder auf unvernünftige Weise, mit der Technik auseinanderzusetzen. Es wird ein Handel geschlossen, bei dem die Technik gibt und nimmt. Die Verständigen wissen das, und sie werden sich selten von technischen Wandlungen beeindrukken und nie zur Begeisterung hinreißen lassen. Hier eine Passage aus *Das Unbehagen in der Kultur*, in der sich ein skeptischer Freud zu unserem Thema äußert:

»Man möchte einwenden, ist es denn nicht ein positiver Lustgewinn, ein unzweideutiger Zuwachs an Glücksgefühl, wenn ich beliebig oft die Stimme des Kindes hören kann, das Hunderte von Kilometern entfernt von mir lebt, wenn ich die kürzeste Zeit nach der Landung des Freundes erfahren kann, daß er die lange, beschwerliche Reise gut bestanden hat? Bedeutet es nichts, daß es der Medizin gelungen ist, die Sterblichkeit der kleinen Kinder, die Infektionsgefahr der gebärenden Frauen so außerordentlich herabzusetzen, ja die mittlere Lebensdauer des Kulturmenschen um eine beträchtliche Anzahl von Jahren zu verlängern?«

Freud wußte sehr wohl, daß man technische und wissenschaftliche Fortschritte nicht leicht nehmen darf, und deshalb beginnt er diesen Abschnitt damit, daß er sie anerkennt. Aber er endet mit einem Hinweis auf das, was sie zunichte gemacht haben:

»Gäbe es keine Eisenbahn, die die Entfernungen überwindet, so hätte das Kind die Vaterstadt nie verlassen, man brauchte kein Telephon, um seine Stimme zu hören. Wäre nicht die Schiffahrt über den Ozean eingerichtet, so hätte der Freund nicht die Seereise unternommen, ich brauchte den Telegraphen nicht, um meine Sorge um ihn zu beschwichtigen. Was nützt uns die Einschränkung der Kindersterblichkeit, wenn gerade sie uns die äußerste Zurückhaltung in der Kinderzeugung aufnötigt, so daß wir im ganzen doch nicht mehr Kinder aufziehen, als in den Zeiten vor der Herrschaft der Hygiene, dabei aber unser Sexualleben in der Ehe unter schwierige Bedingungen gebracht und wahrscheinlich der wohltätigen, natürlichen Auslese entgegengearbeitet haben? Und was soll uns endlich ein langes Leben, wenn es beschwerlich, arm an Freuden und so leidvoll ist, daß wir den Tod nur als Erlöser bewillkommnen können?«[2]

Bei seiner Aufstellung der Kosten des technischen Fortschritts kommt Freud zu einem ziemlich deprimierenden Ergebnis und würde der These von Thoreau wohl zustimmen, daß unsere Erfindungen nichts weiter sind als verbesserte Mittel zu einem unverbesserten Zweck. Der Technophile würde auf Freuds Einwände sicherlich antworten, das Leben sei schon immer arm an Freuden und leidvoll gewesen, aber das Telephon, der Ozeandampfer und vor allem die Herrschaft der Hygiene hätten das Leben nicht nur verlängert, sondern auch erträglicher und angenehmer gemacht. Ich jedenfalls würde so argumentieren (und würde damit zugleich zeigen, daß ich kein einäugiger Technophobe bin), aber es ist nicht nötig, diesen Gedanken hier weiterzuverfolgen. Ich habe Freud nur zitiert, um zu zeigen, daß der Weise – und selbst einer, der eine so sorgenvolle Miene aufsetzt – seine Kritik an Technik und Technologie beginnen muß, indem er deren Erfolge anerkennt. Hätte König Thamus tatsächlich die Weisheit besessen, die man ihm zuschrieb, so hätte er nicht vergessen, seinem Urteil eine Weissagung über die Fähigkeiten beizufügen, die durch das Schreiben entfaltet würden. Eine ausgewogene Kalkulation des technischen Fortschritts erfordert auch einen unparteiischen Maßstab.

Soviel zu dem, was Thamus irrtümlich ausgelassen hat. Es gibt in seinen Überlegungen noch eine zweite Auslassung, die aber nicht auf einem Irrtum beruht. Thamus hält es nämlich für selbstverständlich – und deshalb für nicht erwähnenswert –, daß die Schrift keine neutrale Technik ist, deren Nutzen und Nachteil allein davon abhängt, wie man sie gebraucht. Er weiß, daß die Art und Weise, wie man von irgendeiner Technik Gebrauch macht, weitgehend durch die Struktur dieser Technik selbst bestimmt wird – mit anderen Worten, daß sich ihre Funktionen aus ihrer Form ergeben. Deshalb fragt Thamus nicht danach, *was* die Menschen schreiben werden; ihn interessiert vielmehr, *daß* sie schreiben werden. Man kann sich schlechterdings nicht vorstellen, daß dieser Thamus nach Art der gewöhnlichen Technophilen von heute behaupten würde, wenn man das Schreiben nur dazu nutzte, bestimmte Arten von Texten anzufertigen, andere hingegen nicht (also zum Beispiel, um Theaterstücke zu schreiben, nicht aber historische oder philosophische Abhandlungen), so könnte die zerrüttende Wirkung des Schreibens auf ein Mindestmaß reduziert werden. Er würde einen solchen Rat für äußerst naiv halten. Er würde, so denke ich mir, auch damit einverstanden sein, einer Technik den Zugang zu einer Kultur zu verwehren. Aber wir können von Thamus folgendes lernen: Sobald man einer Technik den Zugang gewährt, spielt sie alles aus, was sie bei sich hat; sie tut, wozu sie bestimmt ist. Unsere Aufgabe ist es, zu erkennen, worin diese Bestimmung besteht – anders gesagt, wenn wir einer neuen Technik den Zugang zu unserer Kultur gewähren, dann müssen wir dies mit offenen Augen tun.

So viel können wir aus dem erschließen, was Thamus nicht sagt. Noch mehr allerdings können wir dem entnehmen, was er ausdrücklich sagt. Er weist zum Beispiel darauf hin, daß das Schreiben die Bedeutung von Wörtern wie »Erinnerung« und »Weisheit« verändert. Er fürchtet, man könnte die Erinnerung mit dem verwechseln, was er verächtlich als bloßes »Erinnern« bezeichnet, und ist besorgt darüber, daß Weisheit und bloßes Bescheidwissen schließlich ununterscheidbar werden könnten. Dieses Urteil müssen wir uns gut einprägen, denn radikale Techniken oder Technologien bringen tatsächlich neue Definitionen alter Begriffe hervor, und dies geschieht, ohne daß wir uns dessen vollständig bewußt wären. Insofern hat es etwas Tückisches und Gefährliches an sich, ganz anders als der Prozeß, in dessen Verlauf neue Technologien zur Herausbildung *neuer* Wörter führen. In unserer Zeit haben wir unserer Sprache ganz bewußt Tausende von neuen Wörtern und Wendungen einverleibt, die mit neuen Technologien zu tun haben – »Videorecorder«, »Binärziffer«, »Software«, »Vorderachsantrieb«, »Walkman« usw. Dieser Vorgang vollzieht sich nicht unmerklich, sondern vor unseren Augen. Neue Dinge erfordern neue Wörter. Aber neue Dinge modifizieren auch alte Wörter, Wörter, die tiefverwurzelte Bedeutungen besitzen. Der Telegraph und die Massenpresse haben das, was wir früher unter »Bildung« oder »Information« verstanden haben, verändert. Das Fernsehen hat verändert, was wir früher unter »politischer Debatte«, »Nachricht« und »öffentlicher Meinung« verstanden haben. Und der Computer verändert das Wort »Information« noch einmal. Das Schreiben hat verändert, was wir früher unter »Wahrheit« und »Recht« verstanden haben; der Buchdruck hat diese Begriffe noch einmal verändert, und heute werden sie durch das Fernsehen und den Computer aufs neue modifiziert. Solche Wandlungen vollziehen sich schnell, nachhaltig und obendrein in der Stille. Lexikographen veranstalten keine Volksabstimmungen zu diesen Fragen. Handbücher verzeichnen nicht, was sich da abspielt, und die Schulen bekommen es nicht mit. Die alten Wörter sehen immer noch genauso aus wie früher, sie werden noch immer in den gleichen Arten von Sätzen verwendet. Aber sie haben nicht mehr die gleiche Bedeutung; in manchen Fällen hat sich diese Bedeutung sogar in ihr Gegenteil verkehrt. Und dies will Thamus uns lehren – daß die Technik ein unnachgiebiges Kommando über unsere wichtigsten Begriffe führt, daß sie neue Definitionen für »Freiheit«, »Wahrheit«, »Intelligenz«, »Tatsache«, »Weisheit«, »Erinnerung«, »Geschichte« hervorbringt – lauter Wörter, durch die und in denen wir leben. Sie nimmt sich allerdings nicht die Zeit, uns dies mitzuteilen. Und wir nehmen uns nicht die Zeit, danach zu fragen.

Diese Erscheinung im Zusammenhang mit dem technischen Wandel verlangt eine eingehende Betrachtung, und ich werde in einem späteren Kapitel darauf zurückkommen. Hier möchte ich zunächst noch einige andere Grundsätze nennen, die man dem Urteil des Thamus entnehmen kann und die erwähnt werden müssen, weil in ihnen all das anklingt, worüber ich im folgenden schreiben werde. Thamus warnt zum Beispiel davor, daß die Schüler des Theuth unverdient in den Ruf der Weisheit geraten könnten. Er will damit sagen, daß jene, die Kompetenz im Umgang mit einer neuen Technologie entwickeln, zu einer Elitegruppe werden und daß dieser Gruppe von denen, die eine solche Kompetenz nicht besitzen, eine unverdiente Autorität und ein unverdientes Ansehen zugesprochen wird. Die interessanten Auswirkungen davon lassen sich auf verschiedene Weise formulieren. Harold Innis, der Vater der modernen Kommunikationsforschung, sprach mehrfach davon, daß wichtige Technologien »Wissensmonopole« erzeugen. Er meinte damit genau das, was auch Thamus im Sinne hatte: diejenigen, die das Funktionieren einer bestimmten Technologie kontrollieren, häufen Macht an und bilden unweigerlich eine Art von Verschwörung gegen all jene, die keinen Zugang zu dem von der Technologie verfügbar gemachten Spezialwissen haben. In seinem Buch *The Bias of Communication* führt er viele historische Beispiele dafür an, wie eine neue Technologie ein überkommenes Wissensmonopol »gesprengt« und ein neues geschaffen hat, das nun in der Hand einer anderen Gruppe liegt. Man könnte auch sagen: Nutzen und Nachteile einer neuen Technologie sind nicht gleichmäßig verteilt. Es gibt jedesmal gleichsam Gewinner und Verlierer. Und es ist ebenso irritierend wie beklemmend, daß in der Vergangenheit die Verlierer aus schierer Ahnungslosigkeit den Gewinnern oft Beifall gespendet haben. Einige tun dies heute noch.

Nehmen wir zum Beispiel das Fernsehen. In den Vereinigten Staaten, wo sich das Fernsehen tiefer eingewurzelt hat als irgendwo sonst, halten viele Menschen es für einen Segen, nicht zuletzt diejenigen, die im Fernsehen eine hochbezahlte, für sie höchst befriedigende Karriere als Angestellte, Techniker, Nachrichtensprecher und Entertainer gemacht haben. Es braucht niemanden zu wundern, wenn diese Leute, die faktisch ein neues Wissensmonopol bilden, sich selbst bejubeln, wenn sie die Fernsehtechnologie verteidigen und propagieren. Auf der anderen Seite könnte das Fernsehen der Karriere von Lehrern auf lange Sicht ein Ende bereiten, denn die Schule war eine Erfindung der Druckpresse, und sie steht oder fällt mit der Frage, welche Bedeutung man dem gedruckten Wort beimißt. Vierhundert Jahre lang hatten die Lehrer Anteil an dem vom Buchdruck erzeugten Wissensmonopol, und nun erleben sie, wie dieses

Monopol zerbricht. Es scheint, daß sie gegen dieses Zerbrechen wenig auszurichten vermögen, aber geradezu grotesk mutet es an, wenn Lehrer angesichts dessen, was da vor sich geht, Begeisterung bekunden. Solche Begeisterung erinnert mich an die Geschichte von dem Hufschmied aus der Zeit um die Jahrhundertwende, der nicht nur ein Loblied auf das Automobil sang, sondern auch fest davon überzeugt war, daß sein Berufszweig vom Auto profitieren werde; statt dessen wurde er überflüssig gemacht, wie klarer sehende Hufschmiede wohl schon bald hätten erkennen können. Was sie dagegen hätten tun können? Vielleicht nichts, es sei denn weinen.

In einer ähnlichen Situation befinden wir uns angesichts der Entwicklung und Verbreitung der Computertechnologie, denn auch hier gibt es Gewinner und Verlierer. Es steht außer Zweifel, daß der Computer die Macht von Großorganisationen, etwa der Streitkräfte, der Fluggesellschaften, der Banken oder der Steuerbehörden, gesteigert hat. Und ebenso klar ist, daß der Computer für die Mitarbeiter in physikalischen oder anderen naturwissenschaftlichen Großforschungsprojekten heute unentbehrlich ist. Aber inwiefern war die Computertechnologie für die große Masse der Bevölkerung von Vorteil? Für Stahlarbeiter, Gemüsehändler, Lehrer, Automechaniker, Musiker, Maurer, Zahnärzte und für die meisten anderen, in deren Leben der Computer immer stärker eindringt? Ihre Privatangelegenheiten sind für die Instanzen der Macht leichter zugänglich geworden. Sie selbst sind leichter zu ermitteln und zu kontrollieren und werden häufiger überprüft; sie verstehen die über sie getroffenen Entscheidungen immer weniger; und oft werden sie zu bloßen Nummern reduziert. Eine Flut von Müllpost ergießt sich über sie. Für Werbeagenturen und politische Organisationen sind sie zu einer leichten Beute geworden. Die Schulen lehren die Kinder, mit computerisierten Systemen umzugehen, statt ihnen Dinge beizubringen, die für die Kinder viel wichtiger wären. Kurzum, fast nichts von dem, was sie wirklich brauchen, wird den Verlierern zuteil. Und ebendeshalb sind sie Verlierer.

Es ist nicht verwunderlich, daß die Gewinner versuchen, die Verlierer für die Computertechnologie zu begeistern. Gewinner verfahren so, und deshalb versichern sie den Verlierern immer wieder, daß jeder normale Mensch mit Hilfe eines Personal

Computers sein Konto übersichtlicher führen, seine Quittungen besser ablegen und seine Einkaufzettel sinnvoller gliedern kann. Sie erklären ihnen auch, daß sie ihr Leben effizienter gestalten können. Doch dabei gehen sie stillschweigend über die Frage hinweg, aus wessen Perspektive diese Effizienz wünschenswert erscheint und wie hoch ihr Preis ist. Wenn sich die Verlierer trotzdem skeptisch zeigen, blenden die Gewinner sie mit den Wunderdingen, zu denen die Computer imstande sind. Doch für das Leben der Verlierer und dessen Qualität sind fast alle diese Leistungen nur von untergeordneter Bedeutung, auch wenn sie beeindruckend wirken. Und schließlich geben die Verlierer nach, zum Teil auch deshalb, weil sie, wie Thamus es prophezeit hat, das Spezialwissen derer, die eine neue Technologie beherrschen, für eine Form von Weisheit halten. Die Herren der neuen Technologie sind, wie Thamus es prophezeit hat, von ihrer eigenen Weisheit ebenfalls überzeugt. Und so kommt es, daß bestimmte Fragen nicht gestellt werden. Zum Beispiel die Frage, wem die Technologie mehr Macht und mehr Freiheit gibt. Und wessen Macht oder wessen Freiheit durch sie eingeschränkt wird.

In meiner Darstellung hört sich das vielleicht an, als ginge es hier um eine sorgfältig geplante Verschwörung, als wüßten die Gewinner nur zu genau, was da gewonnen und was verloren wird. Aber ganz so verhält es sich nicht. Zum einen neigt in Kulturen mit einem demokratischen Ethos, mit relativ schwachen Bindungen an die Tradition und einer hohen Aufnahmebereitschaft gegenüber neuen Technologien jeder dazu, sich für den technologischen Wandel zu begeistern, und jeder glaubt, dessen Vorteile würden sich zuletzt gleichmäßig auf die gesamte Bevölkerung verteilen. Vor allem in den Vereinigten Staaten, wo die Gier nach dem Neuen grenzenlos scheint, ist diese kindliche Überzeugung weit verbreitet. Überhaupt wird in Amerika kaum wahrgenommen, daß es bei gesellschaftlichen Wandlungsprozessen, gleich welcher Art, fast immer Gewinner und Verlierer gibt. Das hängt zum Teil mit dem ausgeprägten Optimismus der Amerikaner zusammen. Im Falle des technologisch bedingten Wandels wird dieser angestammte Optimismus von Unternehmern ausgebeutet, die alles daransetzen, in der Bevölkerung die unwahrscheinlichsten Hoffnungen zu wecken, denn sie wissen, daß es ökonomisch unklug ist, den Preis zu nennen, der für den technologischen Wandel gezahlt werden muß. Wenn es also eine Verschwörung gibt, dann die Verschwörung einer Kultur gegen sich selbst.

Außerdem, und dies scheint mir noch wichtiger, ist zumindest in den frühen Phasen des Eindringens einer Technologie in eine Kultur nicht immer klar, wer durch sie vor allem gewinnen und wer vor allem verlieren wird. Dies liegt daran, daß die von der Technologie bewirkten Veränderungen sehr subtil, wenn nicht geradezu geheimnisvoll und im wesentlichen nicht vorhersagbar sind. Zu denen, die sich am allerwenigsten vorhersagen lassen, gehören diejenigen, die man als ideologische Veränderungen bezeichnen könnte. An sie dachte Thamus, als er davor warnte, daß sich die Schreibenden nur äußerlich, vermittels fremder Zeichen, nicht aber innerlich, aus sich selbst und unmittelbar erinnern würden und daß sie vieles gehört haben und sich vielwissend dünken ohne Unterricht. Er war der Meinung, daß neue Technologien das verändern, was wir unter »Bescheidwissen« und »Wahrheit« verstehen; sie verändern jene tief verankerten Denkgewohnheiten, die das Bild prägen, das sich eine Kultur von der Welt macht – ihre Auffassung davon, wie die natürliche Ordnung der Dinge beschaffen ist, was vernünftig, was notwendig, was unvermeidlich, was wirklich ist. Da solche Veränderungen in Bedeutungsverschiebungen alter Wörter zum Ausdruck kommen, möchte ich die Erörterung der massiven ideologischen Wandlungen, die sich heute in den Vereinigten Staaten vollziehen, auf ein späteres Kapitel verschieben. Hier möchte ich zunächst nur ein Beispiel dafür nennen, wie eine Technologie neue Vorstellungen davon, was wirklich ist, erzeugt und im gleichen Zuge ältere Vorstellungen untergräbt. Ich meine die scheinbar harmlose Praxis, Antworten, die Schüler und Studenten bei Prüfungen geben, mit Noten oder Zensuren zu versehen. Diese Prozedur scheint den meisten von uns selbstverständlich, so daß wir uns ihrer Bedeutung kaum bewußt sind. Vielleicht fällt es uns sogar schwer, zu begreifen, daß die Zahl oder die Zensur überhaupt ein Werkzeug oder, wenn man so will, eine Technologie ist; mehr noch, daß wir etwas durchaus Seltsames tun, wenn wir eine solche Technologie anwenden, um das Verhalten eines anderen zu beurteilen. Zum erstenmal wurden Aufsätze von

Studenten im Jahre 1792 an der Universität Cambridge mit Noten bewertet, und zwar auf Vorschlag eines Tutors namens William Farish.[3] Viel ist über diesen Farish nicht bekannt; nicht mehr als eine Handvoll Leute hat je von ihm gehört. Und doch markierte seine Idee, menschlichen Gedanken einen quantitativen Wert beizumessen, einen entscheidenden Schritt auf dem Weg zur Konstruktion eines mathematischen Wirklichkeitsbegriffs. Wenn man die qualitative Beschaffenheit eines Gedankens mit einer Zahl versehen kann, dann kann man auch die qualitative Beschaffenheit von Mitleid, Liebe, Haß, Schönheit, Intelligenz und selbst die geistige Gesundheit mit einer Zahl versehen. Als Galilei erklärte, die Sprache der Natur sei die Sprache der Mathematik, dachte er nicht daran, die Sphäre menschlicher Gefühle, Leistungen und Erkenntnisse in diesen Gedanken einzuschließen. Heutzutage jedoch sind die meisten von uns hierzu durchaus bereit. Unsere Psychologen, Soziologen und Pädagogen würden es für unmöglich halten, ihre Arbeit ohne Zahlen zu verrichten. Sie glauben, ohne Zahlen könnten sie zuverlässiges Wissen weder erlangen noch zum Ausdruck bringen.

Ich will hier nicht behaupten, daß diese Vorstellung dumm oder gefährlich sei, ich sage nur: sie ist seltsam. Und noch seltsamer ist, daß viele von uns an dieser Vorstellung durchaus nichts Seltsames finden. Die Aussage, jemand müßte eigentlich bessere Leistungen erbringen, weil er einen IQ von 134 hat, oder jemand bringe es auf der Sensibilitätsskala zu einem Wert von 7,2, oder der Aufsatz dieses Menschen über den Aufstieg des Kapitalismus sei »Eins Minus«, der Aufsatz jenes anderen hingegen »Drei Plus«, wäre Leuten wie Galilei, Shakespeare oder Thomas Jefferson als purer Nonsens erschienen. Wenn wir einen Sinn darin erkennen, dann deshalb, weil unser Denken durch die Technologie der Zahlen so stark geprägt ist, daß wir die Welt anders wahrnehmen als sie. Unser Begriff von dem, was wirklich ist, ist ein anderer. Und das heißt: in jedem Werkzeug steckt eine ideologische Tendenz, eine Neigung, die Welt so und nicht anders zu konstruieren, bestimmte Dinge höher zu bewerten als andere, einer bestimmten Auffassung, einer bestimmten Fertigkeit, einer bestimmten Einstellung mehr Gewicht beizumessen als anderen.

Dies meinte Marshall McLuhan mit seinem berühmten Aphorismus »Das Medium ist die Botschaft«. Dies meinte Marx, als er erklärte, die Technik offenbare die Art und Weise des Umgangs der Menschen mit der Natur und erzeuge die »Verkehrsformen«, durch die sie miteinander in Beziehung treten. Dies meinte Wittgenstein, als er im Hinblick auf unsere elementarste Technologie erklärte, die Sprache sei nicht bloß das Fahrzeug des Gedankens, sondern auch der Fahrer selbst. Und dies wollte Thamus dem Erfinder Theuth klarmachen. Kurz, es handelt sich hier um eine alte Weisheit, die vielleicht am einfachsten in dem alten Sprichwort zum Ausdruck kommt: »Wer einen Hammer hat, sieht überall Nägel.« Vielleicht darf man diese Weisheit ausweiten: Wer einen Bleistift hat, sieht überall Listen. Wer eine Kamera hat, sieht überall Bilder. Wer einen Computer hat, sieht überall Daten. Und wer ein Zeugnisformular hat, sieht überall Zahlen.

Aber solche Tendenzen sind nicht immer schon offenkundig, wenn sich eine Technologie auf den Weg ihrer Entwicklung macht, und deshalb kann niemand zielsicher darauf hinarbeiten, daß er am Ende als Sieger aus dem technologischen Wandel hervorgeht. Wer hätte im voraus gewußt, wessen Interessen und welcher Weltsicht die Erfindung der mechanischen Uhr letztlich Vorschub leisten würde? Die Uhr hat ihren Ursprung in den Benediktinerklöstern des 12. und 13. Jahrhunderts. Hinter ihrer Erfindung stand der Wunsch, dem Tageslauf im Kloster, der sieben Perioden der Andacht umfaßte, eine mehr oder minder präzise Regelmäßigkeit aufzuprägen. Das Läuten der Klosterglocken sollte die kanonischen Stunden anzeigen; die mechanische Uhr war die Technik, die diesen Andachtsritualen Präzision verleihen konnte. Und sie tat dies auch. Die Mönche sahen indessen nicht voraus, daß die Uhr ein Instrument ist, mit dem sich nicht nur die Zeit messen läßt, mit dem man vielmehr auch das Handeln von Menschen synchronisieren und kontrollieren kann. Und so kam es, daß die Uhr um die Mitte des 14. Jahrhunderts das Kloster verließ und dem Leben des Arbeiters und des Kaufmanns eine neuartige, harte Regelmäßigkeit vorschrieb. »Die mechanische Uhr«, meinte Lewis Mumford, »machte die Idee der regelmäßigen Produktion, der regelmäßigen Arbeitszeit und des standardisierten Produkts überhaupt erst möglich.«[4] Das

Paradoxe und Überraschende liegt darin, daß die Uhr von Menschen erfunden wurde, die sich mit vermehrter Inbrunst Gott widmen wollten; doch schließlich wurde aus ihr eine Technologie, die denen den größten Nutzen brachte, die sich voller Inbrunst der Anhäufung von Geld widmen wollten. In dem ewigen Kampf zwischen Gott und Mammon begünstigte die Uhr auf eine ziemlich unvorhersehbare Weise den Mammon.

Unvorhergesehene Konsequenzen treten immer wieder als Hindernisse denen in den Weg, die meinen, sie könnten die Richtung, in der eine neue Technologie uns lenkt, deutlich erkennen. Selbst die Erfinder solcher neuen Technologien soll man, wie Thamus warnend anmerkt, in diesem Fall nicht für verläßliche Propheten halten. Gutenberg zum Beispiel war nach allem, was man weiß, ein frommer Katholik, und er wäre entsetzt gewesen, hätte er gehört, wie der fluchwürdige Häretiker Luther den Buchdruck als höchste Gnade Gottes pries, durch die das Werk des Evangeliums befördert werde. Im Unterschied zu Gutenberg begriff Luther, daß das in Massen produzierte Buch, indem es Gottes Wort auf jeden Küchentisch brachte, jeden Christen zu seinem eigenen Theologen erhob – man könnte sogar sagen: zu seinem eigenen Priester oder, aus Luthers Blickwinkel, geradezu zu seinem eigenen Papst. Im Kampf zwischen religiöser Einheit und religiöser Vielfalt begünstigte der Buchdruck die Vielfalt, und wir dürfen vermuten, daß Gutenberg diese Möglichkeit nie in den Sinn gekommen ist.

Thamus hat sehr genau verstanden, daß die Erfinder nur in begrenztem Maße die gesellschaftlichen und psychologischen – das heißt, ideologischen – Tendenzen ihrer Erfindungen zu erfassen vermögen. Man könnte sich vorstellen, daß er sich mit folgenden Worten an Gutenberg wendet: »Gutenberg, du Muster von einem Erfinder! Der Entdecker einer Kunst ist nicht der beste Richter über Nutzen und Nachteil, der denen erwächst, die sich ihrer bedienen. So auch hier; du, der Vater der Druckpresse, glaubst aus Liebe zu deiner Erfindung, daß sie die Sache des Heiligen Stuhls befördern wird, während sie in Wirklichkeit Zwietracht zwischen den Gläubigen säen, die Glaubwürdigkeit deiner geliebten Kirche erschüttern und ihr Monopol zerstören wird.«

Man könnte sich vorstellen, daß Thamus Gutenberg auch darauf aufmerksam macht, wie er es bei Theuth getan hat, daß die neue Erfindung eine große Menge von Lesern hervorbringt, die »vieles gehört haben ohne Unterricht« und die zuletzt »dünkelhaft werden statt weise«; daß also das Lesen in eine Konkurrenz zu anderen, älteren Formen der Gelehrsamkeit gerät. Tatsächlich ist dies ein weiteres Prinzip des technologischen Wandels, das wir dem Urteil des Thamus entnehmen können: neue Technologien konkurrieren mit alten – um Zeit, um Aufmerksamkeit, um Geld, um Prestige, aber vor allem um die Vorherrschaft ihrer Weltdeutung. Diese Konkurrenz entsteht notwendigerweise, wenn man einräumt, daß jedem Medium eine bestimmte ideologische Tendenz innewohnt. Und sie wird so heftig ausgetragen, wie dies nur bei ideologischen Auseinandersetzungen der Fall ist. Es geht dabei nicht bloß um den Kampf zwischen verschiedenen Werkzeugen oder Instrumenten – das Alphabet im Kampf mit der Bilderschrift, die Druckpresse im Kampf mit der illuminierten Handschrift, die Photographie im Kampf mit der Malerei, das Fernsehen im Kampf mit dem gedruckten Wort. Wenn Medien gegeneinander Krieg führen, dann prallen Weltbilder aufeinander.

In den Vereinigten Staaten können wir solche Zusammenstöße überall beobachten – in Politik, Religion und Wirtschaft, aber am deutlichsten sichtbar sind sie in den Schulen, wo zwei große Technologien im Streit um die Herrschaft über das Denken der Schüler einander unnachgiebig gegenüberstehen. Auf der einen Seite die Welt des gedruckten Worts mit ihrer Betonung von Logik, Folgerichtigkeit, Historie, gegliederter Darstellung, Objektivität, Distanz und Disziplin. Auf der anderen Seite die Welt des Fernsehens mit ihrer Betonung der Bildlichkeit und des Anekdotischen sowie von Augenblicklichkeit, Gleichzeitigkeit, Intimität, unmittelbarer Befriedigung und schneller emotionaler Reaktion. Heute kommen Kinder zur Schule, die von den Tendenzen des Fernsehens schon tief geprägt sind. Dort stoßen sie nun auf die Welt des gedruckten Wortes. Es kommt zu einer Art innerpsychischer Schlacht, und dabei sind viele Opfer zu verzeichnen – Kinder, die nicht lesen lernen können oder wollen, Kinder, die ihren Gedanken auch innerhalb eines kurzen Abschnitts keine logische Struktur zu geben vermögen, Kinder, die einem Vortrag oder mündlichen Erklärungen nicht länger als ein paar Minuten folgen können. Sie sind Versager – nicht, weil sie dumm sind. Sie sind Versager, weil ein Medienkrieg im Gange ist, in dem sie auf der falschen Seite stehen – zumindest für den Augenblick. Wer weiß, wie die Schulen in fünfundzwanzig Jahren aussehen werden? Oder in fünfzig? Irgendwann wird der Typus des Schülers, der heute ein Versager ist, vielleicht als erfolgreich angesehen, und der Typus, der heute erfolgreich ist, als lernbehindert gelten – in seinen Reaktionen langsam, viel zu distanziert, emotionslos, nicht imstande, sich Bilder von der Wirklichkeit auszumalen. Man bedenke: was Thamus »dünkelhaft statt weise« nannte – das uneigentliche, durch das geschriebene Wort erworbene Wissen –, ist schließlich zur vorherrschenden, von der Schule bevorzugten Wissensform geworden. Aber es gibt keinen Grund, anzunehmen, daß diese Wissensform den Wert, den man ihr heute beimißt, immer behalten muß.

Ein anderes Beispiel: Mit der Einführung des Personal Computers im Klassenzimmer werden wir einen vierhundertjährigen Burgfrieden zwischen einer durch das mündliche Gespräch geförderten Geselligkeit und Offenheit einerseits und einer durch das gedruckte Wort geförderten Introspektion und Isolation andererseits zerbrechen. Die Mündlichkeit stellt das Lernen in der Gruppe in den Vordergrund, die Kooperation, den Sinn für soziale Verantwortung, also jene Elemente, die nach Meinung des Thamus den Kontext bilden, in dem wirklicher Unterricht und wirkliches Wissen vermittelt werden sollten. Der Buchdruck stellt das individualisierte Lernen, den Wettbewerb und die individuelle Autonomie in den Vordergrund. Vierhundert Jahre lang haben die Lehrer, obwohl sie dem Buchdruck den Vorrang einräumten, der Mündlichkeit ihren Platz im Klassenzimmer belassen und damit eine Art von pädagogischem Frieden zwischen diesen Lernformen hergestellt und das, was beide an Wertvollem enthalten, auf diese Weise noch gesteigert. Jetzt kommt der Computer hinzu und propagiert auf seine Weise ebenfalls das isolierte Lernen und die individuelle Problemlösung. Wird die Ausbreitung des Computers dem gemeinsamen Gespräch nun ein für allemal den Boden entziehen? Wird der Computer den Egozentrismus zur Tugend erheben?

Solche Fragen wirft der technologische Wandel auf, wenn man einmal, wie Thamus, begriffen hat, daß die Konkurrenz zwischen verschiedenen Technologien einen totalen Krieg entfacht, daß es mithin nicht möglich ist, die Auswirkungen einer neuen Technologie auf einen bestimmten Bereich menschlichen Handelns einzuschränken. Falls der Vergleich mit dem Krieg den Sachverhalt zu brutal darstellt, können wir auch behutsamer, freundlicher formulieren: Technologischer Wandel ist weder additiv noch subtraktiv. Er ist ökologisch. Ich benutze das Wort »ökologisch« in dem gleichen Sinne wie die Umweltforscher. Eine einzige bedeutsame Veränderung zieht eine vollständige Veränderung nach sich. Wenn man aus einem bestimmten Lebensraum die Raupen entfernt, dann hat man nachher nicht diesen Lebensraum, abzüglich der Raupen: man hat einen anderen Lebensraum, in dem sich die Überlebensbedingungen neu formiert haben; das gleiche gilt, wenn man Raupen in eine Umgebung bringt, in der es bisher keine gab. Genauso funktioniert auch die Medienökologie. Eine neue Technologie fügt nichts hinzu und zieht nichts ab. Sie verändert vielmehr alles. Im Jahre 1500, fünfzig Jahre nach der Erfindung der Druckpresse, gab es nicht das alte Europa plus der Druckpresse, sondern ein anderes Europa. Nach dem Aufkommen des Fernsehens waren die Vereinigten Staaten kein Amerika plus Fernsehen, vielmehr gab das Fernsehen jedem Wahlfeldzug, jedem Zuhause, jeder Schule, jeder Kirche und jedem Industriezweig eine neue Färbung. Und aus ebendiesem Grund wird die Auseinandersetzung zwischen den Medien mit solcher Heftigkeit geführt. Jede Technologie ist von Institutionen umlagert, deren Aufbau – und natürlich auch deren bloße Existenz – die von dieser Technologie propagierte Weltsicht widerspiegelt. Wenn also eine alte Technologie von einer neuen attackiert wird, dann werden Institutionen bedroht. Wenn Institutionen bedroht werden, dann gerät eine Gesellschaft in die Krise. Das ist eine ernste Sache, aber wir erfahren nichts darüber, wenn Pädagogen fragen: Erlernen unsere Schüler und Studenten die Mathematik besser mit Hilfe von Computern oder mit Hilfe von Lehrbüchern? Oder wenn Geschäftsleute fragen: Können wir über das Fernsehen mehr Menschen erreichen als über das Radio? Oder wenn Politiker fragen: Wie effektiv lassen sich bestimmte Botschaften durch die verschiedenen Medien verbreiten? Solche Fragen haben einen unmittelbaren, praktischen Wert für diejenigen, die sie stellen, aber sie lenken vom Kern des Problems ab. Sie lenken unsere Aufmerksamkeit von den ernsten gesellschaftlichen, geistigen und institutionellen Krisen ab, die von den neuen Medien hervorgerufen werden.

Vielleicht läßt sich dies mit einem Vergleich verdeutlichen. Über die Bedeutung von dichterischen Texten hat T. S. Eliot einmal gesagt, der manifeste Inhalt eines Gedichts sei vor allem dazu da, »eine Gewohnheit des Lesers zu befriedigen, seinen Verstand abzulenken und ruhig zu halten, während das Gedicht auf ihn einwirkt: ungefähr so wie jeder Einbrecher in unserer Phantasie ein ordentliches Stück Fleisch für den Haushund dabeihat«. Mit anderen Worten, indem Erzieher, Unternehmer, Prediger und Politiker ihre praktischen Fragen stellen, gleichen sie jenem Haushund, der friedlich an seinem Fleischstück nagt, während das Haus geplündert wird. Einige von ihnen wissen dies vielleicht sogar, doch sie machen sich nichts daraus. Ein schönes Stück Fleisch, freundlich dargeboten, enthebt sie immerhin der Sorge um die nächste Mahlzeit. Aber wir anderen können nicht hinnehmen, daß jemand in das Haus eindringt, ohne daß sich Protest erhebt oder ohne daß es überhaupt bemerkt wird.

Die Überlegungen, die wir im Hinblick auf den Computer anstellen müssen, haben nichts mit seiner Effizienz als Lehr- oder Lerninstrument zu tun. Wir müssen herausfinden, wie er in unsere Auffassung von Lernen und Bildung eingreift und wie er zusammen mit dem Fernsehen die alte Idee der Schule erschüttert. Wen kümmert es, wieviel Schachteln Haferflocken sich über das Fernsehen verkaufen lassen? Wir müssen herausfinden, ob das Fernsehen unsere Wirklichkeitsauffassung, die Beziehung zwischen Reichen und Armen, unsere Vorstellung von Glück selbst antastet. Ein Prediger, der sich darauf beschränkt, zu überlegen, wie ein Medium die Zahl seiner Zuhörer vergrößern kann, verfehlt die zentrale Frage: In welchem Sinne verändern die neuen Medien das, was mit Religion, mit Kirche und selbst mit Gott gemeint ist? Und wenn der Politiker außerstande ist, über die nächsten Wahlen hinauszudenken, dann müssen eben *wir* uns fragen, was die neuen Medien aus unserer Idee von Politik und unserer Auffassung vom Staatsbürger machen.

Hierbei hilft uns das Urteil des Thamus, der uns in Form eines Mythos etwas lehrt, das auch Harold Innis auf seine Weise mitzuteilen versuchte. Neue Technologien verändern die Struktur unserer Interessen – die Dinge, *über* die wir nachdenken. Sie verändern die Beschaffenheit unserer Symbole – die Dinge, *mit* denen wir denken. Und sie verändern das Wesen der Gemeinschaft – die Arena, in der sich Gedanken entfalten. Über diese Fragen haben Thamus und Innis über die Jahrhunderte hinweg miteinander gesprochen, und es kommt darauf an, daß wir ihrem Gespräch folgen, daß wir daran teilnehmen und es mit neuem Leben erfüllen. Denn in Amerika ist etwas geschehen, etwas Sonderbares und zugleich Gefährliches, aber bisher hat man es nur mit einem gelangweilten und sogar stupiden Blinzeln wahrgenommen – nicht zuletzt deshalb, weil es keinen Namen hat. Ich nenne es das Technopol.

2. Von der Werkzeugkultur
zur Technokratie

Zu den bekannten Sätzen aus der immer wieder aufstörenden
Feder von Karl Marx gehört die Bemerkung in *Das Elend der
Philosophie*, der Handwebstuhl bringe eine Gesellschaft mit
einem Feudalherrn hervor, der mechanische Webstuhl hingegen
eine Gesellschaft mit einem Industriekapitalisten. Soweit ich
weiß, hat Marx uns nicht gesagt, welche Technologie den Technokraten hervorbringt, und ich bin sicher, daß er an den Auf-
tritt des Technopolisten nie gedacht hat. Dennoch ist seine
Bemerkung nützlich. Marx hat verstanden, daß Technologien,
über ihre ökonomischen Auswirkungen hinaus, die Formen
hervorbringen, in denen die Menschen Wirklichkeit wahrnehmen, und daß diese Wahrnehmungsformen ein Schlüssel sind,
um die verschiedenen Formen des gesellschaftlichen und geistigen Lebens zu begreifen. In der *Deutschen Ideologie* sagt er:
»Wie die Individuen ihr Leben äußern, so sind sie«, was den
Aussagen von Marshall McLuhan oder auch denen von Thamus
denkbar nahe kommt. In der Einleitung zu den *Grundrissen der
Kritik der Politischen Ökonomie* findet sich ein Absatz, der
ebensogut in McLuhans Buch *Die magischen Kanäle / Under-
standing Media* stehen könnte: »Ist Achilles«, so fragt Marx,
»möglich mit Pulver und Blei? Oder überhaupt die Iliade mit der
Druckerpresse, und gar Druckmaschine? Hört das Singen und
Sagen und die Muse mit dem Preßbengel nicht notwendig auf,
also verschwinden nicht notwendige Bedingungen der epischen
Poesie?«[1]
Indem er technologische Bedingungen in ein Verhältnis zur

Sphäre der Symbole und zu den psychischen Gewohnheiten setzte, tat Marx nichts Ungewöhnliches. Schon vor ihm hatten es Gelehrte für nützlich gehalten, anhand des technologischen Charakters der verschiedenen Zeitalter verschiedene Kulturstufen voneinander abzugrenzen. Und heute tun sie es immer noch, denn der Entwurf solcher Rangfolgen ist ein fester Bestandteil wissenschaftlicher Tätigkeit. Sofort denken wir an die bekannteste Klassifikation: Steinzeit, Bronzezeit, Eisenzeit und Stahlzeit. Wir sprechen von der »industriellen Revolution« – Arnold Toynbee hat diesen Begriff populär gemacht – und neuerdings mit Daniel Bell von der »post-industriellen Revolution«. Oswald Spengler schrieb über das Zeitalter der Maschinenkultur, und C. S. Peirce bezeichnete das 19. Jahrhundert als das Zeitalter der Eisenbahn. Lewis Mumford schenkte uns im Blick auf längere Entwicklungszeiträume das »eotechnische«, das »paläotechnische« und »neotechnische« Zeitalter. Und aus einer ähnlichen Fernrohrperspektive unterschied José Ortega y Gasset in der Entwicklung der Technik drei Stufen: das Zeitalter der Technik des Zufalls, das Zeitalter der Technik des Handwerkers und das Zeitalter der Technik des Technikers. Walter Ong unterschied »orale«, »chirographische« – (schön schreibende), »typographische« – (druckende) und »elektronische« Kulturen. McLuhan selbst prägte den Ausdruck »Gutenberg-Zeitalter« (das, wie er annahm, heute vom Zeitalter der elektronischen Kommunikation abgelöst wird).

Ich glaube, um unsere gegenwärtige Situation zu beleuchten und auf drohende Gefahren hinzuweisen, ist es notwendig, eine weitere Klassifikation vorzunehmen. Kulturen lassen sich in drei verschiedene Typen einteilen – Werkzeugkulturen, Technokratien und Technopole. Gegenwärtig gibt es auf unserem Planeten Beispiele für jeden dieser drei Kulturtypen, wenngleich der erste im Verschwinden begriffen ist: wir müssen in abgelegene Gegenden reisen, um eine Werkzeugkultur zu finden.[2] Aber wenn wir dies tun, dann sollten wir uns klarmachen, daß bis zum 17. Jahrhundert alle Kulturen »Werkzeug-Kulturen« waren. Natürlich gab es von Kultur zu Kultur beträchtliche Unterschiede im Hinblick darauf, welche Werkzeuge verfügbar waren. Einige besaßen nur Speere und Kochgeräte; andere verfügten über Wassermühlen und nutzten Kohleenergie und Pferdekraft. Aber

das Hauptmerkmal aller Werkzeugkulturen besteht darin, daß ihre Werkzeuge erfunden werden, um vor allem zwei Zwecke zu erfüllen: sie sollen ganz bestimmte, dringliche Probleme des materiellen Lebens lösen, wie etwa bei der Nutzung von Wasserkraft, von Windmühlen oder von schweren Räderpflügen; oder sie sollen der symbolischen Welt von Kunst, Politik, Mythos, Ritual und Religion dienen, etwa beim Bau von Burgen und Kathedralen oder bei der Entwicklung der mechanischen Uhr. In beiden Fällen ging von den Werkzeugen kein Angriff auf die Würde und Integrität der Kultur aus, in die sie eingeführt wurden (genauer gesagt: ein solcher Angriff war nicht beabsichtigt). Von einigen Ausnahmen abgesehen, hinderten diese Werkzeuge die Menschen nicht daran, an ihre Traditionen, an ihren Gott, an ihre Politik, an ihre Erziehungsmethoden oder an die Legitimität ihrer gesellschaftlichen Organisation zu glauben. Diese Glaubensüberzeugungen *lenkten* sogar die Erfindung von Werkzeugen und unterwarfen ihren Gebrauch gewissen Beschränkungen. Selbst in der Militärtechnik wurden spirituelle Anschauungen und soziale Gebräuche als hemmende oder kontrollierende Kraft wirksam. Bekanntlich war die Benutzung des Schwertes durch die Samurai bis ins einzelne durch ein System von Regeln bestimmt, das sogenannte »Buschido oder Weg des Kriegers«. Die Regeln und Rituale, die festlegten, wo und wie der Krieger eines seiner beiden Schwerter (das *katana* oder Langschwert und das *wakizashi* oder Kurzschwert) verwenden durfte, waren sehr präzise und eng mit dem Ehrbegriff verknüpft, und sie umfaßten auch die Forderung, der Krieger müsse *seppuku* oder *harakiri* begehen, wenn seine Ehre beeinträchtigt werde. Eine derartige Kontrolle der Militärtechnik war auch im Abendland nicht unbekannt. Im frühen 12. Jahrhundert untersagte Papst Innozenz II. bei Strafe des Kirchenbanns den Einsatz der tödlichen Armbrust. Diese Waffe, so hieß es, errege den »Abscheu Gottes«, und deshalb durfte sie gegen Christen nicht gebraucht werden. Daß sie gegen Muslime und andere Ungläubige sehr wohl eingesetzt werden durfte, ändert nichts an der Tatsache, daß die Technologie in einer Werkzeugkultur nicht als autonom angesehen wird, sondern den Maßregeln eines verbindlichen gesellschaftlichen oder religiösen Systems unterworfen ist.
Um eine allzu starke Vereinfachung zu vermeiden, muß ich

dieser Definition des Begriffs »Werkzeugkultur« zwei Hinweise hinzufügen. Erstens: die Quantität der Technologien, die in einer Werkzeugkultur verfügbar sind, ist nicht deren bestimmendes Merkmal. Schon ein flüchtiger Blick etwa auf das Römische Reich zeigt, in welchem Maß sich diese Kultur in ihrer lebhaften Wirtschaftstätigkeit und bei ihren militärischen Eroberungen auf Straßen, Brücken, Aquädukte, Tunnel und Abwasserkanäle stützte. Wir wissen auch, um ein anderes Beispiel zu nennen, daß Europa zwischen dem 10. und dem 13. Jahrhundert einen gewaltigen technologischen Aufschwung erlebte: der Mensch des Mittelalters war umgeben von Maschinen.[3] Man könnte sogar so weit gehen wie Lynn White, Jr., der gesagt hat, im Mittelalter sei zum erstenmal in der Geschichte »eine komplexe Zivilisation [entstanden], die nicht auf dem Rücken schwitzender Sklaven und Kulis ruhte, sondern hauptsächlich auf nicht-menschlicher Energie«.[4] Mit anderen Worten, Werkzeugkulturen können bei der Lösung von Problemen der materiellen Umwelt durchaus erfinderisch und produktiv sein. Windmühlen wurden im späten 12. Jahrhundert erfunden. Brillen gegen Kurzsichtigkeit tauchten in Italien um das Jahr 1280 auf. Die Erfindung des steif gepolsterten, auf den Schulterblättern des Pferdes aufliegenden Kummets löste das Problem, wie sich ihre Zugkraft erhöhen ließ, ohne ihnen das Atmen zu erschweren. Schon im 9. Jahrhundert wurde in Europa das Hufeisen erfunden, und jemand kam auf den Gedanken, daß sich die Zugkraft von Pferden enorm steigern läßt, wenn man sie hintereinanderspannt. Kornmühlen, Papiermühlen und Walkmühlen gehörten ebenso zur mittelalterlichen Kultur wie Brücken, Burgen und Kathedralen. Im 13. Jahrhundert wuchs der Turm des Straßburger Münsters bis in eine Höhe von 142 Metern, was einem Wolkenkratzer mit vierzig Stockwerken entspricht. Und wenn man zeitlich noch weiter zurückgeht, dürfen auch die erstaunlichen ingenieurtechnischen Leistungen von Stonehenge und die Pyramiden nicht unerwähnt bleiben (deren Bau, wie Lewis Mumford betonte, das erste Beispiel für den Einsatz einer Megamaschine darstellt).

Aus alledem müssen wir den Schluß ziehen, daß Werkzeugkulturen technologisch nicht unbedingt unterentwickelt sein müssen, ja, daß sie sogar ein überraschend hohes technisches Niveau haben können. Einige Werkzeugkulturen waren technisch natürlich primitiv (und sind es noch heute), und einige haben auf die Handwerke und die Maschinen mit Geringschätzung herabgeblickt. Das Goldene Zeitalter Griechenlands zum Beispiel brachte keine bedeutsamen technischen Innovationen hervor und war nicht einmal imstande, Methoden zur wirkungsvollen Nutzung der Pferdekraft zu ersinnen. Platon und ebenso Aristoteles spotteten über die »niederen mechanischen Künste«, wahrscheinlich in dem Glauben, daß sich seelische Kraft durch das Streben nach mehr Effizienz oder Produktivität nicht erlangen lasse. Effizienz und Produktivität waren Probleme für Sklaven, nicht für Philosophen. Ähnliche Anschauungen begegnen uns in der Bibel, dem ausführlichsten Bericht über eine alte Werkzeugkultur, den wir besitzen. Im Fünften Buch Moses erklärt kein Geringerer als Gott selbst: »Verflucht sei, wer einen Götzen oder ein gegossenes Bild macht, einen Greuel für den Herrn, ein Werk von den Händen der Werkmeister, und es heimlich aufstellt!«

Werkzeugkulturen können also viele oder wenige Werkzeuge besitzen, sie können ihre Werkzeuge mit Begeisterung oder mit Geringschätzung betrachten. Der Ausdruck »Werkzeugkultur« ergibt sich aus dem Verhältnis, das innerhalb einer bestimmten Kultur zwischen den Werkzeugen und dem System der Glaubensüberzeugungen oder der Ideologie besteht. Die Werkzeuge sind hier nicht Eindringlinge. Sie sind in die Kultur so integriert, daß sie keinen entscheidenden Widerspruch zu deren Weltsicht anzeigen. Wenn wir das europäische Mittelalter als Beispiel für eine Werkzeugkultur nehmen, erkennen wir, daß seine Werkzeuge und seine Weltsicht in hohem Maße integriert sind. Die mittelalterlichen Theologen haben das Verhältnis des Menschen zu Gott, des Menschen zur Natur, des Menschen zum Menschen und des Menschen zu seinen Werkzeugen ausführlich und systematisch beschrieben. Der erste und letzte Grundsatz dieser Theologie lautete, daß alles Wissen und alle Güte von Gott ausgeht und daß deshalb alles menschliche Streben dem Dienst an Gott gewidmet sein müsse. Die Theologie, nicht die Technologie, erteilte den Menschen die Befugnis zu dem, was sie taten und dachten. Vielleicht hielt Leonardo da Vinci aus diesem Grunde seinen Plan zu einem Unterseeboot geheim. Vielleicht glaubte er, es sei ein so schädliches Werkzeug, daß er es nicht freigeben dürfe und daß es vor Gott kein Wohlgefallen finden werde.

Die theologischen Anschauungen dienten jedenfalls als leitende und kontrollierende Ideologie, und alle Werkzeuge, die erfunden wurden, mußten sich letztlich in den Rahmen dieser Ideologie fügen. Überdies kann man sagen, daß alle Werkzeugkulturen – die technologisch primitivsten ebenso wie die mit dem höchsten technischen Standard – theokratisch sind oder jedenfalls durch eine metaphysische Theorie in sich geeint oder zusammengehalten werden. Diese theologischen oder metaphysischen Systeme geben dem Dasein Ordnung und Sinn und machen es fast unmöglich, daß die Technik die Menschen ihren Erfordernissen unterwirft.

Das »fast« ist wichtig. Aus ihm ergibt sich die zweite Einschränkung, die ich machen muß. Werkzeugen, daran erinnert uns Thamus, gelingt es, auch in das geschlossene System kultureller Überzeugungen einzudringen. Die Macht von Theologie und Metaphysik hat ihre Grenzen, und die Technik vollbringt Dinge, die sich zuweilen nicht aufhalten lassen. Eines der interessantesten Beispiele für die technisch bedingte tiefgreifende Umwälzung einer Werkzeugkultur bietet der Einsatz des Steigbügels bei den Franken unter Karl Martell im 8. Jahrhundert. Bis zu dieser Zeit wurden Pferde im Krieg vornehmlich dazu benutzt, die Krieger zum Kampfplatz zu transportieren, wo sie dann abstiegen, um sich dem Feind zu stellen. Der Steigbügel nun machte den Kampf zu Pferd möglich, und dies brachte eine furchteinflößende neue Militärtechnologie hervor: die Reiterattacke. Die neue Kampfform stärkte, wie Lynn White, Jr., im einzelnen nachgewiesen hat, die Bedeutung des Rittertums und veränderte das Wesen der Feudalgesellschaft.[5] Landbesitzer hielten es nun für geboten, sich zu ihrem Schutz der Dienste der Kavallerie zu versichern. Schließlich erlangten die Ritter Kontrolle über kirchlichen Grundbesitz und verteilten ihn an ihre Vasallen, sofern diese für längere Zeit im Dienst der Ritter blieben. Der Steigbügel schwang sich, wenn man so will, in den Sattel und führte die Feudalgesellschaft in eine Richtung, die sie andernfalls nicht genommen hätte.

Hier ein Beispiel aus späterer Zeit: Ich habe schon darauf hingewiesen, daß sich die mechanische Uhr im Laufe des

14. Jahrhunderts von einem Hilfsmittel zur Wahrnehmung der religiösen Pflichten in ein Hilfsmittel bei geschäftlichen Unternehmungen verwandelte. Für diese Verwandlung wird zuweilen ein genaues Datum angegeben, und zwar das Jahr 1370, in dem der französische König Karl V. anordnete, alle Bürger von Paris sollten ihr Privat-, ihr Geschäfts- und ihr Arbeitsleben nach den Glocken des Königlichen Palastes ausrichten, die alle sechzig Minuten schlugen. Die Kirchen von Paris wurden ebenfalls aufgefordert, ihre Uhren, ungeachtet der kanonischen Stunden, neu zu stellen. So mußte auch die Kirche den materiellen Interessen Vorrang vor den spirituellen einräumen – ein anschauliches Beispiel dafür, wie ein Werkzeug dazu beiträgt, die Autorität der zentralen Institution in der mittelalterlichen Gesellschaft aufzulösen.

Es gibt noch andere Beispiele, die zeigen, wie aus Technologien Probleme für das spirituelle Leben im mittelalterlichen Europa erwuchsen. Die Mühlen etwa, zu denen von überallher die Bauern kamen, um ihr Korn mahlen zu lassen, wurden auch von den Prostituierten gern aufgesucht, die hier nach Kunden Ausschau hielten. Dieses Problem nahm solche Ausmaße an, daß sich der hl. Bernhard, der Abt des Zisterzienserordens, im 12. Jahrhundert darum bemühte, die Mühlen schließen zu lassen – ohne Erfolg, denn die Mühlen waren inzwischen viel zu wichtig für die Wirtschaft geworden. Mit anderen Worten, man würde ungebührlich vereinfachen, wollte man behaupten, in Werkzeugkulturen würden Brauchtum und symbolische Sphäre niemals durch die Technik beeinflußt werden oder eine neue Orientierung erhalten. Und wie im Mittelalter so finden wir auch in technologisch primitiven Gesellschaften von heute sonderbare, jedoch sehr anschauliche Belege dafür, wie Werkzeuge die Vorherrschaft von Gebräuchen, Religion oder Metaphysik zu zerrütten vermögen. Der holländische Soziologe Egbert de Vries hat berichtet, wie die Einführung von Streichhölzern bei einem afrikanischen Stamm dessen sexuelle Gewohnheiten veränderte.[6] Die Angehörigen dieses Stammes hielten es seit jeher für unabdingbar, nach jedem Geschlechtsverkehr ein neues Feuer zu entzünden. Diese Sitte hatte zur Folge, daß der Geschlechtsverkehr Züge eines öffentlichen Ereignisses annahm, denn wenn er beendet war, mußte jemand in eine benachbarte Hütte gehen und ein brennendes Holzscheit holen, um damit ein neues Feuer zu entzünden. Unter solchen Bedingungen läßt sich Ehebruch schwer verheimlichen, und es ist denkbar, daß dieser Gesichtspunkt ursprünglich auch der Grund für diese Sitte war. Die Einführung des Streichholzes veränderte nun alles. Es wurde möglich, ein neues Feuer anzuzünden, ohne die Nachbarhütte aufzusuchen, und so ging, wenn man so will, eine alte, tiefverwurzelte Tradition mit einem Schlag in Flammen auf. Alvin Toffler, der die Befunde von de Vries mitteilt, knüpft einige interessante Fragen daran: Bewirkten die Streichhölzer einen Wandel der Wertvorstellungen? Wurde der Ehebruch nachher heftiger oder weniger heftig als vorher mißbilligt? Veränderten die Streichhölzer, indem sie es erleichterten, die Sexualität in die Privatsphäre einzuschließen, den Wert, den man dieser Privatsphäre beimaß? Wir können sicher sein, daß es zu einem gewissen Wandel der Wertvorstellungen kam, wenngleich er wohl nicht so dramatisch war wie der, der sich bei den Ihalnuit zu Beginn des 20. Jahrhunderts nach der Einführung des Gewehrs vollzog. Wie man in dem Buch von Farley Mowat, *The People of the Deer*, nachlesen kann, ist die Ersetzung von Pfeil und Bogen durch Gewehre bei diesem Volk eine der traurigsten Episoden eines technologischen Angriffs auf eine Werkzeugkultur, die uns überliefert sind. Das Ergebnis bestand in diesem Fall nicht in der Veränderung der Kultur, sondern in ihrer Vernichtung.

Doch selbst wenn man erkennt, daß keine systematische Stufenfolge der Wirklichkeit einer historischen Situation je ganz gerecht wird und daß es insbesondere dem Begriff Werkzeugkultur an Genauigkeit mangelt, bleibt es möglich und nützlich, die Werkzeugkultur von der Technokratie zu unterscheiden. In einer Technokratie spielen die Werkzeuge für die Gedankenwelt der Kultur eine zentrale Rolle. Alles muß sich bis zu einem gewissen Grad ihrer Entwicklung fügen, das gesellschaftliche Leben und die Sphäre der Symbole werden in zunehmendem Maße den Anforderungen, die sich aus dieser Entwicklung ergeben, unterworfen. Die Werkzeuge werden in die Gesellschaft nicht integriert; sie attackieren die Gesellschaft. Sie legen es darauf an, selbst die Kultur zu werden. Infolgedessen müssen Tradition, Sitte und Brauchtum, Mythos, Politik, Ritual und Religion um ihr Überleben kämpfen.

Die modernen Technokratien des Westens wurzeln im europäischen Mittelalter, das drei große Erfindungen hervorgebracht hat: die mechanische Uhr, mit der sich eine neue Zeitauffassung durchsetzte; den Buchdruck mit beweglichen Lettern, der die Epistemologie der mündlichen Überlieferung ins Wanken brachte; und das Fernrohr, das die fundamentalen Lehren der jüdisch-christlichen Theologie entwertete. Jede dieser Erfindungen war insofern bedeutsam, als sie eine neue Beziehung zwischen Werkzeugen und Kultur begründete. Aber so wie man sagen darf, daß von Glaube, Hoffnung und Liebe die letztere am wichtigsten ist, so wage ich die Behauptung, daß von Uhr, Druckpresse und Fernrohr ebenfalls das letztere am wichtigsten war. Genauer gesagt, Beobachtungsinstrumente, die einfacher waren als das Fernrohr (denn Kopernikus, Tycho Brahe und eine Zeitlang auch Kepler arbeiteten noch ohne Fernrohr), erlaubten es den Menschen, den Himmel in einer Weise zu betrachten, zu messen und über ihn zu spekulieren, wie es bisher nicht möglich gewesen war. Die Verbesserungen des Fernrohrs machten ihr Wissen dann so präzise, daß es, wenn man so sagen darf, zu einem Zusammenbruch des moralischen Schwerkraftzentrums im Abendland kam. Dieses Zentrum hatte die Menschen in dem Glauben bestärkt, die Erde sei die ruhende Mitte des Universums und die Menschheit nehme deshalb einen bevorzugten Platz in der Aufmerksamkeit Gottes ein. Nach Kopernikus, Kepler und vor allem nach Galilei war die Erde jedoch nur noch ein einsamer Wandelstern in einer unbedeutenden Galaxis irgendwo im Weltall, und das Abendland mußte sich fragen, ob sich Gott überhaupt für uns Menschen interessiert. John Milton war noch ein Kind, als Galileis *Sidereus Nuncius oder Nachricht von neuen Sternen* 1610 im Druck erschien, aber viele Jahre später schilderte er die tiefe Verzweiflung, in die Galileis Blick durch das Fernrohr in ein unergründlich tiefes Weltall eine unvorbereitete Theologie stürzte. In seinem *Verlorenen Paradies* schrieb er:

»Before [her] eyes in sudden view appear
The secrets of the hoary Deep – a dark
Illimitable ocean, without bound,
Without dimension . . .«

»Vor ihre Augen traten nun der Tiefe
Geheimnisse, das dunkle ewige Meer,
Das grenzenlos und ohne Länge, Breite
Und Höh' und Zeit und Raum sich dehnt...«

Fürwahr, ein verlorenes Paradies. Aber Galilei hatte nicht die
Absicht – ebensowenig wie Kopernikus oder Kepler –, seiner
Kultur die Waffen aus der Hand zu schlagen. Sie alle waren
Menschen des Mittelalters, die, wie vor ihnen Gutenberg, die
spirituellen Grundlagen ihrer Welt durchaus nicht beschädigen
wollten. Kopernikus war Doktor des kanonischen Rechts und
Domherr in Frauenburg. Er machte zwar keinen Doktor in der
Medizin, aber er studierte dieses Fach, betätigte sich als Leibarzt
seines Onkels und war als Arzt besser bekannt denn als Astro-
nom. Er veröffentlichte nur ein einziges wissenschaftliches
Werk, *Über die Kreisbewegung der Weltkörper*, und das erste
fertige Exemplar erreichte den Siebzigjährigen vom Buchdruk-
ker erst wenige Stunden vor seinem Tod am 24. Mai 1543.
Dreißig Jahre lang hatte er die Veröffentlichung seiner heliozen-
trischen Theorie hinausgezögert, nicht aus Angst vor einer
Bestrafung durch die Kirche, sondern weil er sie für fragwürdig
hielt. Tatsächlich wurde sein Buch erst dreiundsiebzig Jahre nach
seinem Erscheinen auf den Index gesetzt, und auch dann nur für
kurze Zeit. (Der Prozeß gegen Galilei fand erst neunzig Jahre
nach dem Tod des Kopernikus statt.) Im Jahre 1543 brauchten
Gelehrte nicht zu befürchten, daß man sie ihrer Gedanken
wegen verfolgte, solange sie die Autorität der Kirche nicht direkt
in Zweifel zogen, was Kopernikus keineswegs im Sinn hatte. Es
ist zwar strittig, wer das Vorwort zu seinem Werk verfaßte, aber
dieses Vorwort macht deutlich, daß seine Gedanken als Hypothesen aufgefaßt werden sollen und daß diese »Hypothesen nicht
wahr zu sein brauchen und nicht einmal wahrscheinlich«. Kopernikus war sicherlich davon überzeugt, daß sich die Erde wirklich
bewegte, doch er glaubte nicht, daß sich die Erde und die
Planeten so bewegten, wie er es in seinem System beschrieben
hatte. Seiner Ansicht nach bestand dieses System aus lauter
geometrischen Fiktionen. Und übrigens glaubte er ebensowenig,
daß sein Werk die Vorherrschaft der Theologie untergrübe. Es
stimmt, daß Martin Luther den Kopernikus als einen Toren

bezeichnete, der gegen die Heilige Schrift zu Feld ziehe, aber Kopernikus war nicht dieser Ansicht – und dies zeigt, wie mir scheint, daß Luther weiter gesehen hat als Kopernikus.

Bei dem im Jahre 1571 geborenen Kepler verhält es sich ähnlich. Er begann seine Laufbahn mit der Veröffentlichung von astrologischen Kalendern und beendete sie als Hofastrologe Wallensteins. Obgleich er als Astrologe berühmt war, müssen wir ihm zugute halten, daß er meinte, die Astrologie könne »einem Monarchen großen Schaden zufügen, wenn sich ein schlauer Astrologe seine menschliche Leichtgläubigkeit zunutze macht«. Kepler wollte die Astrologie deshalb von allen Staatsoberhäuptern fernhalten, eine Maßregel, die man in neuester Zeit nicht überall beherzigt hat. Seine Mutter wurde beschuldigt, eine Hexe zu sein, und obwohl Kepler dieser speziellen Anschuldigung keinen Glauben schenkte, hätte er die Existenz von Hexen wahrscheinlich nicht grundsätzlich geleugnet. Er korrespondierte mit verschiedenen Gelehrten ausgiebig über Fragen der Chronologie in der Lebenszeit Christi, und seine Theorie, daß Jesus in Wirklichkeit im Jahre 4 oder 5 v. Chr. geboren wurde, wird heute allgemein akzeptiert. Mit anderen Worten, Kepler war ganz und gar ein Mensch seiner Epoche, durch und durch mittelalterlich. Ausgenommen in einer Hinsicht: Er vertrat die Ansicht, daß Theologie und Naturwissenschaft voneinander getrennt werden sollten und daß insbesondere die Engel, die Geister und die Meinungen der Heiligen in der Kosmologie nichts zu suchen hätten. In seiner *Neuen Astronomie* schrieb er: »Und was nun die Meinungen der Heiligen in diesen Naturdingen angeht, so antworte ich mit einem Wort, daß in der Theologie das Gewicht der Autorität, in der Philosophie hingegen das Gewicht der Vernunft allein gültig ist.« Nach der Erörterung dessen, was verschiedene Heilige über die Erde gesagt hatten, gelangte Kepler zu dem Schluß: »... aber heiliger als alles dies ist mir die Wahrheit, wenn ich, bei allem Respekt vor den Doktoren der Kirche, aus der Philosophie beweise, daß die Erde rund ist, daß sie rundum von Antipoden bewohnt und von unbedeutender Kleinheit ist, ein rascher Wanderer zwischen den Sternen.«

Indem er diesen Gedanken formulierte, tat Kepler den ersten wichtigen Schritt zur Herausbildung einer Technokratie. Klar

und deutlich ertönt hier der Ruf nach der Trennung von moralischen und intellektuellen Werten, die zu den Grundpfeilern der
Technokratie gehört – ein wichtiger Schritt, aber gewißlich ein
kleiner. Vor Kepler hatte keiner die Frage gestellt, warum die
Planeten mit unterschiedlichen Geschwindigkeiten unterwegs
sind. Kepler antwortete, es müsse dies auf eine Kraft zurückge-
hen, die in der Sonne entspringe. Aber diese Antwort bot immer
noch Platz für Gott. In einem berühmten Brief an seinen
Kollegen Michael Mästlin schrieb Kepler: »Die Sonne in der
Mitte der sich bewegenden Sterne, selbst in Ruhe und doch die
Quelle der Bewegung, trägt das Bild Gottes, des Vaters und
Schöpfers. [...] Sie verteilt ihre treibende Kraft durch ein
Medium, das die sich bewegenden Körper enthält, so wie der
Vater durch den Heiligen Geist wirkt.«
Kepler war Lutheraner, und obwohl er schließlich von seiner
Kirche exkommuniziert wurde, blieb er bis zu seinem Tod ein
religiöser Mann. So war ihm beispielsweise durchaus unbehag-
lich mit seiner Entdeckung, daß die Bahnen der Planeten
elliptisch sind, weil die Ellipse, anders als der Kreis, seiner
Meinung nach nichts besaß, was sie Gott gefällig machen konnte.
Gewiß, Kepler schuf, ausgehend von dem Werk des Kopernikus,
etwas Neues, dessen Wahrheit nicht in erster Linie dazu bestimmt war, das Wohlgefallen Gottes zu finden. Aber ihm war
nicht völlig klar, wohin sein Werk führen und welche Auswirkungen es haben würde. Es blieb Galilei überlassen, die unlösbaren
Widersprüche zwischen Wissenschaft und Theologie, zwischen
intellektuellen und moralischen Kriterien sichtbar zu machen.
Galilei hat das Fernrohr nicht erfunden, wenngleich er dieser
Zuschreibung nicht immer widersprochen hat. Das erste Fernrohr hat wahrscheinlich ein holländischer Brillenmacher namens
Johann Lippershey gebaut; jedenfalls war er der erste, der sich
1608 um die Erlaubnis zur Herstellung einer größeren Zahl von
Fernrohren bemühte. (Vielleicht sollte man hier anfügen, daß
auch das berühmte Experiment, bei dem man zwei unterschiedlich schwere Kanonenkugeln vom Turm zu Pisa fallen ließ, nicht
von Galilei, sondern von einem seiner Gegner durchgeführt
wurde, von Giorgio Coressio, der damit die Ansicht des Aristoteles, daß größere Körper schneller fallen als kleinere, bestätigen
und nicht etwa widerlegen wollte.) Dennoch war die Verwand-

lung des Fernrohrs von einem Spielzeug in ein wissenschaftliches Instrument ganz und gar Galileis Verdienst. Und sein Verdienst war es auch, daß die Astronomie für die Theologie seiner Zeit zu einer Quelle von Verdruß und Verwirrung wurde. Seine Entdekkung der vier Jupitermonde und der einfache, zugängliche Stil, in dem er schrieb, waren seine entscheidenden Waffen. Doch noch wichtiger war die Direktheit, mit der er gegen die Heilige Schrift stritt. In seinem berühmten *Brief an die Großherzogin Christina* bediente er sich einiger erstmals von Kepler vorgetragenen Argumente, um darzulegen, warum man die Bibel nicht wörtlich nehmen dürfe. Aber er ging noch weiter und erklärte, nichts Physisches, das sich direkt beobachten oder durch Demonstrationen beweisen lasse, sollte bloß deshalb beargwöhnt werden, weil bestimmte Abschnitte der Bibel etwas anderes behaupteten. Deutlicher, als Kepler dies vermochte, sprach Galilei den Doktoren der Kirche die Legitimation ab, Meinungen über die Natur zu äußern. Ihnen dieses Recht einzuräumen, sagte er, sei reine Torheit. »Das wäre, als würde sich ein absoluter Despot, der weder Arzt noch Architekt ist, nur weil er über alle Befehlsgewalt verfügte, darauf einlassen, Arzneien zu verschreiben und Bauwerke nach seinen Eingebungen zu errichten – mit großer Lebensgefahr für seine armen Patienten und großer Einsturzgefahr für seine Bauten.«

Unter solchen streitbaren Argumenten gerieten die Kirchenlehrer ins Taumeln. Und im Grunde ist es erstaunlich, daß sich die Kirche lange Zeit immer wieder bemühte, ihre eigenen Anschauungen mit Galileis Beobachtungen und Behauptungen in Einklang zu bringen. Sie war beispielsweise bereit, den Satz, daß sich die Erde bewegt und die Sonne stillsteht, als Hypothese zu akzeptieren. Und zwar mit der Begründung, daß es die Aufgabe der Mathematiker sei, interessante Hypothesen zu formulieren. Mit Galileis These freilich, daß die Bewegung der Erde eine natürliche Tatsache sei, konnte es keine Übereinstimmung mehr geben. Eine solche Überzeugung war dem Glauben unbedingt schädlich, weil sie der Heiligen Schrift widersprach. So war der Prozeß gegen Galilei wegen Häresie, den man zunächst immer wieder hinausgezögert hatte, schließlich unvermeidlich. Er fand 1633 statt und endete mit einem Schuldspruch. Zu den Strafen gehörte, daß Galilei der kopernikanischen Lehre abschwören, daß er eine Zeitlang in einem regelrechten Gefängnis verbringen und drei Jahre lang einmal wöchentlich sieben Bußpsalmen aufsagen sollte. Wahrscheinlich ist die Anekdote nicht wahr, die uns berichtet, Galilei habe bei der Urteilsverkündung den Satz »Und sie bewegt sich doch« oder etwas ähnlich Trotziges gemurmelt. Tatsächlich war er im Laufe des Verfahrens viermal gefragt worden, ob er an die kopernikanische Lehre glaube, und jedesmal hatte er mit Nein geantwortet. Jeder wußte, daß dies nicht seiner Überzeugung entsprach und daß ihn nur Alter, Krankheit und die Furcht vor der Folter gefügig machten. Jedenfalls verbrachte Galilei keinen einzigen Tag im Gefängnis. Zuerst lebte er unter Arrest in der Villa des Großherzogs in Trinitá del Monte, dann im Palast des Erzbischofs Piccolomini in Siena und während der letzten Jahre seines Leben in seinem Haus in Florenz. Er starb 1642, in dem Jahr, in dem Isaac Newton geboren wurde.

Kopernikus, Kepler und Galilei legten den Sprengsatz, der die Theologie und die Metaphysik des Mittelalters schließlich in die Luft jagen sollte. Newton zündete ihn. Bei der Explosion ging die Seelenlehre des Aristoteles und alles, was dieser sonst in seiner *Physik* geschrieben hatte, in Trümmer. Die Heilige Schrift büßte viel von ihrer Autorität ein. Die Theologie, einst die Königin der Wissenschaften, mußte sich nun mit dem Rang eines Hofnarren begnügen. Aber am schlimmsten war, daß es auf die Frage nach dem Sinn des Lebens plötzlich keine Antwort mehr gab. Und wie paradox es bei alledem zuging! Während sich die Menschen bisher meist an den Himmel gehalten hatten, wenn sie auf der Suche nach Autorität, Orientierung und Sinn waren, wandten sich die Nachtwandler (wie Arthur Koestler Kopernikus, Kepler und Galilei genannt hat) nicht dem göttlichen Himmel, sondern dem Sternenhimmel zu. Und dort fanden sie nur mathematische Gleichungen und geometrische Muster. Sie gingen mit Mut zu Werke, aber nicht ohne gewisse Befürchtungen, denn es kostete sie einige Mühe, ihren Glauben nicht zu verlieren. Doch sie wandten sich von Gott nicht ab. Sie glaubten an einen Gott, der die ganze Schöpfung geplant und entworfen hatte, an einen Gott, der ein Meister der Mathematik war. Ihre Suche nach den mathematischen Gesetzen der Natur war im Grunde eine religiöse. Die Natur war das Buch Gottes, und

Galilei erkannte, daß das Alphabet Gottes aus »Dreiecken, Vierecken, Kreisen, Kugeln, Kegeln, Pyramiden und anderen mathematischen Figuren« bestand. Kepler stimmte zu und prahlte gar, Gott, der Verfasser dieses Buches, habe sechstausend Jahre auf seinen ersten Leser warten müssen – auf Kepler selbst. Und Newton verbrachte die späteren Jahre seines Lebens damit, in unerschüttertem Glauben an die Heilige Schrift Berechnungen anzustellen, wie viele Generationen von Menschen seit Adam auf der Erde gelebt hatten. Descartes, dessen 1637 erschienener *Discours de la méthode* Skepsis und Vernunft in den höchsten Rang erhob und zur Grundlage der neuen Wissenschaft wurde, war ein tief religiöser Mann. Obwohl seine Auffassung vom Universum mechanistisch war (»Gebt mir Materie und Bewegung«, so schrieb er, »und ich erbaue die Welt«), leitete er sein Gesetz von der Unwandelbarkeit oder Erhaltung der Bewegung aus der Unwandelbarkeit Gottes ab.

Sie alle hielten bis zuletzt an der Theologie ihrer Zeit fest. Es hätte sie gewiß nicht gleichgültig gelassen, wenn ihnen jemand gesagt hätte, an welchem Tag das Jüngste Gericht stattfinden wird, und sie hätten sich die Welt ohne Gott gar nicht vorstellen können. Außerdem beschäftigte sich die Wissenschaft, die sie betrieben, fast ausschließlich mit Wahrheitsfragen und nicht mit Machtfragen. Im Hinblick auf dieses Ziel entwickelte sich im späten 16. Jahrhundert etwas, das man nur als eine »leidenschaftliche Liebe zur Genauigkeit« bezeichnen kann: eine Leidenschaft für exakte Daten, Mengenangaben, Entfernungen, Geschwindigkeiten. Man hielt es sogar für möglich, den Augenblick, in dem die Erschaffung der Welt begonnen hatte, genau zu bestimmen. Es war dies, wie sich herausstellte, der 23. Oktober des Jahres 4004 v. Chr., morgens 9 Uhr. Diese Männer hatten zur Philosophie (mit diesem Begriff bezeichneten sie die Naturwissenschaft) ein ganz ähnliches Verhältnis wie die alten Griechen. Für sie war der wahre Zweck aller Naturforschung die Befriedigung der Spekulation. Die Idee des Fortschritts interessierte sie nicht, und sie glaubten nicht, daß ihre Überlegungen die Verheißung bedeutender Verbesserungen des menschlichen Daseins enthielten. Kopernikus, Kepler, Galilei, Descartes und Newton schufen die Grundlage für die Entstehung der Technokratien, aber sie selbst waren Angehörige von Werkzeugkulturen.

Francis Bacon, geboren im Jahre 1561, war der erste Protagonist des technokratischen Zeitalters. Mit dieser Behauptung widerspreche ich keinem Geringeren als Kant, der erklärt hat, ein Kepler oder ein Newton sei vonnöten gewesen, um das Bewegungsgesetz der Zivilisation zu finden. Vielleicht. Aber es war Bacon, der als erster in aller Klarheit und Gelassenheit den Zusammenhang zwischen der Wissenschaft und einer möglichen Verbesserung der Lebensverhältnisse der Menschen erkannte. Sein Hauptziel war es, »das Glück der Menschheit« zu fördern, und immer wieder kritisierte er seine Vorgänger, weil sie nicht begriffen hätten, daß es das einzige wirkliche und legitime Ziel der Wissenschaften sei, »das menschliche Leben mit neuen Erfindungen und Reichtümern auszustatten«. Er holte die Wissenschaft vom Himmel auf die Erde herunter, auch die Mathematik, die ihm als eine demütige Magd der Erfindungsgabe erschien. Mit seiner utilitaristischen Auffassung von Wissen und Erkenntnis war Bacon der wichtigste Architekt eines neuen Gedankengebäudes, in dem für Selbstbeschränkung kein Platz mehr war und in dem Gott ein besonderes Zimmer zugewiesen wurde. Der Name dieses Gebäudes lautete »Fortschritt und Macht«.

Paradoxerweise war Bacon selbst kein Wissenschaftler oder betätigte sich jedenfalls kaum als solcher. Auf keinem Forschungsgebiet hat er Pionierleistungen vollbracht. Er hat kein neues Naturgesetz entdeckt und keine neue Hypothese aufgestellt. Selbst über den Stand der wissenschaftlichen Arbeit seiner Zeit war er nicht sonderlich gut informiert. Er rühmte sich zwar, er habe einen revolutionären Fortschritt in der wissenschaftlichen Methode zuwege gebracht, aber die Nachwelt hat dieser Behauptung nicht stattgegeben. Und sein berühmtestes Experiment erhebt vor allem deshalb Anspruch auf unsere Aufmerksamkeit, weil Bacon infolge dieses Experiments starb. Er und sein Freund Dr. Witherborne waren an einem schneereichen Wintertag mit einer Kutsche unterwegs, als Bacon den Gedanken erwog, ob sich Fleisch mit Hilfe von Schnee nicht ebensogut konservieren lasse wie mit Salz. Sie kauften ein Huhn, nahmen es aus und stopften den Körper mit Schnee voll. Aber den Ausgang seines Experiments erfuhr der arme Bacon nicht mehr, denn er erkältete sich und starb drei Tage später, wahrscheinlich an

Bronchitis. Manche halten ihn deswegen für einen Märtyrer der Experimentalwissenschaft.

Aber nicht in der Experimentalwissenschaft lag seine Bedeutung. Obwohl auch andere Zeitgenossen von den Auswirkungen praktischer Erfindungen auf das Leben beeindruckt waren, hat Bacon als erster intensiv und systematisch über dieses Thema nachgedacht. Einen großen Teil seiner Arbeit verwandte er darauf, den Blick der Menschen für die Beziehungen zwischen Erfindung und Fortschritt zu schärfen. In seinem *Novum Organum* schrieb er:

>»Um den hohen Wert der Erfindungen zu würdigen, fasse man einmal jene drei, den Alten völlig unbekannten Erfindungen, deren Ursprung, wiewohl noch neu, dennoch ein ruhmloses Dunkel deckt, ins Auge: wir meinen die Buchdruckerkunst, das Schießpulver und die Magnetnadel. Diese drei haben den ganzen Zustand der Dinge in der Welt durchaus umgewandelt. Sie haben den Wissenschaften, der Kriegskunst und der Schiffahrt eine ganz neue Gestalt verliehen, und hieraus ist eine solche Umänderung in unzähligen anderen Dingen erfolgt, daß keine Staatsumwälzung, keine Religion, keine Konstellation einen durchgreifenderen Einfluß in die menschlichen Angelegenheiten hätte haben können als diese drei mechanischen Erfindungen.«

Am Beispiel dieser Passage können wir einige von Bacons Qualitäten und die Herkunft seines großen Einflusses erkennen. Wir haben es hier nicht mit einem Nachtwandler zu tun. Bacon weiß sehr genau, was die Technik in einer Kultur bewirkt und rückt die technologische Entwicklung in den Mittelpunkt der Aufmerksamkeit seines Lesers. Er schreibt mit Engagement und Überzeugungskraft. Immerhin zählt er zu den bedeutendsten Essayisten aller Zeiten; Bacon war ein meisterhafter Propagandist und kannte sich in der Geschichte der Wissenschaften gut aus, aber für ihn war die Wissenschaft nicht das Kondensat spekulativer Ansichten, sondern all dessen, wozu diese Ansichten den Menschen befähigten. Und rastlos war er bestrebt, seinen Landsleuten, wenn nicht der ganzen Welt, diesen Gedanken zu vermitteln. In den ersten beiden Büchern seines *Novum Organum*, das aus 182 Aphorismen besteht, entwickelt Bacon nichts Geringeres als eine Wissenschaftsphilosophie, ausgehend von dem Axiom, daß »die Verbesserung des menschlichen Geistes und die Verbesserung des Loses der Menschen ein und dasselbe ist«. In diesem Werk prangert er auch die vier berüchtigten »Idole« oder Vorurteile an, die den Menschen bisher daran gehindert haben, Macht über die Natur zu gewinnen: die Idole des Stammes (oder der Gattung), die uns dazu verleiten, unsere Wahrnehmungen für natürliche Tatsachen zu halten; die Idole der Höhle (oder des Standpunktes), die uns dazu verleiten, irrige Ideen aus der Vergangenheit und unserer Umgebung zu übernehmen; die Idole des Marktes (oder der Gesellschaft), die uns durch Wörter täuschen; und die Idole der Bühne, die uns die irreführenden Dogmen der Philosophen beschert haben.

Wer heute Bacon liest, wird immer wieder von seiner Modernität überrascht. Nie sind wir von der uns Heutigen wohlvertrauten Vorstellung weit entfernt, daß die Wissenschaft eine Quelle von Macht und Fortschritt sei. In seiner Schrift *The Advancement of Learning* entwirft Bacon sogar die Statuten eines Kollegs für Erfinder, das in seinen Umrissen dem Massachusetts Institute of Technology durchaus ähnlich ist. Bacon schlägt vor, der Staat möge die Erfinder bei ihren Experimenten und ihren Reisen finanziell unterstützen. Er denkt an Gelehrtenzeitschriften und internationale Verbände. Er möchte die Wissenschaftler zu ausgiebiger Kooperation ermuntern – ein Vorschlag, der Tycho Brahe, Kepler und Galilei sicherlich verblüfft hätte, denn sie alle investierten noch viel Intelligenz in das Ersinnen von Methoden, ihre Arbeiten voreinander zu verbergen. Bacon war auch der Meinung, Wissenschaftler sollten für öffentliche Vorträge gut bezahlt werden, und die Unterrichtung des Publikums über die Nützlichkeit einer Erfindung sei ebenso wichtig wie die Erfindung selbst. Kurz, er sah die Wissenschaft so, wie sie heute gesehen wird – als organisierte, finanziell abgesicherte, öffentliche Unternehmung, als beste Waffe der Menschheit im ständigen Kampf um die Verbesserung ihres Loses.

Bacon war, wie gesagt, der erste Vertreter der Technokratie, aber es dauerte einige Zeit, bevor sich breitere Kreise auf seine Seite stellten. Er starb 1626, und es währte noch hundertfünfzig Jahre, bis sich die europäische Kultur die Geisteshaltung der Moderne, das heißt: die Technokratie, zu eigen machte. In der Folge gelangte man zu der Ansicht, Wissen sei Macht, die

Menschheit sei imstande, Fortschritte zu machen, die Armut sei ein Fluch, und das Leben der einfachen Leute sei genauso wertvoll wie das Leben jedes anderen. Es wäre falsch zu behaupten, irgendwann im Laufe dieser Entwicklung sei Gott gestorben. Aber sicher trifft es zu, daß die Vorstellung von einer göttlichen Vorsehung viel von ihrer ursprünglichen Kraft und Bedeutung einbüßte und daß damit auch das Vertrauen in eine Kultur verlorenging, für die moralische und intellektuelle Wertvorstellungen ein Ganzes bildeten. Außerdem müssen wir bedenken, daß in der Werkzeugkultur des älteren Europa die Masse der Bevölkerung aus verarmten, machtlosen Bauern bestand. Auch wenn sie an ein Leben nach dem Tode glaubten, das von endlosen Freuden erfüllt war, blieb ihr irdisches Dasein »widrig, schaurig und kurz«. C. P. Snow hat gesagt, die industrielle Revolution des 19. Jahrhunderts, das Ergebnis von Bacons Wissenschaft, sei die einzige Hoffnung der Armen gewesen. Und wenn ihr »wahrer Gott die Maschinerie« wurde, wie es Thomas Carlyle formulierte, dann dürften die meisten Menschen wohl nicht bereit gewesen sein, ihr ganz und gar diesseitiges Dasein noch einmal gegen ein Leben in einer gottesfürchtigen, in sich geschlossenen Werkzeugkultur einzutauschen. Aber darum ging es auch gar nicht, denn es hatte auch damals wenig Sinn, der Vergangenheit nachzutrauern. Die westliche Welt war zu einer Technokratie geworden, aus der es kein Zurück mehr gab. Stephen Vincent Benét richtete sich sowohl an jene, die sich für die Technokratie begeisterten, wie auch an jene, die sich von ihr abgestoßen fühlten, als er in seiner Dichtung *John Brown's Body* den einzig sinnvollen Rat gab:

»If you at last must have a word to say,
Say neither, in their way,
›It is a deadly magic and accursed‹,
Nor ›It is blest‹, but only ›It is here‹.«

3. Von der Technokratie zum Technopol

»Sag nur dies: ›Es‹ ist hier.« Aber wann begann dieses »Hier«?
Wann wurden Bacons Ideen Wirklichkeit? Wann begann, um mit
Sigfried Giedion zu reden, die »Herrschaft der Mechanisierung«? Mit der gebotenen Vorsicht könnte man das Auftreten
der ersten wirklichen Technokratie auf die zweite Hälfte des 18.
Jahrhunderts in England datieren – etwa auf die Zeit um 1765, als
James Watt die Dampfmaschine erfand. Fortan verging kein
Jahrzehnt ohne eine oder mehrere wichtige technische Erfindungen, die, zusammengenommen, dem mittelalterlichen »Manu-
fakturwesen« (dem »Machen« mit der »Hand«) ein Ende berei-
teten. Die praktische Energie und die technischen Fertigkeiten,
die damals entfesselt wurden, veränderten die materielle und
psychische Wirklichkeit der westlichen Welt für immer.

Ein ebenso einleuchtendes Datum für die Anfänge der Technokratie (das sich Amerikaner überdies leichter merken können)
ist das Jahr 1776, in dem Adam Smith sein Buch *The Wealth of
Nations* veröffentlichte. Wie Bacon kein Wissenschaftler war, so
war Adam Smith kein Erfinder. Aber wie Bacon entwickelte er
eine Theorie, die mit plausiblen Begriffen sichtbar machte, in
welche Richtung die Menschheit strebte. Vor allem rechtfertigte
er die Umwandlung der personalisierten, auf der handwerk-
lichen Geschicklichkeit des Einzelnen beruhenden kleinen Produktion in eine unpersönliche, mechanisierte Großproduktion.
Er brachte nicht nur überzeugende Argumente dafür vor, daß
das Geld und nicht der Boden der Schlüssel zum Wohlstand sei,
sondern entwickelte auch sein berühmtes Prinzip von der selbst-

regulierenden Kraft des Marktes. In einer Technokratie – also in einer Gesellschaft, die von Sitte und religiöser Tradition nur noch oberflächlich geprägt ist und von einem Drang zum Erfinden getrieben wird – werde eine »unsichtbare Hand« die Unfähigen ihres Einflusses berauben und jene belohnen, die billig und gut jene Güter herstellen, die die Menschen wollen. Damals wie heute war nicht klar, wessen unsichtbarer Verstand diese unsichtbare Hand lenkt, aber es war immerhin möglich (so meinten die technokratischen Industriellen), daß Gott etwas damit zu tun hatte. Und wenn nicht Gott, dann eben die »Natur des Menschen«, denn Adam Smith hatte unserer Spezies den Namen »homo oeconomicus« verliehen und glaubte, dieser Spezies sei der Trieb angeboren, Reichtümer zu tauschen und aufzuhäufen.

Jedenfalls befand sich die Technokratie gegen Ende des 18. Jahrhunderts auf dem Vormarsch, vor allem nachdem Richard Arkwright, ein Barbier von Beruf, das Fabriksystem entwickelt hatte. In seinen Baumwollspinnereien brachte Arkwright den Arbeitern, vor allem Kindern, bei, »sich dem regelmäßigen Tempo der Maschine anzupassen«, und gab damit der Entfaltung moderner Formen des technokratischen Kapitalismus einen enormen Auftrieb. 1780 standen zwanzig Fabriken unter seiner Leitung, wofür ihn eine dankbare Nation in den Adelsstand erhob und woraus einem ebenso dankbaren Sohn eine gewaltige Erbschaft erwuchs. Man darf Arkwright wohl als den ersten – und zugleich einen archetypischen – technokratischen Kapitalisten ansehen. Er verkörperte in jeder Hinsicht den Unternehmertypus des 19. Jahrhunderts. Wie Sigfried Giedion schrieb, realisierte Arkwright erstmals die Mechanisierung der Produktion, und zwar »ohne Unterstützung, ohne Regierungshilfe, inmitten einer feindlichen Umgebung, aber angetrieben von einem rücksichtslosen Utilitarismus, den kein Risiko und keine Gefahr abschreckte«. Zu Beginn des 19. Jahrhunderts brachte England in jeder größeren Stadt solche Unternehmer hervor. Seit 1806 revolutionierte der von Edmund Cartwright entwickelte mechanische Webstuhl die Textilindustrie, indem er die Facharbeiter ein für allemal ausschaltete und durch ungelernte Arbeiter ersetzte, die nur noch dafür sorgten, daß die Maschinen liefen.

Um das Jahr 1850 hatte sich die Werkzeugmaschinenindustrie

entwickelt – Maschinen zur Herstellung von Maschinen. Und seit den sechziger Jahren des 19. Jahrhunderts ergriff die Massen ein regelrechtes Erfinderfieber, vor allem in Amerika. Noch einmal sei Giedion zitiert: »Erfinden wurde eine Selbstverständlichkeit. Jeder, der einen Betrieb besaß, war darauf aus, seine Produkte rascher, vollendeter und gelegentlich auch schöner herzustellen. Anonym und unmerklich verwandelten sich dabei die alten Werkzeuge in moderne Instrumente.«[1] Die Erfindungen des 19. Jahrhunderts sind uns so vertraut, daß wir sie nicht im einzelnen zu beschreiben brauchen. Zu ihnen gehören auch diejenigen, die dem Ausdruck »Revolution der Kommunikationsmittel« seine Bedeutung gaben: die Photographie und die Telegraphie (in den dreißiger Jahren), die Rotationsdruckpresse (in den vierziger Jahren), die Schreibmaschine (in den sechziger Jahren), das Überseekabel (1866), das Telephon (1876), der Film und die drahtlose Telegraphie (1895). Alfred North Whitehead brachte dies auf die Formel, die größte Erfindung des 19. Jahrhunderts sei die Idee des Erfindens selbst gewesen. Die Menschen hatten gelernt, *wie* man etwas erfindet, und demgegenüber verlor die Frage, *warum* man etwas erfindet, an Gewicht. Daß man das, was man tun kann, auch tun soll, ist eine Idee des 19. Jahrhunderts. Und Hand in Hand mit ihr verbreitete sich ein tiefes Vertrauen in all jene Prinzipien, auf denen der Erfolg des Erfindens beruht: Objektivität, Effizienz, Sachverstand, Standardisierung, Meßbarkeit und Fortschritt. Außerdem gewann die Vorstellung an Boden, daß die Maschinerie des technischen Fortschritts am besten funktioniert, wenn man die Menschen nicht als Kinder Gottes und auch nicht als Staatsbürger auffaßt, sondern als Konsumenten, als Marktfaktoren.

Natürlich war nicht jeder einverstanden, vor allem nicht mit dieser letzten Vorstellung. In England schrieb William Blake von den »dunklen satanischen Fabriken«, die den Menschen ihre Seelen raubten. Matthew Arnold mahnte, der »Glaube an die Maschine« sei die größte Bedrohung für die Menschheit. Carlyle, Ruskin und William Morris wetterten gegen den geistigen Niedergang, den der industrielle Fortschritt mit sich bringe. In Frankreich bezeugten Balzac, Flaubert und Zola in ihren Romanen die geistige Öde des »homo oeconomicus« und die Verarmung, die aus dem Triumph des Erwerbstriebs resultiert.

Für das 19. Jahrhundert war auch die Bildung »utopischer« Gemeinschaften kennzeichnend, unter denen Robert Owens Siedlungsexperiment New Lannark in Schottland vielleicht das bekannteste geworden ist. Er gründete dort eine Mustersiedlung, mit verringerter Arbeitzeit und besseren Lebensbedingungen für die Arbeiter seiner Fabrik und mit neuartigen Erziehungseinrichtungen für deren Kinder. 1824 ging Robert Owen nach Amerika und gründete dort ein weiteres Utopia, New Harmony in Indiana. Obwohl sich keines von seinen Experimenten über längere Zeit hielt, lieferten sie die Anregung zu Dutzenden ähnlicher Versuche, die »menschlichen Kosten« der Technokratie zu verringern.[2]

Aufstieg und Fall der vielgeschmähten Ludditen-Bewegung dürfen hier ebenfalls nicht unerwähnt bleiben. Der Ursprung des Ausdrucks »Ludditen« ist unklar, aber manche glauben, er gehe auf einen jungen Arbeiter namens Ludlum zurück, dem sein Vater gesagt hatte, er solle einen mechanischen Webstuhl reparieren, statt dessen jedoch machte er sich daran, diesen Webstuhl zu zerstören. Jedenfalls entstand in der Zeit zwischen 1811 und 1816 eine breite Unterstützung für die Arbeiter, die empört waren über Lohnkürzungen, Kinderarbeit und die Abschaffung von Gesetzen und Gewohnheitsrechten, die ihnen, sofern sie qualifiziert waren, in früherer Zeit einen gewissen Schutz geboten hatten. Ihrer Unzufriedenheit machten sie Luft durch die Zerstörung von Maschinen, vor allem in der Textilindustrie; seither bezeichnet der Ausdruck »Luddit« (oder »Maschinenstürmer«) einen fast kindlichen und gewiß naiven Widerstand gegen die Technik. Aber die historischen Maschinenstürmer waren weder kindlich noch naiv. Es waren Leute, die sich verzweifelt bemühten, die Privilegien, Gesetze und Gewohnheiten zu bewahren, die ihnen innerhalb der älteren Weltsicht ihre Rechte gewährleistet hatten.[3]

Sie unterlagen, so wie alle anderen Neinsager im 19. Jahrhundert unterlagen. Und Kopernikus, Kepler, Galilei und Newton hätten sich vielleicht auf ihre Seite gestellt. Vielleicht sogar Bacon, denn daß die Technik zum Fluch und zu einer zerstörerischen Kraft würde, lag nicht in seiner Absicht. Bacons größte Schwäche war allerdings, daß er die Legende von Thamus nicht kannte. Er hat die Dialektik des technologischen Wandels nicht begriffen, und über die negativen Auswirkungen der Technologie hat er sich kaum geäußert. Dennoch hätte der Aufstieg der Technokratie Bacon alles in allem wahrscheinlich behagt, denn es läßt sich nicht bestreiten, daß die Technokratie das Erscheinungsbild der materiellen Zivilisation völlig verwandelte und viel zur Beseitigung dessen beigetragen hat, was Tocqueville »die Malaise der Arbeit« genannt hat. Und obwohl es zutrifft, daß der technokratische Kapitalismus Elendsviertel und Entfremdung hervorbrachte, so gilt doch auch, daß diese Verhältnisse als ein Unheil wahrgenommen wurden, das abgewendet werden konnte und sollte; mit anderen Worten, die Technokratien förderten den Respekt vor der Würde des Menschen, dessen Fähigkeiten und dessen Wohlergehen nun zum Gegenstand eines beharrlichen politischen Interesses und einer engagierten Sozialpolitik wurden. Das 19. Jahrhundert erlebte die Ausweitung des öffentlichen Bildungswesens, es schuf die Grundlage für die moderne Gewerkschaftsbewegung und führte vor allem in Amerika, durch den Ausbau der öffentlichen Bibliotheken und weil die Publikumszeitschriften immer mehr Bedeutung gewannen, zu einer raschen Verbreitung der Lese- und Schreibfähigkeit, ja, von Bildung überhaupt. Nur ein Beispiel zur Illustration dieses letzten Punktes: zu den Beiträgern der 1821 gegründeten *Saturday Evening Post* gehörten Leute wie William Cullen Bryant, Harriet Beecher Stowe, James Fenimore Cooper, Ralph Waldo Emerson, Nathaniel Hawthorne und Edgar Allan Poe – lauter Schriftsteller, die man heute zu den Klassikern der amerikanischen Literatur zählt. Die technokratische Kultur beseitigte die Schranke, die den Angehörigen der Arbeiterklasse den Zugang zu den intellektuellen Interessen der Gebildeten bis dahin versperrt hatte, und wir können als Tatsache ansehen, was George Steiner über die Zeitspanne zwischen der Französischen Revolution und dem Ersten Weltkrieg gesagt hat: sie sei eine Oase der Qualität gewesen, in der die große Literatur den Weg zu einem Massenpublikum fand.

Noch etwas anderes fand den Weg zu einem Massenpublikum: die politische und religiöse Freiheit. Es wäre eine unzulässige Vereinfachung, wollte man behaupten, das Zeitalter der Aufklärung sei einzig und allein aus der zunehmenden Bedeutung der Technologie im 18. Jahrhundert erwachsen, aber es liegt auf der

Hand, daß die Betonung der Individualität in der ökonomischen Sphäre unausweichliche Folgen für die politische Sphäre hatte. Erbliches Königtum ist in einer Technokratie irrelevant und sinnlos. Die neue Königswürde war Leuten wie Richard Arkwright bestimmt, der aus kleinen Verhältnissen stammte, dessen Intelligenz und Kühnheit sich jedoch in höchste Höhen erhob. Denen, die über solche Gaben verfügten, konnte man politische Macht nicht vorenthalten, und wenn man sie ihnen nicht gab, dann waren sie durchaus willens, sie sich zu nehmen. In jedem Fall mußte das revolutionäre Wesen der neuen Produktions- und Kommunikationsmittel radikalen Ideen in jedem Bereich menschlichen Handelns und Strebens Vorschub leisten. Die Technokratie, die uns die Idee des Fortschritts bescherte, lockerte notwendigerweise die Bindungen der Menschen an politische und an geistige Traditionen. Lauthals verhieß die Technokratie neue Freiheiten und neue Formen sozialer Organisation. Sie steigerte auch das Tempo des Lebens. Die Menschen konnten schneller von einem Ort zum anderen gelangen, sie konnten das, was zu tun war, schneller tun, sie konnten in kürzerer Zeit mehr leisten. Die Zeit wurde zu einem Gegner, über den die Technologie triumphieren konnte. Und dies hatte zur Folge, daß keine Zeit blieb, zurückzublicken und zu überlegen, was da verlorenging. Weltreiche mußten errichtet, Gelegenheiten genutzt, aufregende Freiheiten ausgekostet werden, vor allem in Amerika. Auf den Flügeln der Technokratie schwangen sich die Vereinigten Staaten als Weltmacht in ungeahnte Höhen. Daß Jefferson, Adams und Madison sich dort oben unwohl gefühlt hätten, daß ihnen dieser Platz vielleicht sogar unangenehm gewesen wäre, darauf kam es nicht an. Es kam auch nicht darauf an, daß im Amerika des 19. Jahrhunderts durchaus Stimmen laut wurden – die von Thoreau zum Beispiel –, die beklagten, was im Zuge dieser Entwicklung alles auf der Strecke blieb. Die erste Antwort auf solche Klagen lautete: Wir lassen nichts anderes zurück als die Ketten einer Werkzeugkultur. Die zweite Antwort klang nachdenklicher: Wir werden uns von der Technokratie nicht überwältigen lassen. Und so war es auch – jedenfalls bis zu einem gewissen Grad. Die Technokratie zerstörte die Traditionen des gesellschaftlichen Lebens und der kulturellen Symbole nicht ganz und gar. Die Technokratie erhob sich über diese Traditionen – sie demütigte sie sogar –, aber sie machte sie nicht vollends wirkungslos. Im 19. Jahrhundert gab es in Amerika noch fromme Leute, und es gab auch noch eine Vorstellung von Sünde. Es gab noch Lokalstolz, und es war möglich, sich an traditionellen Bildern vom Familienleben zu orientieren. Es war möglich, die Tradition selbst zu respektieren und in Brauchtum und Mythos Halt zu finden. Es war möglich, auf soziale Verantwortung und die Möglichkeit individuellen Handelns zu setzen. Es war sogar möglich, auf Erfahrung, Vernunft und Weisheit der Älteren zu vertrauen. Leicht war es nicht, aber es war möglich.

Die Technokratie, die im Amerika des 19. Jahrhunderts voll gerüstet in Erscheinung trat, begegnete solchen Überzeugungen mit Geringschätzung, denn Frömmigkeit und Sünde, Großmütter und Familie, regionale Bindungen und zweitausend Jahre alte Überlieferungen stehen in einem Widerstreit zur technokratischen Lebensweise. Sie sind störende Überreste aus der Epoche der Werkzeugkultur und ein ständiger Anlaß zur Kritik an der Technokratie. Sie zeugen von einer Gedankenwelt, die mit der Technokratie nichts zu tun hat und mit ihr nichts zu tun haben will – die ihre Sprache ablehnt, ihre Anonymität, die von ihr hervorgerufene Zerstückelung und Entfremdung des Lebens. Deshalb strafte die Technokratie eine solche Gedankenwelt mit Mißachtung, zerstörte sie aber in Amerika nicht und konnte sie nicht zerstören.

Einen Eindruck von dem Wechselspiel zwischen der Technokratie und den Wertvorstellungen der Alten Welt vermittelt uns das Werk Mark Twains, den die technischen Leistungen des 19. Jahrhunderts immer wieder faszinierten. Er bezeichnete dieses Jahrhundert als »das schlichteste, kräftigste, großartigste und würdigste, das die Welt je gesehen hat«, und er beglückwünschte Walt Whitman einmal dazu, in einer Zeit zu leben, die der Welt die wohltätigen Erzeugnisse des Steinkohlenteers geschenkt hat. Oft wird behauptet, Mark Twain sei der erste Schriftsteller gewesen, der regelmäßig eine Schreibmaschine benutzte, und er investierte eine Menge Geld in neue Erfindungen (wobei er wiederum viel verlor). In seinem Buch *Leben auf dem Mississippi* finden sich immer wieder liebevoll ausgeschmückte Schilderungen der industriellen Entwicklung, zum Beispiel diese über das Wachstum der Baumwollspinnerei in Natchez:

»Die Rosalie Garnspinnerei in Natchez verfügt über 6000 Spindeln und 160 Webstühle und hat 100 Arbeiter in Lohn. Die Natchez Baumwoll-Weberei A. G. begann ihren Betrieb vor vier Jahren in einem einstöckigen Haus von 50 mal 190 Fuß; Anfangskapazität 4000 Spindeln und 128 Webstühle ... Die Fabrik verarbeitet jährlich 5000 Ballen Baumwolle zu 5 000 000 Yard braunem Schirting, Leinwand und Drell von bester Standardqualität.«

Twain schilderte nichts lieber als den Gigantismus und den Erfindungsreichtum der amerikanischen Industrie. Gleichzeitig jedoch bekräftigt sein gesamtes Werk die Wertvorstellungen einer vorindustriellen Ära. Persönliche Loyalität, regionale Traditionen, die Beständigkeit des Familienlebens, die Bedeutung von Erzählungen und Weisheiten der Älteren machen den Kern seiner Bücher aus. Die Geschichte von Huckleberry Finn und Jim, die auf einem Floß ihren Weg in die Freiheit suchen, ist nichts anderes als eine Hymne auf die Beharrlichkeit der Spiritualität des vortechnologischen Menschen.

Wenn wir fragen, warum die Technokratie die Weltsicht der Werkzeugkultur nicht zerstörte, so könnte die Antwort lauten, daß der Furor des Industrialismus noch zu neu und in seiner Reichweite noch beschränkt war, so daß es ihm nicht gelang, die inneren Bedürfnisse der Menschen umzumodeln und Sprache, Erinnerungen und Sozialstrukturen der Werkzeugkultur zu verdrängen. Es war möglich, die Wunder einer mechanischen Baumwollspinnerei zu betrachten, ohne deshalb die Tradition als völlig nutzlos abzuweisen. Wenn man die amerikanische Geschichte des 19. Jahrhunderts eingehend untersucht, vernimmt man das Ächzen und Knirschen einer in der Krise befindlichen Religion, einer heftigen Angriffen ausgesetzten Welt der Mythen und Überlieferungen, einer Politik und eines Bildungswesens, die in Verwirrung geraten sind, aber dieses Ächzen ist noch kein Todesröcheln. Es sind Laute einer gequälten Kultur, nicht mehr. Die Ideen der Werkzeugkultur galten schließlich Problemen, die in einer Technokratie immer noch akut waren. Die Menschen, die in der Technokratie lebten, wußten, daß Wissenschaft und Technik keine Anschauungen hervorbringen würden, die eine Orientierung für das Leben bieten konnten, und deshalb hielten sie sich an die Anschauungen ihrer Väter. Sie konnten sich nicht zu der Überzeugung durchringen, daß die Religion, wie es Freud zu Beginn des 20. Jahrhunderts formulierte, nichts weiter sei als eine Zwangsneurose. Und sie mochten auch nicht recht glauben, daß, wie es die neue Kosmologie sie lehrte, das Universum nur das Ergebnis einer zufälligen Zusammenballung von Atomen sei. Wie Mark Twain hielten sie bei aller Abhängigkeit von den Maschinen an der Auffassung fest, daß diese Werkzeuge Diener bleiben und nicht zu Herren werden sollten. Vielleicht ließen sie zu, daß sich ihre Werkzeuge wie anmaßende, aggressive, überhebliche Diener gebärdeten, aber daß sich die Werkzeuge jemals über ihre Dienstbarkeit erheben könnten, war für sie ein Schreckensbild. Und obwohl die Technokratie der menschlichen Seele keinen klaren Platz zuzuweisen vermochte, hielten die Menschen, die in ihr lebten, daran fest, daß eine Zunahme des materiellen Wohlstandes nie und nimmer eine hinreichende Entschädigung für eine Kultur bieten könnte, die ihre Selbstachtung beschädigte.

So existierten zwei einander entgegengesetzte Weltsichten – die technologische und die traditionale – in einer prekären Spannung nebeneinander. Die technologische war natürlich die stärkere, aber die traditionale war ebenfalls vorhanden – sie funktionierte noch, besaß Einfluß und war noch viel zu lebendig, als daß man sie hätte ignorieren können. Belege hierfür finden wir nicht nur bei Mark Twain, sondern auch in der Dichtung von Walt Whitman, in den Reden von Abraham Lincoln, in der Prosa von Thoreau, in der Philosophie von Emerson, in den Romanen von Hawthorne und Melville und ganz besonders anschaulich in Alexis de Tocquevilles monumentalem Werk *Über die Demokratie in Amerika*. Mit einem Wort, im Amerika des 19. Jahrhunderts lagen zwei unterschiedliche Gedankenwelten im Widerstreit miteinander.

Mit dem Aufstieg des Technopols verschwindet eine dieser Gedankenwelten. Das Technopol beseitigt die Alternativen, die es zu ihm gibt, auf ebenjene Weise, die Aldous Huxley in *Schöne neue Welt* beschrieben hat. Es drängt sie nicht in die Illegalität, auch nicht in die Immoralität. Es macht sie nicht einmal unpopulär. Es macht sie einfach unsichtbar und damit irrelevant. Und dies gelingt ihm, indem es das, was wir unter Religion, Kunst, Familie, Politik, Geschichte, Wahrheit, Privatsphäre, Intelligenz verstehen, neu definiert, dergestalt, daß die Definitionen schließlich den Anforderungen des Technopols genügen. Mit anderen Worten, das Technopol ist die totalitär gewordene Technokratie.

Während ich dies schreibe, ist die amerikanische Kultur (und das ist der Grund, warum ich dies schreibe) die einzige, die zu einem Technopol geworden ist. Sie ist noch ein junges Technopol, und wir dürfen annehmen, daß sie nicht nur das erste Technopol gewesen sein, sondern auch das am höchsten entwickelte Technopol bleiben will. Deshalb werfen die Vereinigten Staaten jetzt besorgte Blicke nach Japan und nach mehreren europäischen Ländern, die sich ebenfalls anschicken, Technopole zu werden.

Versucht man, die Anfänge des Technopols in Amerika zu datieren, so geht das nicht ohne Willkür ab. Es ist, als wollte man genau bestimmen, wann eine Münze, die man in die Luft geworfen hat, anfängt zu fallen. Man kann den Augenblick, in dem sie aufhört zu steigen, nicht genau erkennen; man weiß nur, daß es geschehen ist und daß sie nun niedergeht. Huxley selbst nannte als den entscheidenden Augenblick für den Übergang von der Technokratie zum Technopol die Entstehung des Imperiums von Henry Ford, und deshalb wird in seiner Schönen neuen Welt die Zeit in v. F (vor Ford) und n. F. (nach Ford) eingeteilt.

Wegen seines dramatischen Verlaufs bin ich versucht, für einen entscheidenden Augenblick den berühmten »Affen«-Prozeß gegen John Scopes zu halten, der im Sommer 1925 in Dayton, Tennessee, stattfand. Wie in dem Prozeß gegen Galilei dreihundert Jahre vorher standen sich auch hier zwei Weltsichten unversöhnlich gegenüber. Und wie in dem Prozeß gegen Galilei drehte sich der Streit nicht nur um den Inhalt der »Wahrheit«, sondern auch um das richtige Verfahren zur Bestimmung der »Wahrheit«. Die Verteidiger von Scopes boten alle Grundannahmen und den ganzen methodischen Scharfsinn der modernen Wissenschaft auf (genauer gesagt: sie versuchten es), um zu beweisen, daß der religiöse Glaube keine Rolle spielen könne, wenn es darum geht, die Ursprünge des Lebens und die Abstammung des Menschen aufzudecken und zu begreifen. William Jennings Bryan und seine Anhänger setzten sich leidenschaftlich für die Gültigkeit eines Glaubens ein, der die Frage nach dem

Ursprung an das Wort Gottes verwies. Im Laufe des Prozesses machten sie sich vor den Augen der Welt lächerlich. Aber fast siebzig Jahre später kann man zu ihren Gunsten immerhin eines sagen: Diese »Fundamentalisten« waren im Hinblick auf die Wohltaten der Wissenschaft und der Technik weder unwissend noch gleichgültig. Sie besaßen Automobile, sie benutzten Elektrizität, sie trugen maschinell gefertigte Kleidung. Sie gebrauchten den Telegraphen und das Radio, und zu ihnen zählte eine ganze Reihe von Männern, die man als angesehene Wissenschaftler bezeichnen kann. Sie waren durchaus daran interessiert, ihren Anteil an der Freigebigkeit der amerikanischen Technokratie zu erhalten, das heißt, sie waren weder Ludditen noch Primitive. Was sie jedoch kränkte und verletzte, war der Angriff der Wissenschaft auf die uralte Weltdeutung, aus der ihr Bild von einer moralischen Ordnung hervorgegangen war. Sie unterlagen, und ihre Niederlage war bitter. Dieser Kampf klärte ein für allemal den Konflikt: bei der Definition von Wahrheit hat die große Welterklärung der induktiven Wissenschaft den Vorrang vor der großen Welterklärung der Genesis, und diejenigen, die hiermit nicht einverstanden sind, sind zu intellektueller Rückständigkeit verurteilt.

Obwohl vieles dafür spricht, den Scopes-Prozeß als Indiz für die endgültige Zurückweisung einer überlieferten älteren Weltsicht zu deuten, muß ich ihn übergehen. Im Mittelpunkt dieses Prozesses stand das Verhältnis zwischen Wissenschaft und Glauben und nicht die Technologie, die zum Glaubensbekenntnis wird. Ein Ereignis, das die Anfänge einer Techno-Theologie markiert, ein Symptom für den Beginn des Technopols, finden wir in einer weniger dramatischen Konfrontation, zu der es schon früher, im Herbst 1910, kam. Vom September bis zum November dieses Jahres veranstaltete die Interstate Commerce Commission, eine Bundesbehörde zur Regelung des Handels zwischen den Bundesstaaten, Anhörungen, die sich mit dem Antrag der Northeastern Railroads befaßten, zum Ausgleich für Lohnerhöhungen, die den Eisenbahnarbeitern im Laufe des Jahres bereits gewährt worden waren, die Frachtgebühren heraufzusetzen. Der Verband der Eisenbahnarbeiter, vertreten durch Louis Brandeis, sprach sich gegen diesen Antrag aus und erklärte, die Eisenbahngesellschaft könnte ihre Profite allein schon durch eine effizientere Betriebsführung erhöhen. Um seine Argumentation zu untermauern, ließ Brandeis Zeugen auftreten – vornehmlich Ingenieure und Industriemanager –, die erklärten, durch Anwendung der Prinzipien der *wissenschaftlichen Betriebsführung* könnte die Eisenbahn gleichzeitig die Löhne erhöhen und ihre Kosten senken. Frederick W. Taylor war bei den Anhörungen zwar nicht anwesend, aber man berief sich häufig auf ihn als den Urheber der wissenschaftlichen Betriebsführung, und Fachleute versicherten der Kommission, das von Taylor entwickelte System könne jedermanns Probleme lösen. Zuletzt entschied die Kommission gegen den Antrag der Eisenbahngesellschaft, aber nicht, weil sie an die wissenschaftliche Betriebsführung glaubte, sondern weil sie der Meinung war, daß die Eisenbahngesellschaft ohnehin genug Geld einnahm. Doch viele Leute glaubten an die wissenschaftliche Betriebsführung, und die Anhörungen machten Taylor im ganzen Land bekannt. In den folgenden Jahren wurden zahlreiche Versuche unternommen, die Prinzipien des »Taylorismus« bei den Streitkräften, in der Justiz, im häuslichen Bereich, in der Kirche und im Erziehungswesen anzuwenden. Mit der Zeit gerieten der Name Taylors und die Einzelheiten seines Systems fast in Vergessenheit, aber seine Vorstellungen davon, woraus eine Kultur besteht, sind bis heute eine Grundlage des amerikanischen Technopols geblieben.

Ich nehme dieses Ereignis zum Ausgangspunkt, weil Taylors 1911 erschienenes Buch *The Principles of Scientific Management* die Anschauungen, die der Gedankenwelt des Technopols zugrunde liegen, zum erstenmal klar formuliert. Dazu gehört die Überzeugung, das erste, wenn nicht das einzige Ziel menschlichen Strebens und Denkens sei die Effizienz; ebenso die Vorstellung, daß eine technische Kalkulation dem menschlichen Urteil in jeder Hinsicht überlegen sei und daß man grundsätzlich der menschlichen Urteilskraft nicht trauen könne, weil sie durch Unklarheit, Mehrdeutigkeit und nutzlose Komplexität beeinträchtigt werde; daß die Subjektivität dem klaren Denken hinderlich sei; daß etwas, das sich nicht messen lasse, entweder nicht vorhanden oder wertlos sei; und daß die Angelegenheiten der Bürger eines Landes am besten von Fachleuten gelenkt und geleitet würden. Um Taylor (der den Begriff »wissenschaftliche

Betriebsführung« nicht erfunden hat und ihn selbst nur zögernd verwendete) kein Unrecht zu tun, sollte man hinzufügen, daß er sein System ursprünglich nur für die Industrieproduktion vorgesehen hatte. Er wollte eine Wissenschaft des industriellen Arbeitsplatzes entwickeln, die nicht nur höhere Profite bringen, sondern auch höhere Löhne, kürzere Arbeitszeiten und bessere Arbeitsbedingungen für die Lohnempfänger gewähren sollte. In seinem System, das auch »Zeit- und Bewegungsstudien« umfaßte, wurde das Urteil des einzelnen Arbeiters durch Gesetze, Regeln und Prinzipien außer Kraft gesetzt, die sich aus der »Wissenschaft« von seiner Arbeitstätigkeit ergaben. Das bedeutete, daß die Arbeiter die traditionellen Faustregeln aufgeben mußten, auf die sie sich bis dahin verlassen hatten; den Arbeitern wurde überhaupt jede mit Nachdenken verbundene Verantwortung abgenommen. Fortan dachte das System für sie. Dies ist ein wesentlicher Punkt, denn hieraus entstand eine Vorstellung, die zu den Grundprinzipien des Technopols gehört: daß die Technik das Denken ersetzen kann.

Die Voraussetzungen, auf denen die Grundsätze der wissenschaftlichen Beriebsführung beruhten, sind nicht mit einem Schlag der Originalität Taylors entsprungen. Sie reiften und wuchsen im Schoß der Technokratien des 18. und 19. Jahrhunderts heran. Und es gibt gute Gründe für die Annahme, daß die Ursprünge des Technopols auf den französischen Philosophen Auguste Comte aus dem frühen 19. Jahrhundert zurückgehen, der in dem Bemühen um eine Wissenschaft von der Gesellschaft den Positivismus und die Soziologie begründete. Comtes These, daß alles, was nicht sichtbar und nicht meßbar ist, unwirklich sei, war die Grundlage für die spätere Vorstellung vom Menschen als einem Objekt. Aber in der Technokratie sind solche Vorstellungen lediglich Nebenprodukte, die daher rühren, daß die Technologie immer mehr Bedeutung gewinnt. Technokratien sind daran interessiert, Maschinen zu erfinden. Daß diese Maschinen das Leben der Menschen verändern, wird als selbstverständlich hingenommen, und daß Menschen zuweilen so behandelt werden müssen, als wären sie Maschinen, gilt als unabänderliche, wenngleich bedauerliche Bedingung des technologischen Fortschritts. Aber die Technokratie macht aus diesen Verhältnissen kein Grundprinzip der Kultur. Ihr Ziel ist nicht die große

Reduktion, in der das menschliche Dasein seinen Sinn schließlich in Apparaturen und Technik finden muß. Diese Reduktion betreibt erst das Technopol. Im Werk von Frederick Taylor, so scheint mir, ist zum erstenmal der Gedanke formuliert, daß der Gesellschaft am besten gedient sei, wenn die Menschen für ihre Technik und ihre Technologie verfügbar gemacht werden, und daß sie in einem gewissen Sinne weniger wertvoll sind als die Maschinen. Taylor und seine Nachfolger haben sehr genau beschrieben, was das bedeutet, und sie haben ihre Entdeckung als den Anbruch einer schönen neuen Welt bejubelt.

Warum fand das Technopol – die Unterwerfung aller Formen des kulturellen Lebens unter die Vorherrschaft von Technik und Technologie – in Amerika einen so fruchtbaren Boden? Es gibt vier miteinander zusammenhängende Gründe für den Aufstieg des Technopols in Amerika, dafür, daß es hier zuerst hervortrat und daß es hier ungehindert gedeihen konnte. Bei näherem Hinsehen zeigt sich, daß über alle diese Gründe in mancherlei Zusammenhängen schon viel geschrieben worden ist und daß sie durchaus bekannt sind. Der erste steht in Verbindung mit dem, was man gemeinhin den »amerikanischen Charakter« nennt. Seine wichtigsten Merkmale hat Tocqueville schon zu Beginn des 19. Jahrhunderts beschrieben: »Der Amerikaner bewohnt ein Land der Wunder, alles um ihn ist in steter Unruhe, und jede Bewegung erscheint als Fortschritt. Die Vorstellung des Neuen ist daher in seinem Geist eng mit der Vorstellung des Besseren verknüpft. Nirgends erblickt er die Grenze, welche die Natur den Mühen des Menschen gezogen haben mag; in seinen Augen ist das nicht Vorhandene das noch nicht Versuchte.«[4]

Dieses Merkmal ist für jeden offenkundig, der sich mit der amerikanischen Kultur beschäftigt hat, wenngleich es von verschiedenen Leuten auf sehr unterschiedliche Weise erklärt wird. Einige führen es darauf zurück, daß die Bevölkerung Amerikas aus Einwanderern besteht; andere verweisen auf die Pioniermentalität; wieder andere auf die riesigen natürlichen Ressourcen eines in einmaliger Weise gesegneten Landes und auf die unbegrenzten Möglichkeiten eines neuen Kontinents; einige auf die bisher nie gekannte politische und religiöse Freiheit, die hier jedem gewährt wurde; andere auf alle diese Faktoren und noch mehr dazu. Es genügt hier zu sagen, daß das amerikanische

Mißtrauen gegenüber Einengungen jedweder Art – man könnte sogar sagen: die amerikanische Skepsis gegen Kultur überhaupt – das radikale, ungehemmte Eindringen verschiedener Technologien durchaus begünstigt hat.

An zweiter Stelle und mit dem ersten Element eng verbunden sind das Genie und die Kühnheit der amerikanischen Kapitalisten des ausgehenden 19. und beginnenden 20. Jahrhunderts zu nennen, von Männern, die schneller und konzentrierter die ökonomischen Möglichkeiten neuer Technologien auszubeuten begannen, als dies in anderen Länder geschah. Zu ihnen gehören Samuel Morse, Alexander Graham Bell, Thomas Edison, John J. Rockefeller, John Jacob Astor, Henry Ford, Andrew Carnegie und viele andere – manche von ihnen hat man auch als *Robber Barons*, *als* »Raubritter«, bezeichnet. Was sie raubten – man erkennt das heute klarer als damals –, war die Vergangenheit Amerikas, denn ihr Grundgedanke lautete, nichts sei so bewahrenswert, daß man es auch dann bewahren müsse, wenn es der technologischen Innovation im Wege stehe. Diese Männer prägten das 20. Jahrhundert, und sie gelangten dabei zu einem Reichtum, einem Ansehen und einer Macht, die selbst Richard Arkwright in Erstaunen versetzt hätte. Ihre größte Leistung aber bestand darin, daß sie ihren Landsleuten klarmachten, die Zukunft brauche keine Verbindung mit der Vergangenheit zu wahren.

Drittens: der Erfolg der Technologie des 20. Jahrhunderts bei der Versorgung der Amerikaner mit Bequemlichkeit, Komfort, Tempo, Hygiene und Überfluß war so offenkundig und vielversprechend, daß es keinen Grund zu geben schien, nach anderen Quellen von Erfüllung oder Kreativität oder nach anderen Orientierungen Ausschau zu halten. Zu jeder Überzeugung, jeder Gewohnheit, jeder Tradition der Alten Welt gab und gibt es eine technologische Alternative. Die Alternative zum Gebet ist das Penicillin; die Alternative zur Verwurzelung in der Familie ist die Mobilität; die Alternative zum Lesen ist das Fernsehen; die Alternative zur Selbstbeschränkung ist die unmittelbare Wunscherfüllung; die Alternative zur Sünde ist die Psychotherapie; die Alternative zur politischen Programmatik ist das populäre Image auf der Basis wissenschaftlicher Meinungsumfragen. Selbst zu dem quälenden Rätsel des Todes, wie Freud es genannt hat, gibt es eine Alternative. Zuerst wird dieses Rätsel durch Verlängerung des Lebens aufgeschoben und danach vielleicht mit Hilfe der Tieftemperaturtechnik ein für allemal aufgehoben. Jedenfalls fällt so rasch niemandem ein Grund dafür ein, warum es nicht so sein sollte.

Während sich die spektakulären Triumphe der Technologie häuften, geschah noch etwas anderes: die Quellen älterer Anschauungen und Überzeugungen gerieten in Bedrängnis. Nietzsche verkündete, Gott sei tot. Darwin ging nicht so weit, aber er machte deutlich, daß wir, sofern wir denn Kinder Gottes waren, auf einem Weg hierzu geworden waren, der sich viel länger und sehr viel weniger erhaben ausnahm, als wir bisher vermutet hatten, und daß wir uns unterwegs ein paar sonderbare und nicht besonders ansehnliche Verwandte zugelegt hatten. Marx behauptete, die Geschichte habe ihre eigene Tagesordnung und führe uns, ohne Rücksicht auf unsere Wünsche, in die Richtung, in der sie fortschreiten müsse. Freud lehrte, wir würden unsere innersten Bedürfnisse nicht verstehen und dürften nicht darauf hoffen, sie mit den herkömmlichen Mitteln unseres Verstandes aufzudecken. John Watson, der Begründer des Behaviorismus, zeigte, daß Willensfreiheit eine Illusion sei und daß sich unser Verhalten letzten Endes kaum von dem der Tauben unterschied. Einstein und seine Kollegen erklärten, es gebe keine Möglichkeit, sich über irgend etwas zu irgendeinem Zeitpunkt ein festes Urteil zu bilden, denn alles sei relativ. Hundert Jahre Wissenschaft bewirkten, daß wir das Vertrauen in unsere Glaubensüberzeugungen und damit auch den Glauben an uns selbst verloren.

Auf dem Trümmerfeld der Begriffe blieb nur eine einzige Gewißheit zurück, auf die man setzen konnte – die Technologie. Was immer man bestreiten und in Frage stellen mag – klar ist, daß Flugzeuge wirklich fliegen, daß Antibiotika heilen, daß Radios sprechen und daß, wie wir inzwischen wissen, Computer rechnen und nie Fehler machen – nur fehlbare Menschen machen Fehler (wovon uns schon Frederick Taylor zu überzeugen versucht hatte).

Aus all diesen durchaus bekannten Gründen waren die Amerikaner besser als andere Völker darauf vorbereitet, die Errichtung des Technopols in Angriff zu nehmen. Aber daß es zu voller Blüte gelangte, hing auch von einer Reihe anderer, weniger deutlich sichtbarer und daher weniger bekannter Voraussetzungen ab. Diese Voraussetzungen bildeten den Hintergrund und den Kontext, in dem das amerikanische Mißtrauen gegen jegliche Einengung, das Ausbeutergenie seiner Industriekapitäne, die Erfolge der Technologie und die Entwertung überkommener Anschauungen jene übersteigerte Bedeutung gewannen, die in Amerika den Umschlag der Technokratie ins Technopol herbeiführte. Diesen Kontext möchte ich im folgenden Kapitel unter dem Stichwort »Unwahrscheinliche Welt« genauer untersuchen.

4. Unwahrscheinliche Welt

Obwohl die »Sozialwissenschaft« offenkundig ein starker Ver-
bündeter des Technopols ist und deshalb mit argwöhnischem
Auge beobachtet werden muß, zolle ich ihr gelegentlich meinen
Respekt, indem ich einige Kollegen mit einem kleinen Experiment behellige. Wie viele andere sozialwissenschaftliche Experimente, beruht es auf Täuschung und dem Ausnutzen von Gut-
gläubigkeit. Am besten läßt es sich morgens durchführen, wenn
ich einen Kollegen erblicke, der nicht im Besitz einer *New York
Times* zu sein scheint. »Hast du heute morgen die *Times* gelesen?« frage ich ihn. Wenn mein Kollege nun mit »Ja« antwortet,
findet an diesem Tag kein Experiment statt. Antwortet er jedoch
mit »Nein«, kann das Experiment weitergehen. »Du mußt dir
heute unbedingt den Wissenschaftsteil ansehen«, sage ich. »Dort
steht ein sehr interessanter Artikel über eine Untersuchung, die
an der University of Minnesota durchgeführt wird.« – »Tatsächlich? Worüber denn?« ist die übliche Antwort. Die Zahl der
Möglichkeiten, die sich an diesem Punkt bieten, ist fast unendlich, aber es gibt zwei, die besonders ergiebige Resultate bringen. Die erste: »Na ja, sie wollten herausfinden, was man essen
soll, wenn man abnehmen will, und nun hat sich herausgestellt,
daß man die normale Ernährungsweise am besten beibehält und
sie nur durch drei Schokoladen-Eclairs am Tag ergänzt. Diese
Eclairs enthalten offenbar einen besonderen Nährstoff – enkomisches Doxin, das die Kalorien mit einer unglaublichen Geschwindigkeit abbaut.«
Die zweite Version wechselt das Thema und die Universität: »An

der Johns Hopkins University haben Neurophysiologen einen Zusammenhang zwischen Joggen und Intelligenzschwund aufgedeckt. Sie haben mehr als zwölfhundert Personen fünf Jahre lang getestet und dabei festgestellt, daß ihre Intelligenz statistisch signifikant in dem Maße abnahm, wie die Zahl der Stunden, in denen sie joggten, zunahm. Warum, weiß man nicht, aber die Sache an sich steht fest.«

Meine Rolle bei diesem Experiment besteht darin, irgend etwas ganz und gar Lächerliches und Unglaubwürdiges zu berichten. Wenn ich diese Rolle mit einer Mischung aus höflichem Ernst und kollegialer Vertraulichkeit spiele, kommen interessante Ergebnisse zustande: ungefähr zwei Drittel meiner Opfer glauben, was ich ihnen erzähle, oder reagieren jedenfalls nicht mit Ungläubigkeit. Manchmal sagen sie: »Wirklich? Ist das denn möglich?« Manchmal zögern sie ihre Reaktion hinaus, indem sie erwidern: »*Wo*, sagtest du, wurde diese Untersuchung durchgeführt?« Aber manche sagen auch: »Weißt du, das habe ich auch schon gehört.« Aus Gründen, die selbst wieder eine Untersuchung wert wären, begegnen mir die deutlichsten Fälle von Leichtgläubigkeit, wenn ich mich auf die University of Minnesota und die Johns Hopkins University berufe; Stanford und das Massachusetts Institute of Technology erbringen nur leidlich gute Resultate.

Aus diesen Ergebnissen lassen sich verschiedene Schlüsse ziehen, und einen von ihnen hat H. L. Mencken schon vor fünfzig Jahren formuliert: Eine Idee mag noch so dumm sein – man findet immer einen Professor, der sie gutheißt. Das ist nun zwar eher eine Anschuldigung als eine Erklärung, aber es spricht manches für sie. (Ich habe das gleiche Experiment übrigens auch mit Nicht-Professoren angestellt und ungefähr die gleichen Resultate erzielt.) Eine andere mögliche Schlußfolgerung hat George Bernard Shaw ebenfalls vor ungefähr fünfzig Jahren gezogen: der Mensch von heute ist genauso leichtgläubig wie der Mensch im Mittelalter. Im Mittelalter glaubte man mit unerschütterlicher Standhaftigkeit an die Autorität der Religion. Heute glauben wir mit unerschütterlicher Standhaftigkeit an die Autorität unserer Wissenschaft.

Es gibt jedoch noch eine dritte Möglichkeit. Sie hängt mit der These von Shaw zusammen, steht aber quer zu ihr. Jedenfalls hilft sie uns, die beharrliche Macht des Technopols zu begreifen. Mir scheint, die Welt, in der wir leben, ist für die meisten von uns nahezu unbegreiflich. Es gibt kaum ein Faktum, weder in der Wirklichkeit noch in der Vorstellung, das imstande wäre, uns nachhaltig zu irritieren, denn wir verfügen nicht über ein umfassendes, konsistentes Bild der Welt, vor dem sich ein solches Faktum als nicht annehmbarer Widerspruch erweisen könnte. Wir glauben, weil es keinen Grund gibt, nicht zu glauben. Und ich vermute, es hätte gar nicht meines komischen Ausflugs in die Randbezirke der Sozialwissenschaft bedurft, dem Leser dies plausibel zu machen. Unterstützt von einem Bildungssystem, dem seinerseits jede kohärente Weltsicht abhanden gekommen ist, raubt uns das Technopol die gesellschaftlichen, politischen, historischen, metaphysischen, logischen und geistigen Kriterien, um zu erkennen und zu ermessen, was unglaublich und unglaubwürdig ist.

Dies gilt vor allem für technische Fakten. Da dieses Buch eine Vielzahl von Fakten enthält, möchte ich das Vertrauen in sie nicht dadurch erschüttern, daß ich mein Experiment auf den Leser anwende. Aber wenn ich Ihnen mitteilen würde, daß das Papier, auf dem dieses Buch gedruckt ist, in einem speziellen Verfahren unter Verwendung der Haut von eingelegten Heringen hergestellt wurde – wie wollten Sie das bestreiten? Auf welche Gründe würden Sie sich berufen? Soviel Sie wissen – und soviel *ich* weiß –, könnte dieses Papier aus der Haut eines eingelegten Herings hergestellt worden sein. Und wenn nun außerdem noch ein Industriechemiker aufträte, die Tatsachen bestätigte und uns irgendein unverständliches Herstellungsverfahren schilderte (in dem natürlich reichlich enkomisches Doxin zur Verwendung gelangte), dann würden wir ihm vielleicht beide glauben. Oder wir würden jedenfalls nicht mit entschiedener Skepsis reagieren, denn wie die Wege des Herrn so sind auch die Wege der Technik geheimnisvoll und rätselhaft.

Vielleicht kann ich die Sache mit einem Vergleich deutlicher machen. Wenn man ein neues Kartenspiel nimmt und anfängt, die einzelnen Karten eine nach der anderen umzudrehen, gewinnt man eine recht gute Vorstellung davon, wie sie angeordnet sind. Wenn man vom Pik-As bis zur Pik-Neun gelangt ist, erwartet man als nächstes die Pik-Zehn. Wenn dann eine Eckstein-Drei auftaucht, ist man überrascht und fragt sich, was für ein seltsames Kartenspiel man da vor sich hat. Wenn ich Ihnen aber ein Kartenspiel gebe, das zwanzigmal gemischt worden ist, und Sie nun bitte, die Karten umzudrehen, dann erwarten Sie keine bestimmte Karte – eine Eckstein-Drei ist dann genauso wahrscheinlich wie eine Pik-Zehn. Wenn man kein Muster erwartet und keinen Grund hat, eine vorgegebene Ordnung anzunehmen, besteht auch kein Grund, auf irgendeine der auftauchenden Karten mit Skepsis oder auch nur mit Überraschung zu reagieren.

In einer Werkzeugkultur gleicht das System der Glaubensüberzeugungen einem neuen Kartenspiel. Gleichgültig, ob es sich um eine Kultur mit hohem oder niedrigem technologischen Standard handelt, stets verfügt sie über eine mehr oder minder umfassende, geordnete Weltsicht, die auf einer Anzahl von metaphysischen oder theologischen Grundannahmen beruht. Gewöhnliche Männer und Frauen begreifen vielleicht nicht ganz, wie sich die rauhe Wirklichkeit ihres Daseins in den großen, gütigen Plan des Universums fügt, aber sie zweifeln nicht daran, daß es einen solchen Plan *gibt*, und ihre Priester oder Schamanen sind imstande, ihn mit Hilfe von ein paar abgeleiteten Prinzipien wenn schon nicht als vollkommen rational, so doch als kohärent darzustellen. Das Mittelalter bietet hierfür ein besonders klares Beispiel. Wie tröstlich muß es gewesen sein, wenn man sich von einem Priester die Bedeutung des Todes eines geliebten Menschen, die Bedeutung eines Unglücks oder eines Glücksfalls erklären lassen konnte. In einer Welt ohne Zufallsereignisse leben – in der, zumindest theoretisch, alles begreiflich war, in der jeder Naturvorgang von Sinn erfüllt war –, ist ein unwiederbringliches Geschenk der Theologie. Die Aufgabe der Kirche im vorneuzeitlichen Europa bestand darin, die Ordnung des Kartenspiels einigermaßen zu wahren, und deshalb versuchten Kardinal Bellarmin und andere Prälaten zu verhindern, daß Galilei es neu mischte. Bekanntlich gelang ihnen dies nicht, und mit dem Aufstieg der Technokratien begann sich die moralische und intellektuelle Kohärenz aufzulösen.

Was dabei verlorenging, war nicht sofort zu erkennen. Dem Niedergang der großen Welterklärung der Bibel, die bis dahin Antworten zu grundsätzlichen ebenso wie zu praktischen Fragen bereitgehalten hatte, entsprach der Aufstieg der großen Welterklärung des Fortschritts. Die Zuversicht derer, die an den Fortschritt glaubten, beruhte auf der Annahme, daß man Ziele und Zwecke menschlichen Strebens auch ohne das theologische Gerüst erkennen könne, das dem Gebäude des christlichen Glaubens Halt gegeben hatte. Wissenschaft und Technik waren die wichtigsten Instrumente des Fortschritts, und indem sie zuverlässige Informationen über die Natur anhäuften, würden sie, so hoffte man, dem Unwissen, dem Aberglauben und dem Leiden der Menschen ein Ende bereiten. Wie sich herausstellte, ließen die Technokratien den Fortschritt mit seinen Verheißungen nicht im Stich. Spektakuläre Verbesserungen im Gesundheitswesen, in der Pharmakologie, im Verkehrswesen, in Produktion und Kommunikation wurden durch eine Flut von Informationen ermöglicht, die von solchen Institutionen hervorgebracht wurde, wie Francis Bacon sie sich vorgestellt hatte. Diese Informationen waren der Brennstoff der Technokratie – Informationen über den Aufbau der Natur ebenso wie über den Aufbau der menschlichen Seele.

Aber der Geist aus der Flasche, der die Information zur neuen Gottheit der Kultur erhob, war ein Betrüger. Er löste zwar das Problem der Informationsknappheit, deren Nachteile unübersehbar waren. Aber er warnte nicht vor der Informationsschwemme, deren Nachteile nicht so klar erkennbar waren. Das langfristige Ergebnis dieser Entwicklung – das Informationschaos – hat eine Kultur hervorgebracht, die dem gemischten Kartenspiel gleicht, von dem ich oben gesprochen habe. Merkwürdig ist allerdings, daß nur wenige bemerkt, geschweige denn begriffen haben, woher ihre Not rührt. Man braucht sich indessen nur zu fragen: Worin bestehen die Probleme im Nahen Osten oder in Südafrika oder in Nordirland? Liegt es am Informationsmangel, wenn diese Konflikte weiterschwelen? Ist es der Mangel an Informationen über geeignete Anbaumethoden, der Millionen von Menschen ein Leben unter dem Existenzminimum beschert? Ist es der Mangel an Informationen, der in unseren Großstädten zu immer höheren Kriminalitätsraten und fortschreitendem Verfall führt? Ist es der Mangel an Informationen, der hohe Scheidungsraten und die Überfüllung der psychiatrischen Anstalten zur Folge hat?

Tatsächlich ergeben sich nur sehr wenige politische, gesellschaftliche und vor allem persönliche Probleme daraus, daß irgendwelche Informationen unzureichend sind. Dennoch: während sich unbegreifliche Probleme um uns türmen, während der Begriff des Fortschritts verblaßt, während der Sinn selbst suspekt wird, hält der Technopolist unerschütterlich an der Hypothese fest, was die Welt brauche, sei mehr und immer mehr Information, wie in dem Witz von dem Mann, der sich im Restaurant darüber beschwert, das Essen, das man ihm vorgesetzt hat, sei ungenießbar und außerdem seien die Portionen viel zu klein. Wir haben es hier jedoch nicht mit einem Witz zu tun. Nehmen Sie an irgendeiner Konferenz über Telekommunikation und Computertechnologie teil, und Sie werden Zeuge einer Feierstunde für eine innovative Maschine, die größere Informationsmengen denn je sowohl bequemer als auch schneller denn je erzeugt, speichert und verteilt. Auf die Frage »Welches Problem löst die Information?« erhält man meist die Antwort: »Das Problem, wie sich größere Informationsmengen denn je sowohl bequemer als auch schneller denn je erzeugen, speichern und verteilen lassen.« Damit wird die Information in einen metaphysischen Status erhoben: sie wird zugleich Mittel und Zweck menschlicher Kreativität. Unter der Herrschaft des Technopols werden wir dazu gedrängt, unser Leben mit dem Streben nach »Zugang« zu Informationen zu verbringen. Es ist nicht an uns, zu fragen, wozu das geschieht oder wo die Grenzen dieses Strebens liegen; und wir sind auch gar nicht darauf vorbereitet, so zu fragen, denn dieses Problem gab es nie zuvor. Nie zuvor war die Welt mit einer Informationsschwemme konfrontiert, und bisher hatte sie kaum Zeit, über deren Konsequenzen nachzudenken.

Wie bei vielen charakteristischen Zügen der Moderne lassen sich auch die Ursprünge der Informationsschwemme viele Jahrhunderte weit zurückverfolgen. Nichts wäre irreführender als die Behauptung, die Computertechnologie habe das Informationszeitalter hervorgebracht. Die Druckpresse hat damit schon im frühen 16. Jahrhundert begonnen.[1] Vierzig Jahre, nachdem Gutenberg eine alte Weinpresse in eine Druckmaschine mit beweglichen Lettern verwandelt hatte, standen Druckpressen in hundertzehn Städten, verteilt über sechs Länder. Fünfzig Jahre nach der Erfindung des Buchdrucks waren mehr als acht Millionen

Bücher gedruckt, und fast alle waren sie voll von Information, die bis dahin für viele Menschen unzugänglich gewesen war. Es gab Bücher über Recht, Landwirtschaft, Politik, Entdeckungsreisen, Hüttenkunde, Botanik, Sprachwissenschaft, Kinderheilkunde und sogar über gutes Benehmen. Es gab auch die verschiedensten Ratgeber und Handbücher; die Geschäftswelt verwandelte sich infolge der steigenden Nutzung von Verträgen, Urkunden, Schuldscheinen und Landkarten in eine Welt aus bedrucktem Papier. (In einer Kultur, in der die Information immer stärker standardisiert und auf Wiederholbarkeit angelegt wurde, überrascht es nicht, daß die Kartographen anfingen, das »Paradies« aus ihren Karten zu tilgen, weil seine Lage allzu ungewiß war.)

Es wurde so viel Information von so unterschiedlicher Art erzeugt, daß das Manuskript des mittelalterlichen Kopisten für die Drucker als Buchmodell nicht mehr taugte. Um die Mitte des 16. Jahrhunderts begannen sie mit neuen Formen der Aufmachung und des Umbruchs zu experimentieren, und eine der wichtigsten Neuerungen war die Verwendung von arabischen Zahlen zur Numerierung der Seiten. (Das erste bekannte Beispiel einer solchen Paginierung war die 1516 bei Johann Froben gedruckte erste Ausgabe des Neuen Testaments in der Übersetzung von Erasmus.) Die Paginierung führte notwendigerweise zu genaueren Registereinträgen, zu Anmerkungen und Querverweisen, die ihrerseits von Neuerungen in der Interpunktion, bei den Kapitelüberschriften, bei der Gliederung der Absätze, der Anlage von Titelseiten und lebenden Kolumnentiteln begleitet waren. Gegen Ende des 16. Jahrhunderts besaß das maschinell gefertigte Buch ein Aussehen und eine typographische Form, die den Büchern von heute ähnlich sind.

All das ist deshalb erwähnenswert, weil die Innovationen in der Aufmachung des maschinell gefertigten Buches einen Versuch darstellten, den Informationsfluß unter Kontrolle zu bringen, ihn durch Prioritäten und eine sinnvolle Abfolge zu gliedern. Schon sehr früh begriff man, daß das gedruckte Buch eine Informationskrise ausgelöst hatte und daß etwas getan werden mußte, um ein gewisses Maß an Kontrolle zu gewährleisten. Die Veränderungen in der äußeren Form des Buches waren eines der Mittel hierzu. Ein anderes war die neuzeitliche Schule, die im 17. Jahrhundert Gestalt annahm. Im Jahre 1480, in der Zeit vor der Informationsexplosion, gab es in ganz England lediglich 34 Schulen. Bis 1660 war ihre Zahl auf 444 angewachsen. Auf ein Gebiet von zwölf Quadratmeilen kam damals eine Schule. Es gab mehrere Gründe für die rasche Zunahme der staatlichen Volksschulen, aber vor allem war sie eine dringend erforderliche Reaktion auf die durch die entfesselte Informationsfülle evozierten Ängste und Verwirrungen. Die Erfindung dessen, was wir heute Curriculum nennen, war ein logischer Schritt zur Gliederung und Eingrenzung der Informationen und zur Unterscheidung der verschiedenen verfügbaren Informationsquellen. Die Schulen waren die ersten weltlichen Bürokratien der Technokratie, Strukturen, die bestimmte Teile des Informationsflusses legitimierten und andere verwarfen. Kurz, die Schulen waren ein Mittel, die Informationsumwelt zu ordnen und zu verwalten.

Mit dem Aufkommen der Technokratien wurde die Information zu einem so massiven Problem wie nie zuvor, und es mußten mehrere Methoden zur Beherrschung der Informationsfülle erfunden werden. Eine ausführliche Darstellung dieser Methoden liefert das Buch *The Control Revolution* von James Beniger, eine der wichtigsten Studien über das Verhältnis zwischen Information und Kultur. Im nächsten Kapitel, bei der Darstellung des Zusammenbruchs dieser Kontrollmechanismen, habe ich mich nachdrücklich auf dieses Buch gestützt, hier jedoch möchte ich nur darauf hinweisen, daß die meisten Methoden, mit denen die Technokratien die Information daran zu hindern versuchten, Amok zu laufen, heute nicht mehr funktionstüchtig sind.

Man könnte das Technopol sogar als ein System definieren, dessen Immunsystem gegen die Informationsfülle nicht mehr intakt ist. Das Technopol leidet an einer Form von Kultur-AIDS, wobei diese Abkürzung hier *Anti-Information Deficiency Syndrome* bedeutet, also »Anti-Information-Defekt-Syndrom«. Dieses Syndrom ist die Ursache dafür, daß man fast alles sagen kann, ohne Widerspruch zu erregen, sofern man nur mit den Worten beginnt: »Eine Untersuchung hat gezeigt . . .« oder »Wissenschaftler sagen uns heute . . .« Es ist auch, und dies ist noch wichtiger, die Ursache dafür, daß es unter einem Technopol keine transzendenten Orientierungen oder Sinnbestimmungen, keine kulturelle Kohärenz gibt. Information ist gefährlich, wenn es keinen Platz für sie gibt, wenn keine Theorie da ist, auf die sie sich stützt, kein Muster, in das sie sich fügt, kurz, wenn es keinen übergeordneten Zweck gibt, dem sie dient. Alfred North Whitehead bezeichnete diese Art von Information als »inert« oder »reaktionsträge«, aber dieser metaphorische Ausdruck läßt die Information allzu passiv erscheinen. Information ohne Regulierung kann tödlich sein. Es ist deshalb nötig, hier die technologischen Bedingungen zu skizzieren, die zu dieser prekären Situation geführt haben.

Wenn das Fernrohr das Auge war, das den Zugang zu einer Welt neuer Tatsachen eröffnete und zu neuen Methoden, um diese Tatsachen zu ermitteln, dann war die Druckpresse das Stimmband. Die Druckpresse schuf nicht nur neue Formen von Datensammlungen, sondern erweiterte auch in erheblichem Maße die Kommunikation zwischen Wissenschaftlern quer über einen ganzen Kontinent. Die Tendenz zur Standardisierung des wissenschaftlichen Diskurses führte zum Beispiel zu einheitlichen mathematischen Symbolen und zur Ersetzung der römischen durch arabische Zahlen. Galilei und Kepler konnten ihre These, die Mathematik sei die Sprache oder das Alphabet der Natur, in der sicheren Überzeugung vortragen, daß auch andere Wissenschaftler diese Sprache sprechen und verstehen konnten. Die Standardisierung beseitigte die Mehrdeutigkeit von Texten weitgehend und verringerte die Zahl der Irrtümer in Diagrammen, Tabellen und Schaubildern. Der Buchdruck setzte der Geheimniskrämerei der Alchemisten ein Ende, indem er aus der Wissenschaft eine öffentliche Angelegenheit machte. Und dies nicht nur für die Wissenschaftler: der Buchdruck beförderte durch die Verwendung der Volkssprachen die Popularisierung wissenschaftlicher Ideen. Obwohl manche Wissenschaftler – Harvey zum Beispiel – weiter an der Gelehrtensprache Latein festhielten, waren viele andere (unter ihnen auch Bacon) gern bereit, sich der Volkssprachen zu bedienen, um auf diese Weise dem neuen Geist und den neuen Methoden der wissenschaftlichen Philosophie größere Verbreitung zu verschaffen. Wenn man bedenkt, daß Vesalius, Tycho Brahe, Bacon, Galilei, Kepler, Harvey und Descartes alle im 16. Jahrhundert geboren wurden, begreift man, welche Bedeutung die Druckpresse für den Aufstieg der Naturwissenschaften besaß: sie machte die Naturwissenschaften öffentlich, förderte und kodifizierte sie.

Bekanntlich leistete die Druckpresse das gleiche für den sogenannten Protestantismus. Daß sich Martin Luther auf gedruckte
Flugschriften als Mittel der religiösen Propaganda stützte, ist
ebensogut belegt wie die Tatsache, daß er sich der Wichtigkeit
des Buchdrucks für sein Vorhaben bewußt war. Und trotzdem
war selbst Luther von der unerwarteten Macht der Presse
überrascht. In einem Brief an den Papst bekundete er, es sei ihm
ein Rätsel, wie seine Thesen sich an so vielen Orten hätten
verbreiten können. Sie seien ausschließlich für einen Gelehrten-
zirkel bestimmt gewesen und in einer Sprache abgefaßt, die
einfache Leute kaum verstehen könnten. Was Luther hier über-
sah, war die *Reichweite* des gedruckten Wortes. Auch wenn seine
Thesen in gelehrtem Latein geschrieben waren, ließen sie sich
doch leicht in ganz Deutschland und in anderen Ländern verbreiten, indem die Drucker sie in die verschiedenen Volkssprachen
übersetzen ließen.

Ohne hier die Wirkung des Buchdrucks auf das mittelalterliche
Denken bis in die Einzelheiten zu verfolgen, wie dies sehr
anschaulich in dem Buch von Elizabeth Eisenstein, *The Printing
Press as an Agent of Change*, geschehen ist, möchte ich folgendes
festhalten: Zu Beginn des 17. Jahrhunderts hatte der Buchdruck
eine gänzlich neue Informationsumwelt hervorgebracht. Astronomie, Anatomie und Physik waren jedem zugänglich, der lesen
konnte. Es entstanden neue Literaturformen, etwa der Roman
oder der Essay. Die Volksbibeln machten aus dem Wort Gottes
die Wörter Gottes, denn Gott wurde nun zum Engländer, zum
Deutschen, zum Franzosen, je nachdem, in welcher Sprache
seine Worte offenbart wurden. Praktisches Wissen über Maschinen, Landwirtschaft und Medizin fand weite Verbreitung. Formulare und andere Geschäftsdokumente gaben den Unternehmungen der abenteuerlustigen Geschäftsleute eine neue Gestalt
und starken Auftrieb. Und natürlich verstärkte der Buchdruck
die Bedeutung, die man der Individualität beimaß.

Durch eine solche Informationsexplosion belebt, schlug die
abendländische Kultur einen Kurs ein, der die Technokratien
möglich machte. Und dann geschah etwas ganz und gar Uner-
wartetes, nämlich nichts. Vom frühen 17. Jahrhundert, als sich
die abendländische Kultur in einem längeren Prozeß auf den
Buchdruck einstellte, bis etwa in die Mitte des 19. Jahrhunderts

wurden keine neuen Technologien eingeführt, durch die sich *Form, Umfang* oder *Tempo* des Informationsflusses verändert hätten. So hatte die abendländische Kultur zweihundert Jahre Zeit, sich an die neuen, durch die Druckpresse geschaffenen Informationsverhältnisse zu gewöhnen. Sie entwickelte neue Institutionen, wie die Schule und das parlamentarische Regierungssystem. Sie begründete neue Auffassungen von Wissen und Intelligenz und eine höhere Achtung vor der Vernunft und der Privatsphäre. Sie stiftete neue Formen ökonomischer Aktivität, wie die mechanisierte Produktion und den Finanzkapitalismus, und formulierte sogar die Möglichkeiten eines humanen Sozialismus. Durch Zeitungen, Broschüren, Flugschriften und Bücher entstanden neue Bereiche des öffentlichen Diskurses. Da ist es kein Wunder, daß das 18. Jahrhundert für uns noch immer den höchsten Maßstab für den Gebrauch der Vernunft verkörpert, beispielhaft repräsentiert in den Werken von Goethe, Voltaire, Diderot, Kant, Hume, Adam Smith, Edmund Burke, Vico, Edward Gibbon und natürlich auch von Jefferson, Madison, Franklin, Adams, Hamilton und Thomas Paine. Ich ergänze diese Liste durch die amerikanischen Gründerväter, weil das technokratisch-typographische Amerika die erste Nation überhaupt war, die durch Argumentationen ins Leben *gedruckt* worden ist. Paines Schriften *Commen Sense* und *The Rights of Man*, Jeffersons Unabhängigkeitserklärung und die *Federalist Papers* waren geschriebene und gedruckte Bemühungen, das amerikanische Experiment den Menschen als Ausdruck der Vernunft plausibel zu machen – und dies war für das Bewußtsein des 18. Jahrhunderts sowohl notwendig als auch hinreichend. Für Menschen, deren Politik eine Politik der gedruckten Seite war, wie es Tocqueville über Amerika gesagt hat, waren Vernunft und Buchdruck untrennbar miteinander verbunden. Ohne Zögern können wir den Ersten Zusatz zur Verfassung der Vereinigten Staaten als ein Monument der ideologischen Tendenzen des Buchdrucks bezeichnen: »Der Kongreß darf kein Gesetz erlassen, das zur Errichtung einer Staatsreligion führt oder die freie Religionsausübung einschränkt; oder die Freiheit der Rede oder der Presse beschneidet; oder das Recht der Menschen, sich friedlich zu versammeln und zur Beseitigung von Mißständen Gesuche an die Regierung zu richten.« In diesen

Worten sind die Grundwerte des gebildeten, vernunftgeleiteten Verstandes artikuliert, wie die Revolution des Buchdrucks sie befördert und pflegt: ein Glaube an die Privatsphäre, an die Individualität, an geistige Freiheit, offene Kritik und gemeinsames Handeln in einem Gemeinwesen.

Ebenso wichtig ist, daß die Worte dieses Verfassungszusatzes sich an ein Publikum richten und ein Publikum voraussetzen, das nicht nur Zugang zu Informationen hat, sondern diese Informationen auch zu beherrschen vermag, an Menschen, die wissen, wie sie Informationen in ihrem eigenen Interesse nutzen können. Bei Jefferson, Adams, Paine, Hamilton oder Franklin findet sich keine Zeile, die nicht wie selbstverständlich voraussetzen würde, daß, wenn Informationen zugänglich werden, die Bürger durchaus imstande sind, sie zu bewältigen. Dies bedeutet nicht, daß die Gründerväter der Meinung gewesen seien, es könne falsche, irreführende oder belanglose Informationen nicht geben. Aber sie waren der Ansicht, der Umschlagplatz der Informationen und Gedanken sei immerhin so geordnet, daß die Bürger mit dem, was sie lasen und hörten, sinnvoll umgehen und dessen Nützlichkeit für ihr Leben vernünftig beurteilen könnten. Jeffersons Vorschläge zum Bildungswesen, Paines Argumente für die Selbstverwaltung, Franklins Organisation von lokalen Gemeindeaufgaben gehen von einer Anzahl kohärenter, allgemein akzeptierter Grundsätze aus, die es erlauben, über Fragen zu debattieren wie etwa: Worin bestehen die Verantwortlichkeiten von Staatsbürgern? Was ist das Wesen von Bildung? Was macht den menschlichen Fortschritt aus? Wo liegen die Grenzen gesellschaftlicher Strukturen?

Die Annahme eines engen Zusammenhangs von Information, Vernunft und Nützlichkeit verlor seit der Mitte des 19. Jahrhunderts, seit der Erfindung des Telegraphen, immer mehr an Boden. Vor der Erfindung des Telegraphen konnte sich die Information nicht schneller fortbewegen als ein Zug, also mit ungefähr sechzig Stundenkilometern. Vor der Erfindung des Telegraphen suchte man nach Informationen, weil sie für das Verstehen und für die Lösung bestimmter Probleme vonnöten waren. Vor der Erfindung des Telegraphen waren die Informationen in der Regel von lokalem Interesse. Die Telegraphie änderte das und läutete die zweite Phase der Informationsrevolution ein. Der

Telegraph beseitigte den Raum als unausweichliche Schranke der Informationsbewegung und koppelte die Information zum erstenmal vom Verkehrswesen ab. In den Vereinigten Staaten tilgte der Telegraph die Grenzen zwischen den Bundesstaaten, er ballte Regionen zusammen und schuf, indem er den Kontinent mit einem Informationsgitter überzog, die Möglichkeit eines vereinheitlichten Nationalstaates. Aber der Telegraph brachte auch die Idee der kontextlosen Information hervor, die Vorstellung, daß sich der Wert einer Information nicht unbedingt an ihrer Funktion für das soziale und politische Entscheiden und Handeln bemißt. Der Telegraph machte aus der Information eine Ware, ein »Ding«, das man ohne Rücksicht auf seinen Nutzen oder seine Bedeutung kaufen und verkaufen konnte.[2]

Aber er schaffte das nicht allein. Die dem Telegraphen innewohnende Möglichkeit, Information in Ware zu verwandeln, wäre vielleicht nie Wirklichkeit geworden, wenn er sich nicht mit der Massenpresse verbündet hätte, der ersten Institution, die die Aufhebung des Raumes und die Verkäuflichkeit belangloser Information in ihrer Bedeutung erfaßte. Genau einen Tag, nachdem Morse die Funktionstüchtigkeit der Telegraphie unter Beweis gestellt hatte, bediente sich eine Zeitung zum erstenmal des Telegraphen. Über die gleiche Kabelverbindung zwischen Washington und Baltimore, die Morse errichtet hatte, unterrichtete der *Baltimore Patriot* seine Leser von einem Beschluß, den das Repräsentantenhaus in der Oregon-Frage gefaßt hatte. Abschließend stellte die Zeitung in ihrem Bericht fest: »[. . .] auf diese Weise sind wir imstande, unseren Lesern bis zwei Uhr Informationen aus Washington zu liefern. Das ist praktisch die Aufhebung des Raumes.« Zwei Jahre später hing das Schicksal der Zeitungen nicht mehr von der Qualität und Nützlichkeit der Nachrichten ab, die sie lieferten, sondern davon, wieviel Information sie lieferten, aus welcher Entfernung und in welchem Tempo. Und, so muß man hinzufügen, mit wie vielen Photographien. Denn wie es sich ergab, wurde die Photographie fast zur gleichen Zeit erfunden wie die Telegraphie und eröffnete die dritte Phase der Informationsrevolution. Daniel Boorstin nannte sie die »optische Revolution«, weil die Photographie und andere ikonische Medien das massive Eindringen von Bildern in die Sphäre der Symbole zur Folge hatten: Photographien, Drucke,

Plakate, Zeichnungen, Reklameanzeigen. Die neuen Bildformen mit der Photographie in vorderster Linie traten nicht als bloße Ergänzung von Sprache auf, sie waren vielmehr bestrebt, die Sprache als unser wichtigstes Instrument zur Deutung, zum Begreifen und Prüfen der Realität zu ersetzen. Gegen Ende des 19. Jahrhunderts hatten Inserenten und Zeitungsleute erkannt, daß ein Bild nicht nur tausend Worte aufwog, sondern – wo es darum ging, etwas zu verkaufen – noch viel mehr wert war.

Zu Beginn des 20. Jahrhunderts wuchs die Menge der in Wort und Bild verfügbaren Informationen exponentiell. Vor allem die Telegraphie und die Photographie ebneten den Weg für eine neue Definition der Information. Diese Information leugnete die Notwendigkeit von Zusammenhängen, sie kam ohne Kontext aus, sie propagierte die Unmittelbarkeit, wandte sich gegen historische Kontinuität und versprach Faszination statt Komplexität und Kohärenz. Dann brach in der atemlos gewordenen abendländischen Kultur die vierte Phase der Informationsrevolution an, das Sendezeitalter. Und schließlich die fünfte, das Zeitalter der Computertechnologie. Jede dieser Phasen brachte neue Formen von Information mit sich, immer mehr Information und immer schnellere Information (falls sich die nahezu erreichte Augenblicklichkeit noch weiter steigern läßt).

Wie sieht heute die Situation aus? In den Vereinigten Staaten gibt es 260000 Reklametafeln, 11520 Zeitungen, 11556 Zeitschriften, 27000 Video-Verleihe, mehr als 500 Millionen Radioempfänger und mehr als 100 Millionen Computer. In achtundneunzig Prozent aller amerikanischen Haushalte steht ein Fernseher, in mehr als der Hälfte von ihnen mehr als einer. Jedes Jahr werden 40000 neue Bücher publiziert (weltweit sind es 300000), und jeden Tag werden in Amerika 41 Millionen Photos aufgenommen. Und falls das noch nicht genügt: jedes Jahr landen (dank der Computertechnologie) 60 Milliarden Sendungen mit Postmüll in unseren Briefkästen.

Aus Millionen von Quellen auf dem ganzen Erdball, durch jeden erdenklichen Kanal und jedes erdenkliche Medium – Lichtwellen, Ätherwellen, Telexstreifen, Datenbanken, Telephondrähte, Fernsehkabel, Satelliten, Druckmaschinen – sickert Information hervor. Dahinter hält sich in jeder erdenklichen Form von Speicher – auf Papier, auf Video- und Audiobändern, auf

Platten, Film und Silikon-Chips – eine noch viel größere Masse abrufbarer Information bereit. Wie der Zauberlehrling versinken wir in einer Flut – einer Flut von Information. Und der Zaubermeister hat uns nichts weiter dagelassen als einen Besen. Die Information ist zu einer Art Abfall geworden, nicht nur außerstande, die Grundfragen der Menschen zu beantworten, sondern auch kaum von Nutzen, wenn es darum geht, ihnen bei der Lösung ganz alltäglicher Probleme eine Orientierung zu bieten. Mit anderen Worten, das Technopol gedeiht in einer Umgebung, in der sich der Zusammenhang von Information und Orientierung aufgelöst hat, in der die Information wahllos und beliebig in Erscheinung tritt, nicht an bestimmte Adressaten gerichtet, aber von gigantischem Umfang, in hohem Tempo, aber abgespalten von Theorie und Sinn, von Zweck und Ziel.

So ist eine neue Welt entstanden. Ich habe sie an anderer Stelle die »Guckguck-Welt« genannt, in der bald dieses, bald jenes Ereignis für einen Moment in den Blick gerät und gleich darauf wieder verschwindet. Es ist eine unwahrscheinliche Welt. Es ist eine Welt, in der die Idee des menschlichen Fortschritts, wie Bacon sie formuliert hat, durch die Idee des technischen Fortschritts verdrängt worden ist. Das Ziel besteht nicht mehr darin, Unwissen, Aberglauben und menschliches Leiden abzuschaffen, sondern darin, uns den Anforderungen der neuen Technologien anzupassen. Natürlich sagen wir uns, diese Anpassung werde uns ein besseres Leben bescheren, aber diese These ist nur ein rhetorisches Überbleibsel der verblassenden Ära der Technokratie. Wir bilden eine Kultur, die sich mit Information selbst aushöhlt, und viele von uns stellen nicht einmal die Frage, wie man diesen Prozeß unter Kontrolle bringen könnte. Wir handeln in dem Glauben, die Information sei unser Freund, und sind der Meinung, Kulturen würden durch einen Mangel an Information schweren Schaden nehmen, was gewiß auch der Fall ist. Aber erst heute beginnen wir zu begreifen, daß Kulturen auch durch eine Informationsschwemme beschädigt werden können, durch Information ohne Bedeutung, durch Information, die zu beherrschen wir verlernt haben.

5. Der Zusammenbruch
der Abwehrmechanismen

Das Technopol ist ein bestimmter Kulturzustand. Es ist zugleich ein bestimmter Geisteszustand. Es besteht in der Vergöttlichung der Technologie, und dies bedeutet, daß die Kultur ihre Beglaubigung in der Technologie sucht, daß sie ihre Befriedigung aus der Technologie gewinnt und sich ihre Befehle von der Technologie erteilen läßt. Hierzu muß sich eine neue Gesellschaftsordnung herausbilden, und dies führt notwendigerweise zu einer raschen Auflösung traditioneller Überzeugungen und all dessen, was mit ihnen verbunden ist. Am besten kommen jene mit dem Technopol zurecht, die sich gewiß sind, daß der technische Fortschritt die größte Errungenschaft der Menschheit und das Instrument darstellt, mit dem sich unsere elementaren Probleme lösen lassen. Sie halten auch die Information für einen ungetrübten Segen und meinen, die fortgesetzte und unkontrollierte Erzeugung und Verbreitung von Information bringe mehr Freiheit, größere Kreativität und mehr Seelenfrieden. Daß die Information zu alledem nichts beiträgt, sondern gerade das Gegenteil bewirkt, scheint kaum jemanden zu beirren, denn der unerschütterliche Optimismus, der sich hier bekundet, ist selbst ein unvermeidliches Produkt der Struktur des Technopols. Kurz, das Technopol gedeiht am besten, wenn die Abwehrmechanismen gegen die Information zusammenbrechen.

Die Beziehung zwischen der Information und den Mechanismen ihrer Kontrolle ist leicht zu beschreiben: Die Technologie vergrößert den Vorrat an verfügbaren Informationen. Durch die Vergrößerung des Informationsvorrats werden die Kontrollmechanismen immer stärker beansprucht. Zusätzliche Mechanismen sind erforderlich, um die neue Information zu bewältigen. Wenn nun die zusätzlichen Kontrollmechanismen wiederum technischer Art sind, dann führen sie erneut zu einer Vergrößerung des Informationsvorrates. Läßt sich der Informationsvorrat nicht mehr kontrollieren, kommt es zu einem allgemeinen Zusammenbruch der psychischen und sozialen Orientierung. Ohne Abwehrmechanismen fehlt den Menschen die Möglichkeit, Sinn in ihren Erfahrungen zu entdecken, sie verlieren das Erinnerungsvermögen, und es fällt ihnen schwer, sich eine sinnvolle Zukunft vorzustellen.

Man kann das Technopol auch so definieren: Es ist das, was einer Gesellschaft zustößt, wenn die Abwehrmechanismen gegen die Informationsschwemme zusammengebrochen sind. Es ist das, was eintritt, wenn die Institutionen einer Gesellschaft nicht mehr imstande sind, mit dem Übermaß an Information fertig zu werden. Es ist das, was eintritt, wenn eine von technologisch erzeugter Information überwältigte Gesellschaft die Technologie selbst einzusetzen versucht, um sich zu orientieren, um klare Ziel- und Zweckbestimmungen zu gewinnen. Dieses Bestreben ist fast immer zum Scheitern verurteilt. Zwar ist es zuweilen möglich, eine Krankheit als Heilmittel gegen sich selbst einzusetzen, aber nur, wenn man genau weiß, durch welche Prozesse diese Krankheit normalerweise in Schach gehalten wird. Ich möchte hier nun die Abwehrmechanismen beschreiben, die grundsätzlich zur Verfügung stehen, und zugleich andeuten, warum sie ihre Funktion verloren haben.

Die Gefahren, die die frei flottierende Information in sich birgt, lassen sich vielleicht besser verstehen, wenn man den oben erwähnten Vergleich mit dem biologischen Immunsystem zur Abwehr eines unkontrollierten Zellwachstums weiterspinnt. Daß Zellen wachsen, ist selbstverständlich ein normaler Prozeß, ohne den organisches Leben sich nicht erhalten könnte. Aber ohne ein funktionierendes Immunsystem kann ein Organismus das Zellwachstum nicht steuern. Es gerät in Unordnung und zerreißt das sensible Geflecht der Verbindungen zwischen den lebenswichtigen Organen. Kurz, das Immunsystem zerstört unerwünschte Zellen. Jede Gesellschaft verfügt über Institutionen und Techniken, die wie ein solches biologisches Immunsystem funktionieren. Ihr Zweck ist es, das Gleichgewicht zwischen Altem und Neuem, zwischen Innovation und Tradition, zwischen Sinn und Begriffsverwirrung aufrechtzuerhalten, und dies gelingt ihnen, indem sie unerwünschte Information »zerstören«.

Ich möchte betonen, daß gesellschaftliche Institutionen aller Art als Kontrollmechanismen fungieren. Das ist wichtig, weil die meisten Autoren, die über gesellschaftliche Institutionen schreiben (vor allem Soziologen), nicht begreifen, daß jede Schwächung von Institutionen die Menschen anfällig gegenüber dem Informationschaos macht.[1] Wenn man sagt, Leben werde durch geschwächte Institutionen destabilisiert, so bedeutet dies nichts anderes, als daß die Information ihren Nutzen verliert und beginnt, Verwirrung zu stiften, statt Kohärenz.

Manchmal erfüllen gesellschaftliche Institutionen ihre Aufgabe einfach dadurch, daß sie den Menschen den Zugang zu Informationen verweigern, aber meistens tun sie dies, indem sie bestimmen, welches Gewicht und mithin welchen Wert man der Information beimessen soll. Institutionen haben es mit der *Bedeutung* von Information zu tun, und sie können bei der Durchsetzung der Kriterien für die Zulässigkeit von Information sehr streng sein.

Betrachten wir das Beispiel eines Gerichtshofes. Fast alle Regeln, die das Einbringen von Beweismitteln und das Verhalten der Teilnehmer an einer Gerichtsverhandlung betreffen, sollen die Menge an Informationen begrenzen, denen Zugang zum System gewährt wird. In unserem Rechtssystem läßt ein Richter das »Hörensagen« oder persönliche Meinungen nicht oder nur unter genau kontrollierten Umständen als Beweismittel zu; den Zuschauern sind Meinungsäußerungen untersagt; frühere Meinungen und Ansichten des Angeklagten dürfen nicht ins Spiel gebracht werden; die Geschworenen dürfen Auseinandersetzungen über die Zulässigkeit von Beweismitteln nicht mit anhören – lauter Beispiele für die Kontrolle von Informationen. Die Regeln, auf denen diese Kontrolle beruht, ergeben sich aus einer Theorie der Gerechtigkeit, die bestimmt, welche Informationen als relevant gelten sollen und, vor allem, welche Informationen als irrelevant angesehen werden müssen. Die Theorie mag dem einen oder anderen mit Mängeln behaftet erscheinen – Anwälte können zum Beispiel uneins über die Prinzipien sein, die den

Informationsfluß lenken –, aber Meinungsverschiedenheiten darüber, daß die Information in irgendeiner Weise reguliert werden muß, gibt es nicht. Auch in dem simpelsten Rechtsfall können Tausende von Ereignissen eine Auswirkung auf den strittigen Punkt gehabt haben, und jeder weiß, wenn man sie alle zulassen würde, könnte es kein geordnetes Verfahren geben, die Prozesse wären endlos, und das Recht selbst würde zur Bedeutungslosigkeit verkommen. Kurz, Rechtsstaatlichkeit hat es mit der »Zerstörung« von Information zu tun.

Obwohl die Rechtstheorie durch neue Informationen aus sehr unterschiedlichen Quellen – aus Biologie, Psychologie, Soziologie und anderen Fächern – bis an die Grenzen ihrer Aufnahmefähigkeit strapaziert worden ist, sind ihre Relevanzkriterien bemerkenswerterweise ziemlich stabil geblieben. Das erklärt vielleicht, weshalb die Amerikaner ihre Gerichte allzu häufig in Anspruch nehmen, um Kohärenz und Stabilität zu finden. Während andere Institutionen als Mechanismen zur Kontrolle der wuchernden Information immer nutzloser werden, haben sich die Gerichte als letzte Instanz in Wahrheitsfragen bisher halten können. Für wie lange noch, weiß niemand.

Ich habe oben darauf hingewiesen, daß auch die Schule ein Mechanismus zur Informationskontrolle ist. Wie ihre Maßstäbe beschaffen sind, erkennt man zumeist am Lehrplan oder noch klarer am Vorlesungsverzeichnis. Ein solches Vorlesungsverzeichnis führt Kurse, Themen und Studiengebiete auf, die zusammengenommen ziemlich genau und verbindlich umreißen, worüber ein ernsthafter Student nachdenken sollte. Wichtiger noch: aus dem, was ein solches Verzeichnis nicht nennt, können wir ersehen, worüber ein ernsthafter Student *nicht* nachdenken sollte. Mit anderen Worten, ein Vorlesungsverzeichnis ist seiner Form nach ein Programm zur Bewältigung von Information; es definiert und kategorisiert Wissen und schließt damit bestimmte andere Arten von Information systematisch aus, erklärt sie für minderwertig und trivial, kurzum, es läßt sie außer acht. Aus diesem Grund ergibt ein solches Vorlesungsverzeichnis »Sinn« (oder genauer gesagt, es wird dazu benutzt, Sinn zu erzeugen). Durch das, was es aus- bzw. einschließt, spiegelt es eine bestimmte Theorie des Zwecks und der Bedeutung von Bildung. An der Universität, an der ich lehre, findet man zum Beispiel keine Kurse in Astrologie oder Dianetik oder Schöpfungslehre. Es steht natürlich sehr viel Information über diese Themen zur Verfügung, aber das Bildungskonzept, das die Grundlage dieser Universität bildet, verweigert solcher Information das Eindringen in die formelle Struktur ihrer Lehrveranstaltungen. Professoren und Studenten wird die Gelegenheit verweigert, jener Information Aufmerksamkeit zu schenken, und sie werden ermuntert, so zu verfahren, als würde es sie gar nicht geben. Auf diese Weise gibt die Universität ihrer Vorstellung davon, was legitimes Wissen ist, Ausdruck. Zur Zeit billigen manche Leute diese Vorstellung, andere hingegen nicht, und die daraus resultierende Kontroverse schwächt die Universität in ihrer Funktion als Informationskontrollzentrum.

Das deutlichste Symptom für den Zusammenbruch des Curriculums ist der Begriff *cultural literacy* (kulturelle Literalität/Bildung), der als Organisationsprinzip vorgeschlagen wurde und bei vielen Pädagogen auf ernstes Interesse gestoßen ist.[2] Der »kulturell Gebildete«, so die zugrundeliegende Vorstellung, soll eine bestimmte Liste von Tausenden von Namen, Orten, Daten und Aphorismen beherrschen, die angeblich den Inhalt des Bewußtseins eines gebildeten Amerikaners ausmachen. Aber wie ich im letzten Kapitel zu zeigen versuchen werde, ist *cultural literacy* durchaus kein organisierendes Prinzip, und wir haben es hier offensichtlich mit einem jener Fälle zu tun, in denen die Krankheit zum Heilmittel deklariert wird. An dieser Stelle möchte ich nur hervorheben, daß jede gesellschaftliche Institution, wenn sie bei der Bewältigung von Information wirklich funktionieren soll, ein theoretisches Konzept vom Zweck und von der Bedeutung von Information haben muß, daß sie über Mittel verfügen muß, diesem Konzept einen klaren Ausdruck zu geben, und zwar vor allem, indem sie bestimmte Informationen ausschließt.

Betrachten wir ein anderes Beispiel: die Familie. So wie sie sich im späten 18. Jahrhundert in Europa entwickelte, gehörte zu ihrer Theorie der Grundsatz, daß die Einzelnen Schutz vor einer kalten, konkurrenzorientierten Gesellschaft benötigen. Die Familie wurde, wie Christopher Lasch es im englischen Titel eines seiner Bücher formulierte, zur »Zuflucht in einer herzlosen Welt«.[3] Zu ihrem Programm gehörte die Erhaltung der »Traditionen religiöser Sekten, fremder Sprachen und Dialekte, lokaler Überlieferungen und anderer Traditionen«. Um diese Aufgabe zu erfüllen, mußte die Familie die Sozialisation der Kinder übernehmen; die Familie wurde eine, wenn auch informelle Struktur zur Bewältigung von Information. Sie kontrollierte, welche »Geheimnisse« des Erwachsenenlebens den Kindern enthüllt werden sollten und welche nicht. Vielleicht kann sich der eine oder andere Leser noch an eine Zeit erinnern, in der Erwachsene in Anwesenheit von Kindern bestimmte Wörter und bestimmte Themen mieden, die ihnen ungeeignet für Kinder schienen. Eine Familie, die die Informationsumwelt der zu ihr gehörenden Kinder nicht kontrolliert oder nicht kontrollieren kann, ist eigentlich gar keine Familie und kann Anspruch auf diese Bezeichnung nur aufgrund der Tatsache erheben, daß alle ihre Mitglieder durch die DNS Anteil an den gleichen biologischen Informationen haben. Tatsächlich war die Familie in vielen Gesellschaften genau dies – eine Gruppe, deren Mitglieder durch genetische Information miteinander verbunden sind, die ihrerseits durch genaue Planung der Ehen kontrolliert wurde. Im Abendland wurde die Familie etwa um die Zeit, als der Buchdruck seinen Aufschwung nahm, eine Institution zur Bewältigung nicht-biologischer Informationen. Als Bücher über jedes erdenkliche Thema verfügbar wurden, mußten die Eltern die Rolle von Wächtern, Beschützern und Pflegern und auch von Schiedsrichtern in Geschmacks- und Verhaltensfragen übernehmen. Sie mußten bestimmen, was es heißt, Kind zu sein, indem sie aus der familialen Sphäre jene Informationen ausschlossen, die deren Zielsetzung untergraben hätten. Daß dies der Familie heute nicht mehr gelingt, ist, wie ich meine, für jeden offenkundig.

Gericht, Schule, Familie – dies sind nur drei aus einer ganzen Reihe von Kontrollinstitutionen, die Teil des Immunsystems unserer Kultur zur Abwehr von Information sind. Die politische Partei gehört ebenfalls dazu. Ich selbst bin in einem Haus großgeworden, das mit der Demokratischen Partei sympathisierte, und bekam auf diese Weise schon in jungen Jahren klare Instruktionen, welche Bedeutung politischen Ereignissen und Kommentaren beizumessen sei. Diese Instruktionen mußten nicht ausdrücklich formuliert werden. Sie ergaben sich logisch aus einer Theorie, die ungefähr folgendes besagte: Weil die

Menschen Schutz brauchen, müssen sie sich einer politischen Organisation anschließen. Die Demokratische Partei nun hatte Anspruch auf unsere Loyalität, weil sie die sozialen und ökonomischen Interessen der Arbeiterklasse repräsentierte, der unsere Familie, unsere Verwandten und Nachbarn angehörten (ausgenommen ein Onkel, der, obgleich er Lastwagenfahrer war, beharrlich die Republikaner wählte und deshalb von den anderen für dumm oder verrückt gehalten wurde). Die Republikanische Partei repräsentierte die Interessen der Reichen, die sich prinzipiell nicht um uns kümmerten.

Diese Theorie gab unseren Wahrnehmungen Klarheit und lieferte einen Maßstab, mit dem sich die Bedeutung von Informationen beurteilen ließ. Das Grundprinzip lautete, daß Informationen, die von den Demokraten stammten, immer ernst zu nehmen seien und daß sie aller Wahrscheinlichkeit nach sowohl wahr als auch nützlich seien (ausgenommen, sie stammten von Demokraten aus den Südstaaten, die bei Präsidentenwahlen zwar hilfreich waren, sonst aber wegen ihrer sonderbaren Rassentheorie nicht ernst genommen werden durften). Informationen, die von den Republikanern stammten, waren Quatsch und nur insofern nützlich, als sie immer wieder verdeutlichten, wie sehr die Republikaner auf ihren Eigennutz bedacht waren.

Ich möchte nicht behaupten, daß diese Theorie korrekt war, aber auf den Einwand, sie stelle eine übermäßige Vereinfachung dar, würde ich erwidern, daß alle Theorien übermäßige Vereinfachungen sind oder zumindest zu übermäßiger Vereinfachung neigen. Rechtsstaatlichkeit ist eine solche Vereinfachung. Ein Lehrplan ist eine solche Vereinfachung. Und die Vorstellung einer Familie von dem, was ein Kind ist, ebenfalls. Darin besteht gerade die Funktion von Theorien – zu vereinfachen und ihren Anhängern auf diese Weise beim Organisieren, Einschätzen und Ausschließen von Information zu helfen. Darauf beruht die Kraft von Theorien. Und ihre Schwäche besteht darin, daß sie, eben weil sie allzusehr vereinfachen, anfällig für neue Informationen sind. Wenn allerdings so viel Information vorhanden ist, daß sie überhaupt keine Theorie mehr bestätigt oder stützt, dann verliert die Information jeden Sinn.

Die mächtigsten Institutionen zur Kontrolle von Information sind die Religion und der Staat. Sie werden dabei auf eine abstraktere Weise wirksam als Gerichte, Schulen, Familien oder politische Parteien. Sie bewältigen Information durch die Erzeugung von Mythen und Geschichten, in denen Theorien über gewisse grundsätzliche Fragen zum Ausdruck kommen: Warum sind wir hier? Woher stammen wir? Wohin gehen wir? Ich habe schon auf die umfassende theologische Welterklärung des europäischen Mittelalters hingewiesen und darauf, wie ihre erklärende Kraft zum Wohlergehen und einem Gefühl von Kohärenz beigetragen hat. Vielleicht habe ich noch nicht deutlich genug hervorgehoben, in welchem Grade die Bibel auch als Mechanismus der Informationskontrolle diente, vor allem im Bereich der Ethik. Die Bibel enthält nicht nur Anweisungen, was man tun und was man lassen soll, sie enthält auch Hinweise darauf, welche Sprache man meiden soll (weil man sich sonst der Blasphemie schuldig macht), welche Ideen man meiden soll (weil man sich sonst der Ketzerei schuldig macht) und welche Symbole man meiden soll (weil man sich sonst der Götzendienerei schuldig macht). Notwendiger-, aber vielleicht auch bedauerlicherweise erklärte die Bibel auch die Entstehung der Welt in so anschaulichen Einzelheiten, daß ihr Bericht mit den neuen Informationen, die das Fernrohr und die daraus resultierenden Technologien lieferten, nicht in Einklang zu bringen war. Die Prozesse gegen Galilei und dreihundert Jahre später gegen Scopes betrafen insofern die Zulässigkeit bestimmter Arten von Information. Sowohl Kardinal Bellarmin als auch William Jennings Bryan kämpften für die Aufrechterhaltung der Autorität der Bibel bei der Kontrolle von Informationen über die irdische ebenso wie die sakrale Welt. Mit ihrer Niederlage brach mehr zusammen als bloß der Anspruch der Bibel auf die Erklärung von Ursprung und Aufbau der Natur. Auch ihre Autorität bei der Bestimmung und Bewertung des sittlichen Handelns wurde geschwächt.

Dennoch verfügt die Heilige Schrift in ihrem Kern über eine so kraftvolle Mythologie, daß auch deren Überreste noch vielen Menschen als anspruchsvoller Kontrollmechanismus dienen. Die Bibel liefert vor allem eine Theorie über den Sinn des Lebens und also Regeln, wie man sein Leben führen soll. Ohne es in diesem Punkt mit Rabbi Hillel aufnehmen zu wollen, der sich mit solchen Fragen sehr viel gründlicher beschäftigt hat, möchte ich diese Theorie folgendermaßen umreißen: Es gibt den einen Gott, der die Welt und alles, was in ihr ist, geschaffen hat. Obwohl die Menschen Gott nie ganz begreifen können, hat er ihnen sich und seinen Willen im Verlauf der Weltgeschichte offenbart, vornehmlich durch seine Gebote und das Zeugnis der Propheten, wie es in der Bibel aufgezeichnet ist. Das wichtigste dieser Gebote fordert die Menschen auf, Gott zu lieben und diese Liebe zum Ausdruck zu bringen, indem sie ihren Mitmenschen Liebe, Mitleid und Gerechtigkeit zuteil werden lassen. Am Ende der Zeiten treten alle Nationen und alle Menschen vor Gottes Gericht, und jene, die seine Gebote befolgt haben, werden in seinen Augen Gnade finden. Jene aber, die Gott geleugnet und seine Gebote mißachtet haben, werden in die Finsternis fern von Gott verstoßen werden.

In Anlehnung an Hillel könnte man sagen: Das ist die Theorie. Alles andere ist Kommentar.

Menschen, die an diese Theorie glauben – und vor allem jenen, die das biblische Wort Gottes wörtlich nehmen –, steht es frei, andere Theorien über den Ursprung und den Sinn des Lebens zu verwerfen und den Fakten, auf denen andere Theorien gründen, kein oder wenig Gewicht beizumessen. Darüber hinaus empfingen die Gläubigen, indem sie die Gesetze Gottes und die Vorschriften für ihre Befolgung in allen Einzelheiten beachten, eine Art von Orientierung, welche Bücher sie nicht lesen sollen, welche Theaterstücke und welche Filme sie nicht ansehen sollen, welche Musik sie nicht hören sollen, welche Fächer oder Themen ihre Kinder nicht studieren sollen, und so weiter. Für die strengen Bibel-Fundamentalisten wird die Theorie der Bibel und das, was sich aus ihr ergibt, zu einem Sperriegel gegen unerwünschte Information, und gerade hierdurch gewinnt ihr Handeln Sinn, Klarheit und, wie sie glauben, moralische Autorität.

Menschen, die die Theorie der Bibel ablehnen und beispielsweise der Theorie der Naturwissenschaften vertrauen, sind ebenfalls vor unerwünschter Information geschützt: Ihre Theorie weist sie zum Beispiel an, Informationen aus den Gebieten der Astrologie, der Dianetik oder der Schöpfungslehre, die sie meist als mittelalterlichen Aberglauben oder subjektive Meinung abtun, keine Beachtung zu schenken. Ihre Theorie vermag ihnen jedoch keine ethische Orientierung zu geben und legt prinzipiell wenig Gewicht auf Informationen, die außerhalb der Grenzen der Wissenschaft liegen. Unbestreitbar ist, daß sich immer weniger Menschen an die Aufmerksamkeits- und Autoritätsansprüche biblischer oder anderer religiöser Traditionen gebunden fühlen, und dies hat zur Folge, daß sie keine ethischen, sondern nur noch praktische Entscheidungen treffen. Auch hieraus ergibt sich eine Definition für das Technopol. Dieser Begriff paßt auf eine Kultur, deren verfügbare Theorien keine Hinweise enthalten, welche Informationen in der Sphäre der Ethik akzeptabel sind.

Ich vertraue darauf, daß der Leser nicht zu dem Schluß kommt, ich wollte hier irgendeinem Fundamentalismus das Wort reden. Ein islamischer Fundamentalismus, der einen Menschen mit dem Tod bedroht, weil er etwas geschrieben hat, das man ihm als Blasphemie auslegt, ist ebensowenig zu billigen wie ein christlicher Fundamentalismus, der in früheren Zeiten das gleiche getan hat. Ich möchte hingegen nicht bestreiten, daß man sehr wohl als Muslim, als Christ oder Jude leben kann, indem man eine weniger radikale Haltung zur religiösen Theorie einnimmt. Ich möchte hier nur darauf hinweisen, daß die religiöse Tradition als Mechanismus zur Regulierung und Bewertung von Information fungiert. Wenn die Religion viel oder alles von ihrer bindenden Kraft verliert – wenn sie zu rhetorischer Asche zerfällt –, dann entsteht unweigerlich Verwirrung darüber, woran man sich halten soll und wie man dem, woran man sich hält, Sinn geben kann.

Während ich dies schreibe, ist eine andere große Welterklärung in Verfall geraten, der Marxismus. Ohne Zweifel gibt es marxistische Fundamentalisten, die nicht von der Marxschen Theorie ablassen und sich weiterhin an ihren Rezepten und Zwängen orientieren werden. Auch diese Theorie hat schließlich genug Kraft besessen, die Vorstellungskraft und das Engagement von mehr als einer Milliarde Menschen zu binden. Wie die Bibel und wie alle großen Welterklärungen enthält auch diese Theorie eine transzendente Idee. Ohne es hier mit den philosophischen und soziologischen Debatten aus anderthalb Jahrhunderten aufnehmen zu wollen, möchte ich diese Theorie folgendermaßen zusammenfassen: Alle Formen von institutionellem Elend und

institutioneller Unterdrückung sind das Ergebnis von Klassen-
kämpfen, denn das Bewußtsein der Menschen wird durch ihre
materiellen Lebensbedingungen geprägt. Gott interessiert sich
hierfür nicht, denn es gibt keinen Gott. Aber es gibt einen Plan,
der sowohl erkennbar ist als auch zum Guten führt. Dieser Plan
entfaltet sich im Laufe der Geschichte selbst, die ihrerseits
unmißverständlich zeigt, daß die Arbeiterklasse zuletzt triumphieren muß. Wenn dies mit oder ohne Hilfe von revolutionären
Bewegungen geschehen ist, werden alle Klassenunterschiede
verschwinden. Alle Menschen haben dann gleichen Anteil am
Überfluß der Natur und an der schöpferischen Produktion, und
niemand beutet mehr die Arbeitskraft eines anderen aus.

Man nimmt allgemein an, diese Theorie sei bei ihren Anhängern
in Verruf geraten, weil Informationen, die durch Fernsehen,
Film, Telephon, Telefaxapparate und andere Technologien übermittelt wurden, offenkundig gemacht haben, daß die Arbeiterklasse in den kapitalistischen Ländern einen ganz erheblichen
Anteil am Überfluß der Natur gewonnen hat und gleichzeitig ein
beträchtliches Maß an individueller Freiheit genießt. Ihre Lage
ist derjenigen der Arbeiter in Ländern, die sich am Marxismus
orientieren, derart überlegen, daß Millionen von Menschen, und
zwar, wie es scheint, alle auf einmal, zu dem Schluß gekommen
sind, daß die Geschichte womöglich überhaupt keine Absichten
hinsichtlich des Schicksals der Arbeiterklasse hegt, und wenn
doch, daß sich das letzte Kapitel dieser Geschichte jedenfalls
vollständig anders darstellt, als Marx es prophezeit hat.

Das alles ist nur provisorisch gesagt. Die Geschichte läßt sich viel
Zeit, und es können noch Entwicklungen eintreten, die der
Vision von Marx eine neue Wahrscheinlichkeit verleihen. Folgendes läßt sich jedoch feststellen: Die Anhänger der marxisti-
schen Welterklärung bekamen ziemlich klare Anweisungen, wie
sie Information einzuschätzen, und insofern auch, wie sie das
historische Geschehen zu verstehen hatten. In dem Maße, wie sie
die Theorie nun ablehnen, droht ihnen eine Begriffsverwirrung,
das heißt, sie wissen nicht mehr, wem sie glauben und was sie
glauben sollen. Im Westen und vor allem in den Vereinigten
Staaten herrscht große Genugtuung hierüber, und allenthalben
wird versichert, an die Stelle des Marxismus könne nun die
sogenannte »liberale Demokratie« treten. Aber man muß dies

eher als Frage denn als Antwort formulieren, denn heutzutage ist durchaus nicht mehr klar, was der Begriff der liberalen Demokratie eigentlich besagt.

Ein Loblied auf den Siegeszug der liberalen Demokratie stimmt Francis Fukuyama in seinem Essay *The End of History?* an. Fukuyama, der sich einer einigermaßen seltsamen Definition von Geschichte bedient, kommt darin zu dem Schluß, daß es, nachdem alle Konkurrenten des modernen Liberalismus unterlegen seien, in Zukunft keine ideologischen Auseinandersetzungen mehr geben werde. Dazu beruft er sich auf Hegel, der im frühen 19. Jahrhundert eine ähnliche Position vertreten habe, als die Prinzipien der Freiheit und Gleichheit, wie sie in der Amerikanischen und in der Französischen Revolution zum Ausdruck kamen, triumphierten. Nach dem Niedergang des Faschismus und des Kommunismus gebe es nun keinerlei Bedrohung mehr. Aber Fukuyama zollt den Veränderungen zu wenig Beachtung, die der Begriff der liberalen Demokratie selbst im Laufe von zweihundert Jahren erfahren hat. In einer Technokratie bedeutet er etwas ganz anderes als unter dem Technopol; hier rückt er in die Nähe dessen, was Walter Benjamin als »Warenkapitalismus« bezeichnet hat. Im Falle der Vereinigten Staaten war die große Umwälzung des 18. Jahrhunderts gewiß nicht völlig unberührt vom Warenkapitalismus, aber sie war zugleich von einem ethischen Inhalt erfüllt. Die Vereinigten Staaten waren mehr als ein Experiment mit einer neuen Regierungsform; sie waren die Erfüllung eines göttlichen Plans. Adams, Jefferson und Paine lehnten die übernatürlichen Elemente in der Bibel zwar ab, aber sie zweifelten nie daran, daß ihr Experiment das Imprimatur der Vorsehung besaß. Die Menschen sollten frei sein, jedoch mit einem Ziel. Ihre gottgegebenen Rechte brachten Pflichten und Verantwortung mit sich, nicht nur gegenüber Gott, sondern auch gegenüber anderen Nationen, für die die neue Republik ein Schaufenster dessen sein sollte, was möglich ist, wenn sich Vernunft und Spiritualität verbünden.

Es ist ungeklärt, ob die »liberale Demokratie« in ihrer heutigen Gestalt eine gedankliche Grundlage mit so viel ethischer Substanz darzustellen vermag, daß sich mit ihr ein sinnerfülltes Leben entfalten läßt. Genau diese Frage hat Václav Havel in einer Rede vor dem amerikanischen Kongreß kurz nach seiner

Wahl zum Präsidenten der Tschechoslowakei gestellt. »Wir wissen nicht, wie wir die Ethik der Politik, der Wissenschaft und der Wirtschaft voranstellen sollen«, sagte er. »Wir sind noch immer unfähig zu verstehen, daß das einzige wirkliche Rückgrat unserer Handlungen – wenn sie ethisch sein sollen – die Verantwortung ist. Die Verantwortung gegenüber etwas Höherem, als es die eigene Familie, das eigene Land, die eigene Firma, der eigene Erfolg ist.« Es sei nicht genug, so meint Havel, wenn sich sein Land von einer fehlerbehafteten Theorie befreie; es sei nötig, eine andere zu finden, und er fürchtet, daß das Technopol keine Antwort geben wird. Mit anderen Worten: Francis Fukuyama irrt. Der nächste ideologische Konflikt ist längst entbrannt – zwischen der »liberalen Demokratie« mit ihrem transzendenten ethischen Unterbau, wie das 18. Jahrhundert sie konzipierte, und dem Technopol, einem Gedankengebäude des 20. Jahrhunderts, das nicht nur ohne transzendente Welterklärung auskommt, die eine ethische Basis bereitstellen könnte, sondern auch ohne starke gesellschaftliche Institutionen, die die von der Technologie erzeugte Informationsflut kontrollieren könnten.

Weil diese Flut die Theorien verwüstet hat, auf denen die Schule, die Familie, die politische Partei, die Religion und die Nation selbst gründen, muß sich das amerikanische Technopol in einem bestürzenden Ausmaß auf technische Methoden zur Kontrolle des Informationsflusses stützen. Drei Mittel, die es dabei anwendet, verdienen besondere Aufmerksamkeit. Sie stehen in Verbindung miteinander, aber um der größeren Klarheit willen sollen sie hier gesondert beschrieben werden.

Das erste ist die Bürokratie, die James Beniger in seinem Buch *The Control Revolution* als die »wichtigste aller technologischen Lösungen für die Kontroll-Krise« bezeichnet.[4] Die Bürokratie ist natürlich keine Erfindung des Technopols. Ihre Geschichte läßt sich fünftausend Jahre zurückverfolgen, wenngleich das Wort selbst erst während des 19. Jahrhunderts Eingang in die englische Sprache fand. Es ist nicht unwahrscheinlich, daß sich schon die alten Ägypter über die Bürokratie ärgerten, doch es steht jedenfalls fest, daß zu Anfang des 19. Jahrhunderts, als die Bürokratien immer wichtiger wurden, auch die Klagen über sie an Heftigkeit zunahmen. John Stuart Mill sprach von einer

»administrativen Tyrannei« und Carlyle von einer »Plage des Kontinents«. Tocqueville warnte, was geschehen würde, wenn die Bürokratie in den Vereinigten Staaten Fuß faßte:

>»Ich habe früher zwei Arten von Zentralisation unterschieden; die eine nannte ich Regierungs-, die andere Verwaltungszentralisation. In Amerika gibt es allein die erste; die zweite ist dort fast unbekannt. Wenn die Gewalt, welche die amerikanischen Gesellschaften lenkt, diese zwei Regierungsmittel zur Verfügung hätte und mit dem Recht, alles zu bestimmen, die Fähigkeit und die Gewohnheit verbände, alles selber auszuführen; wenn sie sich nach der Aufstellung der allgemeinen Regierungsgrundsätze in die Einzelheiten der Anwendung einmischte und nach dem Ordnen der großen Landesinteressen bis zur Grenze der persönlichen Angelegenheiten hinabsteigen könnte – dann wäre die Freiheit bald aus der Neuen Welt verbannt.«[5]

Für unsere heutige Zeit vertrat C. S. Lewis die Ansicht, die Bürokratie sei die technische Verkörperung des Teufels selbst:

>»Ich lebe im Manager-Zeitalter, in einer verwalteten Welt. Die größten Untaten werden nicht in jenen Schlupfwinkeln des Verbrechens begangen, die Dickens so liebevoll beschrieben hat. Auch nicht in den Konzentrationslagern und Arbeitslagern. Dort erblicken wir nur die letzten Auswirkungen dieser Untaten. Aber geplant und organisiert (angeregt, unterstützt, ausgeführt und protokolliert) werden sie in sauberen, warmen, hellen Büros mit Teppichboden, von ruhigen Männern mit weißen Kragen und geschnittenen Fingernägeln und glattrasierten Wangen, die nicht laut zu werden brauchen. Deshalb verbindet sich das Bild der Hölle für mich mit der Bürokratie eines Polizeistaates oder den Geschäftsräumen eines häßlichen Konzerns.«[6]

Wenn wir diese Attacken für den Augenblick einmal außer acht lassen, können wir feststellen, daß eine Bürokratie im Kern eine Serie koordinierter Verfahren zur Reduktion der Informationsmengen darstellt, die verarbeitet werden sollen. So weist Beniger darauf hin, daß das standardisierte Formular – eines der Haupterzeugnisse der Bürokratie – die »Zerstörung« aller Nuancen und Einzelheiten einer bestimmten Situation erlaubt.[7] Indem das Formular von uns verlangt, Kästchen anzukreuzen und Felder auszufüllen, läßt es nur ein begrenztes Spektrum formalisierter, objektiver und unpersönlicher Informationen zu, die in manchen Fällen auch genau das sind, was zur Lösung eines bestimmten Problems benötigt wird. Max Weber nannte die Bürokratie einen Versuch, den Fluß der Information zu rationalisieren und ihre Nutzung so effizient wie möglich zu gestalten, indem jene Information ausgesondert wird, die von einem akuten Problem ablenkt. Als herausragendes Beispiel für eine solche bürokratische Rationalisierung nennt Beniger die Entscheidung aus dem Jahre 1884, die Zeit weltweit in vierundzwanzig Zeitzonen zu organisieren. Vor dieser Entscheidung gab es mitunter in Städten, die nur wenige Kilometer voneinander entfernt lagen, unterschiedliche Uhrzeiten, wodurch der Eisenbahnbetrieb und geschäftliche Aktivitäten unnötig kompliziert wurden. Indem die Bürokratie einfach ignorierte, daß die Sonnenzeit von einem Verkehrsknotenpunkt zum anderen tatsächlich differiert, beseitigte sie dieses Informationschaos, sehr zur Zufriedenheit der meisten Menschen, aber nicht aller. Denn die Vorstellung von »Gottes eigener Zeit« (eine Formel, mit der sich die Schriftstellerin Marie Corelli zu Beginn des 20. Jahrhunderts gegen die Einführung der Sommerzeit wandte) mußte nun als belanglos gelten. Dies ist wichtig, denn in dem Bestreben, Information möglichst rational zu nutzen, ignoriert die Bürokratie alle Informationen und Vorstellungen, die nicht zur Steigerung der Effizienz beitragen. Und dies tat die Vorstellung von Gottes eigener Zeit nicht.

Nicht jede Bürokratie ist grundsätzlich eine gesellschaftliche Institution; und nicht jede Institution, die Information reduziert, indem sie bestimmte Arten oder Quellen von Information ausschließt, ist eine Bürokratie. Schulen mögen die Dianetik und die Astrologie ausschließen; Gerichte schließen Beweise nach Hörensagen aus. Sie tun dies aus gewichtigen Gründen, die mit den Theorien zusammenhängen, auf denen diese Institutionen gründen. Aber die Bürokratie verfügt nicht über eine intellektuelle, politische oder ethische Theorie – ausgenommen die stillschweigend gemachte Voraussetzung, Effizienz sei das wichtigste Ziel der gesellschaftlichen Institutionen und andere Ziele seien prinzipiell weniger wichtig, wenn nicht irrelevant. Deshalb hielt John Stuart Mill die Bürokratie für eine »Tyrannei«, und deshalb setzte C. S. Lewis sie mit der Hölle gleich.

Die Verwandlung der Bürokratie aus einer Reihe von Verfahren im Dienste gesellschaftlicher Institutionen in eine autonome Meta-Institution, die weitgehend ihren eigenen Zwecken gehorcht, war das Ergebnis verschiedener Entwicklungen, die sich um die Mitte und gegen Ende des 19. Jahrhunderts vollzogen: rasches industrielles Wachstum, Verbesserungen im Verkehrs- und Kommunikationswesen; ein Ausgreifen staatlicher Aktivitäten in immer weitere Sektoren des öffentlichen und wirtschaftlichen Lebens und die zunehmende Zentralisierung der staatlichen und administrativen Strukturen. Hinzu kam im 20. Jahrhundert die Informationsexplosion und das, was man als »Bürokratie-Effekt« beschreiben könnte: In dem Maße, wie die Techniken zur Bewältigung von Information immer notwendiger, immer weitläufiger und immer komplexer wurden, nahm die Zahl der Menschen und Strukturen zu, die für die Bewältigung dieser Techniken erforderlich waren, und ebenso die Menge an Informationen, die durch diese bürokratischen Techniken wiederum *hervorgebracht* wurde. So entstand ein Bedarf an Bürokratien zur Lenkung und Koordination der vorhandenen Bürokratien, sodann ein Bedarf an zusätzlichen Strukturen und Techniken, um jene Bürokratien zu lenken, die ihrerseits Bürokratien koordinierten, und so weiter – bis die Bürokratie schließlich, um eine Bemerkung von Karl Kraus über die Psychoanalyse abzuwandeln, zu jener Krankheit wurde, für deren Heilmittel sie sich ausgibt. Im Zuge dieser Entwicklung hörte sie auf, eine Dienerin gesellschaftlicher Institutionen zu sein, und wurde zu deren Beherrscherin. Die Bürokratie löst heute nicht nur Probleme, sie schafft auch neue. Noch wichtiger: sie definiert, was unsere Probleme sind – und aus der Sicht der Bürokratie sind dies immer Effizienzprobleme. Dadurch werden die Bürokratien, wie C. S. Lewis meint, äußerst gefährlich, denn während sie ursprünglich nur zur Bewältigung technischer Information vorgesehen waren, werden sie heutzutage bei der Auseinandersetzung mit ethischen, gesellschaftlichen und politischen Problemen eingeschaltet. Die Bürokratie des 19. Jahrhunderts hatte es mit der effizienteren Gestaltung des Verkehrswesens, der Industrie und der Güterverteilung zu tun. Die Bürokratie des Technopols hat sich aus solchen Beschränkungen gelöst und beansprucht heute die Vormacht über alle Belange der Gesellschaft.

Welches Risiko damit verbunden ist, daß wir gesellschaftliche, ethische und politische Angelegenheiten der Bürokratie überantworten, wird deutlich, wenn wir uns darauf besinnen, was ein Bürokrat eigentlich tut. Wie aus der Bedeutungsgeschichte des Wortes selbst erhellt, ist ein Bürokrat nichts weiter als eine bessere Theke. Das französische Wort bureau bezeichnete zunächst nur das Tuch für einen Schreibtisch, dann den Tisch selbst, dann den Raum, in dem der Tisch stand, und schließlich das gesamte Amt und das Personal, das in diesem Amt tätig war. Heute bezeichnet das Wort »Bürokrat« eine Person, die aufgrund ihrer Ausbildung, ihrer Einstellung und sogar ihres Temperaments gegen den Inhalt und die ganze Komplexität menschlicher Probleme gleichgültig ist. Der Bürokrat kümmert sich um die Auswirkungen einer Entscheidung nur insofern, als diese Entscheidung das effiziente Funktionieren der Bürokratie betrifft, und übernimmt keine Verantwortung für die menschlichen Folgen. So wird Adolf Eichmann zum Grundmodell und Inbegriff des Bürokraten im Zeitalter des Technopols.[8] Als man ihm Verbrechen wider die Menschlichkeit zur Last legte, erklärte er, er habe an der Formulierung der politischen und soziologischen Theorie der Nazis keinen Anteil gehabt; er habe es mit dem technischen Problem zu tun gehabt, eine große Zahl von Menschen schnell von einem Ort zum anderen zu transportieren. Warum sie transportiert wurden und was mit ihnen geschehen würde, wenn sie an ihrem Bestimmungsort angekommen waren, sei für seine Aufgabe nicht maßgeblich gewesen. Die Aufgaben, die Bürokraten heutzutage unter dem Technopol erfüllen, zeitigen zwar weit weniger grauenhafte Resultate, aber die Antwort, die Eichmann gab, wird in Amerika heute wahrscheinlich fünftausendmal am Tag gegeben: Ich trage keine Verantwortung für die menschlichen Folgen meiner Entscheidungen. Ich bin nur verantwortlich für die effiziente Wahrnehmung meiner Rolle innerhalb einer Bürokratie, die um jeden Preis aufrechterhalten werden muß.

Eichmann, auch dies gilt es zu beachten, war ein Experte. Und Expertentum ist ein zweites wichtiges Instrument, dessen sich das Technopol im Kampf um die Kontrolle über die Information bedient. Experten hat es natürlich schon immer gegeben, auch in Werkzeugkulturen. Die Pyramiden, die römischen Straßen, das

Straßburger Münster hätten ohne Experten kaum erbaut werden können. Aber der Experte und die Expertin unter dem Technopol weisen zwei Merkmale auf, die sie von den Experten der Vergangenheit unterscheiden. Erstens: die Experten des Technopols sind in allen Belangen, die nicht direkt mit ihrem Fachgebiet zusammenhängen, meist ahnungslos. Ein Psychotherapeut zum Beispiel verfügt heutzutage in der Regel kaum über eine auch nur flüchtige Kenntnis von Literatur, Philosophie, Sozialgeschichte, Kunst, Religion und Biologie, und solche Kenntnisse werden von ihm auch nicht erwartet. Zweitens: wie die Bürokratie (mit der der Experte in Verbindung stehen mag oder auch nicht) beanspruchen auch die Experten des Technopols Kontrollgewalt nicht nur in technischen Fragen, sondern auch in gesellschaftlichen, psychologischen und ethischen. In den Vereinigten Staaten haben wir Experten, die uns sagen, wie man Kinder aufzieht und erziehen soll, wie man zu einem liebenswerten Menschen wird und wie man die Liebe praktizieren soll, wie man andere Menschen beeinflussen und wie man Freunde gewinnen kann. Es gibt keinen Aspekt zwischenmenschlicher Beziehungen, der nicht technifiziert und damit der Kontrolle der Experten überantwortet worden wäre.

Es sind vor allem drei Faktoren, die bewirkt haben, daß der zeitgenössische Experte diese Merkmale hat. Erstens: das Anwachsen der Bürokratien, das zum erstenmal ganz und gar technisch orientierte Spezialisten hervorgebracht und auf diese Weise dem ignoranten Fachmann, dem »Fachidioten«, Glaubwürdigkeit und Ansehen verschafft hat. Zweitens: die Schwächung traditioneller Institutionen, was zur Folge hatte, daß die Menschen das Vertrauen in die Tradition verloren. Drittens, und dies ist die Basis für alle anderen Entwicklungen: die Informationsflut, deren Ergebnis ist, daß heutzutage niemand über mehr als nur einen winzigen Bruchteil des gesamten menschlichen Wissens verfügen kann. In meiner Studentenzeit sagte mir einmal eine begeisterte Professorin für deutsche Literatur, Goethe sei der letzte Mensch gewesen, der alles gewußt habe. Ich nehme an, sie wollte mit dieser erstaunlichen Bemerkung Goethe nicht zu einem Gott verklären, sondern nur darauf aufmerksam machen, daß es um das Jahr 1832, als Goethe starb, auch für den brillantesten Geist nicht mehr möglich war, alles bekannte Wissen zu erfassen, geschweige denn zu begreifen.

Die Aufgabe des Experten besteht darin, sich auf ein Wissensgebiet zu konzentrieren, alles auf diesem Gebiet verfügbare Wissen zu sichten, das auszusondern, was für ein bestimmtes Problem nicht relevant ist, und das übrige für die Lösung des Problems anzuwenden. Das funktioniert recht gut, sofern es um technische Lösungen geht und kein Konflikt mit menschlichen Zielsetzungen entsteht – etwa bei der Konstruktion von Weltraumraketen oder beim Bau eines Kanalisationssystems. Es funktioniert weniger gut, wo technische Erfordernisse in einen Konflikt mit menschlichen Zielsetzungen geraten können, wie im Bereich der Medizin oder der Architektur. Und katastrophal wird es dort, wo es um Probleme geht, die sich mit technischen Mitteln nicht lösen lassen und bei denen Effizienzgesichtspunkte in der Regel belanglos sind, wie etwa in der Erziehung, im Rechtswesen, in der Familie und bei Problemen von individueller Fehlanpassung. Ich denke, ich muß den Leser nicht erst davon überzeugen, daß es keine Experten für Kinderaufzucht, für die Praxis der Liebe und für Freundschaften gibt – und daß es sie nicht geben kann. Das alles sind Hirngespinste, die der Phantasie des Technopolisten entsprungen sind und die nur durch den Einsatz technischer Apparate plausibel gemacht werden, ohne die der Experte entwaffnet und als Eindringling und Ignorant bloßgestellt würde.

Der technische Apparat ist für den Bürokraten und den Experten gleichermaßen wesentlich, und man könnte ihn als einen dritten Mechanismus zur Informationskontrolle bezeichnen. Ich denke hier nicht an »harte« Technologien wie den Computer – der unbedingt gesondert betrachtet werden muß, da er alles verkörpert, wofür das Technopol steht. Ich denke vielmehr an »sanftere« Technologien wie Intelligenztests, Schuleignungstests, standardisierte Formulare, Klassifikationen und Meinungsumfragen. Einige von ihnen werde ich im achten Kapitel »Unsichtbare Technologien« erörtern, aber ich möchte schon hier auf sie hinweisen, weil ihre Rolle bei der Reduzierung der Vielfalt und der Menge von Informationen, die in einem System zugelassen sind, und infolgedessen auch ihre Rolle bei der Neudefinition traditioneller Begriffe oft unbemerkt bleibt. Es gibt beispielsweise keinen Test, mit dem sich die Intelligenz eines Menschen messen ließe. Intelligenz ist ein umfassender Begriff, der die Fähigkeit eines Menschen beschreibt, in einer Vielfalt neuer oder unerwarteter Zusammenhänge Probleme des wirklichen Lebens zu lösen. Jeder, ausgenommen die Experten, weiß, daß dem Einzelnen diese Fähigkeit je nach Art der zu lösenden Probleme in höchst unterschiedlichem Maße zur Verfügung steht – von beständig effektiv bis hin zu beständig ineffektiv. Wenn man uns jedoch glauben machen will, ein Test könne ein genaues Maß für die Menge der Intelligenz eines Einzelnen offenbaren, dann wird aus institutioneller Sicht der Punktwert in einem solchen Test gleichgesetzt mit der Intelligenz dieses Einzelnen. Der Test verwandelt eine abstrakte, facettenreiche Bedeutung in einen technischen, exakten Ausdruck, der all das außer acht läßt, worauf es wirklich ankommt. Von einem Intelligenztest könnte man sagen, was Macbeth vom Leben sagt: »ein Märchen ist's, erzählt von einem Tollen [einem Experten], das nichts bedeutet.« Dennoch stützt sich der Experte auf unseren Glauben an die Realität technischer Apparate, der zur Folge hat, daß wir die vom Apparat hervorgebrachten Antworten verdinglichen. Zuletzt glauben wir selbst, daß unser Punktwert tatsächlich unsere Intelligenz anzeigt oder unsere Kreativität oder unsere Fähigkeit, zu lieben oder Schmerz zu empfinden. Wir gelangen zu der Ansicht, daß die Ergebnisse von Meinungsumfragen wirklich das sind, was die Menschen glauben, so als ließen sich unsere Anschauungen tatsächlich in Sätzen wie »Ich bin dafür« oder »Ich bin dagegen« unterbringen.

Wenn katholische Priester Wein, Hostien und Gebetsformeln verwenden, um spirituelle Vorstellungen greifbar werden zu lassen, dann räumen sie ein, daß hier Geheimnis und Gleichnis ins Spiel kommen. Die Experten des Technopols indessen wollen von solchen Zwischentönen und Nuancierungen nichts wissen, wenn sie Formulare, standardisierte Tests, Meinungsumfragen und vielerlei Apparaturen in Betrieb setzen, die bestimmten Vorstellungen von Intelligenz, Kreativität, Sensibilität, emotionaler Unausgeglichenheit, sozialer Devianz oder politischer Meinung eine technische Realität geben. Sie wollen uns weismachen, die Technik oder die Technologie könnte das

Wesen einer menschlichen Befindlichkeit oder einer menschlichen Glaubensüberzeugung dadurch offenbaren, daß ein Punktwert, eine Statistik oder eine kategoriale Zuordnung dieser Befindlichkeit oder dieser Überzeugung eine technische Form gibt.

Die Technisierung von Begriffen und Problemen ist unbestreitbar eine äußerst bedenkliche Version der Informationskontrolle. Institutionen können auf der Grundlage von Testergebnissen und Statistiken Entscheidungen treffen, und in manchen Situationen gibt es hierzu wohl auch keine sinnvolle Alternative. Aber sofern solche Entscheidungen nicht mit Skepsis getroffen werden, sofern dabei nicht beachtet wird, daß hier allein verwaltungspraktische Gesichtspunkte maßgeblich sind, bekommen sie etwas höchst Irreführendes. Unter dem Technopol bekommt diese Irreführung eine zusätzliche Weihe dadurch, daß wir den Experten, die sich mit einer hochentwickelten technischen Apparatur gerüstet haben, übermäßig viel Ansehen zuerkennen. Shaw hat einmal bemerkt, alle freien Berufe seien Verschwörungen gegen die Laien. Ich würde noch weitergehen und sagen: Unter dem Technopol sind alle Experten mit dem Charisma von Priestern ausgestattet. Einige dieser priesterlichen Experten nennt man Psychiater, andere Psychologen oder Soziologen und wieder andere Statistiker. Der Gott, dem sie dienen, spricht nicht von Rechtschaffenheit oder Güte, von Mitleid oder Gnade. Ihr Gott spricht von Effizienz, Präzision, Objektivität. Und deshalb verschwinden unter dem Technopol Begriffe wie »Sünde« und »das Böse«. Sie entstammen einem ethischen Universum, das für die Theologie des Expertentums jegliche Relevanz verloren hat. Deshalb bezeichnen die Priester des Technopols die Sünde mit einem statistischen Begriff als »soziale Abweichung«, und deshalb bezeichnen sie das Böse mit einem medizinischen Begriff als »Psychopathologie«. Die Sünde und das Böse verschwinden, weil sie nicht meßbar und objektivierbar sind und weil Experten deshalb mit ihnen nichts anfangen können.

In dem Maße, wie die traditionellen gesellschaftlichen Institutionen die Kraft verlieren, Wahrnehmung und Urteilsfähigkeit der Menschen zu strukturieren, werden Bürokratie, Expertentum und technischer Apparat die wichtigsten Instrumente, auf die das

100

Technopol setzt, um Information zu kontrollieren und sich selbst den Anschein von Begreiflichkeit und Ordnung zu geben. Der Rest dieses Buches erzählt, warum dies nicht funktionieren kann, und von den schmerzlichen Folgen und der Dummheit, die hieraus resultieren.

6. Die Maschinen-Ideologie: Medizinische Technologie

Vor ein paar Jahren brachte eine geschäftstüchtige Firma einen Apparat mit dem Namen »Hagoth« auf den Markt – es wurde eine Sternstunde des Technopols daraus. Die Maschine kostete 1500 Dollar, spottbillig, für das, was sie leistete. Sie offenbarte nämlich ihrem Besitzer, ob der Mensch, mit dem er sich am Telephon unterhielt, die Wahrheit sagte oder nicht. Das gelang ihr, indem sie den »Streß-Gehalt« der menschlichen Stimme an deren Schwingungen maß. Man schloß »Hagoth« an das eigene Telephon an und stellte dem Anrufer im Laufe eines Gesprächs eine Schlüsselfrage, etwa: »Wo waren Sie am letzten Samstagabend?« »Hagoth« besaß sechzehn Lämpchen – acht grüne und acht rote –, und sobald der Anrufer geantwortet hatte, machte sich »Hagoth« an die Arbeit. Die roten Lichter leuchteten auf, wenn viel Streß in der Stimme lag, die grünen, wenn es wenig war. In einer Annonce für »Hagoth« hieß es: »Grün bedeutet: kein Streß, also Wahrhaftigkeit.« Mit anderen Worten, »Hagoth« zufolge ist es nicht möglich, mit bebender Stimme die Wahrheit zu sagen oder mit fester Stimme zu lügen – eine Behauptung, über die sich Richard Nixon zweifellos sehr amüsiert hätte. »Hagoths« Definition von Wahrhaftigkeit war jedenfalls, vorsichtig formuliert, höchst sonderbar, aber sie war auch so präzise und technisch perfekt, daß sie jeden Bürokraten in Entzücken versetzt hätte. Das gleiche gilt für die Definition von Intelligenz, die in den üblichen Intelligenztests zum Ausdruck kommt. Ein solcher Intelligenztest funktioniert genau wie »Hagoth«. Man verbindet einen Stift mit den Fingern eines jungen

Menschen und stellt ihm einige Schlüsselfragen; aus den Antworten kann ein Computer dann exakt errechnen, wieviel Intelligenz im Gehirn dieses jungen Menschen vorhanden ist.[1]

»Hagoth« ist zum Glück vom Markt verschwunden – warum, weiß ich nicht. Vielleicht war der Apparat sexistisch oder mit kulturellen Vorurteilen behaftet, oder, noch schlimmer, er konnte die Schwingungen nicht genau genug messen. Bei seinen Maschinen legt das Technopol nämlich auf nichts soviel Gewicht wie auf Genauigkeit. Welche Idee einer bestimmten Maschine innewohnt, bleibt hingegen meistens unbeachtet, so sonderbar sie auch sein mag.

Obwohl »Hagoth« verschwunden ist, hat die zugrundeliegende Idee überlebt – zum Beispiel in jenen Maschinen, die man als Lügendetektor bezeichnet. In Amerika werden Lügendetektoren sehr ernst genommen, von Polizeibeamten und Rechtsanwälten ebenso wie von den Personalabteilungen großer Firmen, die immer häufiger darauf bestehen, daß ihre Angestellten sich Lügendetektor-Tests unterziehen. Was die Intelligenztests angeht, so haben sie nicht nur überlebt, sie erfreuen sich sogar wachsender Beliebtheit und sind im übrigen ergänzt worden durch Berufseignungstests, Kreativitätstests, Tests, die die psychische Gesundheit, die sexuelle Anziehungskraft und sogar die Übereinstimmung zwischen potentiellen Ehepartnern messen. Man sollte meinen, daß zwei Menschen, die eine Reihe von Jahren zusammengelebt haben, selbst wissen, ob sie miteinander auskommen oder nicht. Aber unter dem Technopol genießen solche subjektiven Wissensformen keinen offiziellen Rang und bedürfen der Bestätigung durch Tests, die von Experten durchgeführt werden. Persönliche Urteile sind bekanntlich unzuverlässig, mehrdeutig und durchaus zweifelhaft, wie schon Frederick W. Taylor zu bedenken gab. Für Tests und Maschinen gilt dies nicht. Philosophen mögen sich mit Fragen quälen wie: »Was ist Wahrheit?« – »Was ist Intelligenz?« – »Worin besteht ein gutes Leben?« Aber unter dem Technopol besteht kein Bedarf an solcher geistigen Anstrengung. Maschinen beseitigen Komplexität, Zweifel und Mehrdeutigkeit. Sie arbeiten schnell, sie sind standardisiert, und sie liefern uns Zahlen, die man sehen und mit denen man rechnen kann. Sie sagen uns, daß, wenn acht Lämpchen aufleuchten, jemand die Wahrheit spricht. Und mehr brauchen wir nicht. Sie sagen uns, daß ein Wert von 136 mehr Grips bedeutet als ein Wert von 104. Das ist die technopolistische Version der Magie.

Es ist ein Kennzeichen der Magie, daß sie unsere Aufmerksamkeit in eine falsche Richtung lenkt. Und indem sie dies tut, weckt sie in uns Verwunderung statt Verständnis. Unter dem Technopol sind wir geradezu umstellt von den Wunderwirkungen der Maschinen und werden dazu ermuntert, auf die ihnen innewohnenden Ideen gar nicht zu achten. Deshalb werden wir blind für die ideologische Bedeutung unserer Technologien. In diesem und dem nächsten Kapitel möchte ich ein paar Beispiele dafür nennen, wie uns die Technologie lenkt, wenn wir uns ein Bild von der Welt zu machen versuchen.

Hier möchte ich zunächst die der medizinischen Technologie innewohnenden ideologischen Tendenzen erörtern. Dazu einige Fakten.

Obwohl Amerikaner und Engländer die gleiche Lebenserwartung haben, führen amerikanische Ärzte im Durchschnitt sechsmal so viele Bypass-Herzoperationen aus wie englische Ärzte. Amerikanische Ärzte führen mehr diagnostische Tests durch als die Ärzte in Frankreich, in Deutschland oder in England. Die Chance, daß ihr die Gebärmutter operativ entfernt wird, ist für eine Amerikanerin zwei- bis dreimal höher als für eine Frau in irgendeinem europäischen Land; 60 Prozent dieser Hysterektomien werden in Amerika an Frauen vorgenommen, die jünger als vierundvierzig Jahre sind. Amerikanische Ärzte führen, bezogen auf die Bevölkerungszahl, mehr Prostataoperationen durch als die Ärzte in irgendeinem europäischen Land, und was den Anteil von Kaiserschnittoperationen angeht, so stehen die Vereinigten Staaten innerhalb der Industrienationen an erster Stelle – er liegt um 50 bis 200 Prozent über dem der meisten anderen Länder. Wenn amerikanische Ärzte auf chirurgische Eingriffe zugunsten von medikamentöser Behandlung verzichten, verabreichen sie höhere Dosen als die Ärzte anderer Länder. Sie verschreiben zweimal soviel Antibiotika wie die Ärzte in Großbritannien, nämlich meist schon dann, wenn Bakterien *wahrscheinlich* vorhanden sind, wohingegen europäische Ärzte Antibiotika erst dann verschreiben, wenn sie wissen, daß die Infektion durch Bakterien verursacht wurde, *und* wenn es sich um eine ernste

Infektion handelt.[2] Amerikanische Ärzte machen häufiger als Ärzte in anderen Ländern Röntgenaufnahmen von ihren Patienten. Bei einer Untersuchung über die Häufigkeit von Röntgenuntersuchungen stieß ein Radiologe auf Fälle, in denen von einem einzigen Patienten fünfzig bis hundert Röntgenaufnahmen gemacht worden waren, wo fünf ausreichend gewesen wären. Andere Untersuchungen zeigen, daß bei fast einem Drittel der Patienten die Röntgenaufnahmen hätten unterbleiben oder verschoben werden können, da ausreichende klinische Daten bereits vorhanden waren.[3]

Dieses Kapitel ließe sich leicht mit ähnlichen Statistiken und Befunden füllen. Die beste Zusammenfassung der medizinischen Praxis in Amerika hat vielleicht Dr. David E. Rogers gegeben, der in einer Ansprache vor der Association of American Physicians warnte:

> »In dem Maße wie unsere Eingriffe tiefer dringen, sind sie auch kostspieliger und riskanter geworden. So ist es heute nicht ungewöhnlich, wenn ein gebrechlicher älterer Mensch, der mit einer leichten Störung ins Krankenhaus kam, am dritten Tag völlig ausgelaugt und hinfällig ist, nachdem man ihn achtundvierzig Stunden lang einer schwindelerregenden Kette erschöpfender Diagnoseuntersuchungen in verschiedenen Laboratorien oder in der Röntgenabteilung unterzogen hat.«[4]

Das alles überrascht nicht, wenn man sich mit der amerikanischen Medizin ein wenig auskennt, die berüchtigt ist für ihre »Aggressivität«. Die Frage lautet: Warum? Es gibt drei miteinander verknüpfte Gründe für das Überhandnehmen der Apparatemedizin. Der erste hängt mit dem amerikanischen Charakter zusammen, der, wie ich weiter oben dargestellt habe, zu einer positiven Haltung gegenüber der Vorherrschaft von Technik und Technologie neigt. In ihrem Buch *Medicine and Culture* schreibt Lynn Payer dazu:

> »Das früher scheinbar grenzenlose Land weckte die Vorstellung, alles sei möglich, sofern nur die natürliche Umwelt... erobert werden könnte. Auch die Krankheit konnte erobert werden, aber nur indem man sie mit aggressiven Diagnosemethoden aufstöberte und genauso aggressiv behandelte, vorzugsweise, indem man etwas entfernte, statt etwas hinzuzufügen und auf diese Weise die Widerstandskraft zu erhöhen.«[5]

Lynn Payer zitiert zur Untermauerung ihrer These Oliver Wendell Holmes, der in seiner bekannt sarkastischen Art erklärt hat:

> »Wie konnte ein Volk, das alle vier Jahre eine Revolution veranstaltet, ein Volk, welches das Bowiemesser und den Revolver ersonnen hat, ... und darauf besteht, seine Yachten und seine Pferde und seine Boys zu entsenden, um die gesamte übrige Schöpfung zu überrunden, niederzukämpfen und mattzusetzen – wie konnte sich ein solches Volk mit einer anderen als einer ›heroischen‹ Praxis zufriedengeben? Was Wunder, daß das Sternenbanner über einer Dosis von neunzig Gramm Chininsulfat weht und der amerikanische Adler einen begeisterten Schrei ausstößt, wenn er sieht, wie zwölf Gramm Quecksilberchlorid auf einmal verabreicht werden?«[6]

Die angriffslustige Einstellung, über die sich Holmes hier lustig macht, wurde von Dr. Benjamin Rush, dem vielleicht einflußreichsten Mediziner seiner Zeit, schon vor der Amerikanischen Revolution propagiert. Rush war der Meinung, die Entwicklung der Medizin sei von Ärzten behindert worden, die sich »in unzulässiger Weise auf die Heilkräfte der Natur verließen«, und machte für diesen Fehler vor allem Hippokrates und seine Schule verantwortlich. Rush hatte beträchtliche Erfolge, indem er Patienten, die an Gelbfieber litten, große Mengen Quecksilber und Abführmittel verordnete und sie zur Ader ließ. (Wahrscheinlich beruhten diese Erfolge darauf, daß er es nur mit leichten Fällen von Gelbfieber zu tun hatte oder daß seine Patienten gar nicht an dieser Krankheit litten.) Jedenfalls war Rush ein großer Anhänger des Aderlasses, vielleicht weil er glaubte, der Körper enthalte etwa zwölf Liter Blut, also mehr als das Doppelte der wirklichen Menge. Er riet anderen Ärzten, so lange mit dem Aderlaß fortzufahren, bis vier Fünftel des Blutes abgezapft seien. Rush war zwar während der letzten Tage George Washingtons nicht zugegen, aber Washington wurde an dem Abend, als er starb, siebenmal zur Ader gelassen, was ohne Zweifel seinen Tod beschleunigt hat. Und dies alles geschah wohlgemerkt 153 Jahre, nachdem Harvey entdeckt hatte, daß das Blut durch den ganzen Körper zirkuliert.

Auch wenn man die Frage beiseite läßt, wieviel medizinisches Wissen damals verfügbar war, darf man wohl feststellen, daß

Rush ein heftiger Befürworter des tatkräftigen Eingreifens war –
sein aggressives Wesen stellte er übrigens auch dadurch unter
Beweis, daß er zu den Unterzeichnern der Amerikanischen
Unabhängigkeitserklärung gehörte. Er überzeugte Ärzte und
Patienten davon, daß amerikanische Krankheiten hartnäckiger
seien als europäische, also auch eine hartnäckigere Behandlung
erforderlich machten. »Verzweifelte Krankheiten fordern verzweifelte Heilmittel«, so lautete ein Satz, den man im 19. Jahrhundert in amerikanischen Medizinerzeitschriften häufig lesen
konnte. Die Amerikaner, denen die europäischen Methoden
sanft und passiv – man könnte fast sagen: verweichlicht –
erschienen, nahmen diese Herausforderung an, indem sie sich
dem Einfluß von Rush bereitwillig beugten: sie akzeptierten die
Forderung, einzugreifen, der Natur zu mißtrauen und die aggres-
sivsten Therapien anzuwenden, die zur Verfügung standen. Der
leitende Gedanke, darauf weist Lynn Payer hin, war der, sowohl
den Kontinent zu erobern wie auch die Krankheiten, die durch
das Wetter und durch die giftige Flora und Fauna dieses Kontinents verursacht wurden.
So fühlte sich die amerikanische Medizin von Anfang an zu
neuen Technologien hingezogen. Die Technologie war aus dieser
Sicht keineswegs »neutral«, sie sollte vielmehr eine Waffe zur
Überwindung von Krankheit und Leiden werden. Die einzelnen
Waffen ließen nicht lange auf sich warten. Die bedeutsamste
Neuerung der frühen medizinischen Technologie war das Stethoskop, im Jahre 1816 erfunden (man könnte fast sagen: gefunden)
von dem französischen Arzt René-Théophile-Hyacinthe Laënnec. Die Begleitumstände dieser Erfindung sind für unseren
Zusammenhang durchaus erwähnenswert.
Laënnec, der am Hospital Necker in Paris arbeitete, untersuchte
eines Tages eine junge Frau, die an einer rätselhaften Herzstö-
rung litt. Durch Perkussion (Abklopfen) und Palpation (Beta-
sten) versuchte er, innere Anomalien zu entdecken, blieb aber
wegen der Fettleibigkeit der Patientin erfolglos. Sodann erwog er
eine Auskultation (Abhören des Herzschlags). Dazu hätte er
sein Ohr auf die Brust der Patientin legen müssen. Doch ihre
Jugend und ihr Geschlecht ließen ihn zögern. Da fiel Laënnec
ein, daß Schall, der durch feste Körper geht, verstärkt wird. Er
rollte einige Blätter Papier zu einer Röhre zusammen, setzte

deren eines Ende auf die Brust der Patientin und legte sein Ohr an das andere. *Voilà!* Die Geräusche, die er vernahm, waren klar und deutlich. »Von diesem Augenblick an«, so schrieb er später, »glaubte ich, diese Vorrichtung könnte uns ein Mittel in die Hand geben, um den Charakter nicht nur der Herztätigkeit, sondern jeder Art von Geräuschen zu bestimmen, die durch die Bewegung der verschiedenen Organe im Brustkorb hervorgebracht werden.« Laënnec vervollkommnete sein Instrument und verwendete schließlich ein hölzernes Rohr, das er »Stethoskop« nannte, eine Zusammensetzung aus den griechischen Wörtern für »Brust« und »ich sehe«.[7]

Bei aller Einfachheit erwies sich Laënnecs Erfindung als außerordentlich nützlich, vor allem weil sie half, Lungenkrankheiten wie die Tuberkulose mit großer Genauigkeit zu diagnostizieren. Erkrankungen im Brustkorb lagen nun nicht mehr im verborgenen: mit dem Stethoskop konnte der Arzt gleichsam eine Autopsie am lebenden Patienten vornehmen.

Doch darf man nicht glauben, Ärzte und Patienten seien über dieses Instrument einhellig begeistert gewesen. Die Patienten erschraken oft beim Anblick des Stethoskops, weil sie es für das Anzeichen eines unmittelbar bevorstehenden chirurgischen Eingriffs hielten, denn Instrumente benutzten damals nur Chirurgen, nicht aber gewöhnliche Ärzte. Die Mediziner selbst hatten mehrere, teils belanglose, teils bedeutsame Einwände. Zu den belanglosen gehörte der Hinweis, daß es umständlich sei, das Stethoskop mit sich herumzutragen, ein Problem, das manche Ärzte lösten, indem sie es schräg in ihren Zylinder klemmten. Auch dies führte gelegentlich zu peinlichen Situationen – so wurde ein Medizinstudent in Edinburgh beschuldigt, eine gefährliche Waffe bei sich zu führen, als ihm während einer Schneeballschlacht sein Stethoskop aus dem Hut fiel. Weniger belanglos war der Einwand mancher Ärzte, sie würden, wenn sie ein solches Instrument benutzten, fälschlich für Chirurgen gehalten, die damals als bloße Handwerker galten. Es bestand in jener Zeit ein unübersehbarer Unterschied zwischen Arzt und Chirurg, und jeder Vergleich fiel ganz und gar zugunsten der Ärzte aus, die aufgrund ihres Intellekts, ihres Wissens und ihrer Einsicht hohe Bewunderung genossen. Da verwundert es nicht, daß auch Oliver Wendell Holmes, der als Professor der Anatomie in Harvard lehrte und die Aggressivität innerhalb der Medizin stets mit Skepsis beobachtete, auf seine Weise Einwände gegen den Übereifer beim Gebrauch des Stethoskops erhob, nämlich mit einer komischen Ballade unter dem Titel »The Stethoscope Song«, in der ein Arzt mehrere falsche Diagnosen stellt, weil sich in seinem Stethoskop Insekten eingenistet haben.

Aber die Ärzte machten auch einen ernsthaften Einwand, einen Einwand, der im Laufe der technologischen Entwicklung auf dem Gebiet der Medizin immer wieder auftauchen sollte, nämlich daß die Einschaltung eines Instruments zwischen Patient und Arzt die gesamte medizinische Praxis verändern werde; die traditionellen Methoden, Patienten zu befragen, ihre Auskünfte ernst zu nehmen und die äußeren Symptome genau zu beobachten, würden zusehends an Bedeutung verlieren. Den Ärzten würde die Fähigkeit, sorgfältige Untersuchungen vorzunehmen, abhanden kommen, und sie würden sich immer mehr auf Apparate statt auf die Erfahrung und die eigene Einsicht stützen. In seinem gründlichen Buch *Medicine and the Reign of Technology* vergleicht Stanley Joel Reiser die Auswirkungen des Stethoskops mit den Auswirkungen der Druckpresse auf die westliche Kultur. Das gedruckte Buch, so erklärt er, trug zur Herausbildung des distanzierten, objektiven Denkers bei. In ähnlicher Weise trug das Stethoskop

»zur Herausbildung des objektiven Arztes [bei], der sich nicht mehr auf die Erfahrungen und Empfindungen des Patienten einzulassen brauchte, der vielmehr eine distanziertere Haltung einnehmen konnte – nicht sosehr gegenüber dem Patienten als vielmehr gegenüber den Geräuschen aus dem Inneren von dessen Körper. Ohne sich von den Motiven und Ansichten des Patienten ablenken zu lassen, konnte der Auskultator eine Diagnose aufgrund von Geräuschen stellen, die aus den Organen der Körpers allein an sein Ohr drangen und die er für objektive, unverzerrte Abbilder der Krankheit hielt.«[8]

In dieser Passage kommen zwei zentrale Ideen zum Vorschein, die das Stethoskop propagierte: Die Medizin hat es mit der Krankheit zu tun, nicht mit dem Patienten. Und dem, was der Patient weiß, ist nicht zu trauen; verläßlich ist, was die Maschine weiß.

Das Stethoskop, für sich genommen, hätte solche Ideen nicht durchsetzen können, jedenfalls nicht gegen den Widerstand von Ärzten auch in Amerika, die sich aufgrund ihrer Ausbildung und der engen Beziehung zu ihren Patienten gegen die Einschaltung mechanischer Hilfsmittel wandten. Aber mit jedem Instrument, durch das das Handwerkszeug des Doktors erweitert wurde, gewannen diese Ideen an Nachdruck. Dazu gehörten das Ophthalmoskop bzw. der Augenspiegel (1850 von Hermann von Helmholtz erfunden), der es dem Arzt erlaubte, in das Auge des Patienten zu sehen; das Laryngoskop bzw. der Kehlkopfspiegel (1857 von Johann Czermak, einem polnischen Professor der Physiologie, entwickelt), der es gestattete, den Kehlkopf und andere Teile der Kehle und das Innere der Nase in Augenschein zu nehmen; und natürlich die Röntgenstrahlen (1895 von Wilhelm Röntgen entdeckt), die die meisten organischen Substanzen, nicht aber Knochen durchdrangen. »Wenn man die Hand vor den Leuchtschirm hält«, so schrieb Röntgen, »zeigt der Schatten die Knochen dunkel, während die Umrisse der umliegenden Gewebe nur schwach zu erkennen sind.« Es gelang Röntgen, diese Wirkung auf Photoplatten festzuhalten und auf diese Weise die erste Röntgenaufnahme von einem Menschen zu machen, von der Hand seiner Frau.
Um die Jahrhundertwende war die Entwicklung längst in vollem Gange, in deren Verlauf die Medizin immer mehr und zuletzt fast ausschließlich auf die Technologie setzte, vor allem seit der Entstehung diagnostischer Laboratorien sowie der Entdeckung und Anwendung von Antibiotika in den vierziger Jahren dieses Jahrhunderts. Die medizinische Praxis war in eine neue Phase eingetreten. Die erste war durch die direkte Kommunikation mit den Erfahrungen des Patienten gekennzeichnet gewesen, ausgehend von den Aussagen dieses Patienten und von den Fragen und Beobachtungen des Arztes. Die zweite Phase war durch die direkte Kommunikation mit dem Körper des Patienten durch Untersuchung mittels ausgewählter Technologien gekennzeichnet gewesen. Die dritte Phase, in der wir uns heute befinden, ist gekennzeichnet durch indirekte Kommunikation mit den Erfahrungen und dem Körper des Patienten mittels technischer Apparaturen. In dieser Phase erleben wir, daß Spezialisten – zum Beispiel Pathologen und Radiologen – in Erscheinung treten, die

die Bedeutung technischer Informationen interpretieren und dabei nicht mehr mit dem Patienten, sondern nur noch mit Gewebeproben und Photographien in Berührung kommen. Man darf wohl annehmen, daß die Ärzte im Zuge dieser Entwicklung immer mehr von den Fähigkeiten und Einsichten verloren haben, die auf den früheren Stufen für sie maßgeblich waren. Reiser faßt zusammen, was das bedeutet:

»Ohne zu bemerken, was da vor sich ging, hat der Arzt während der letzten beiden Jahrhunderte seine unbefriedigende Bindung an das subjektive Zeugnis, an das, was der Patient sagt, schrittweise aufgegeben – nur um sich statt dessen an das technologische Zeugnis zu binden, an das, was die Maschine sagt. Auf diese Weise hat er nur eine beschränkte Sicht der Krankheit durch eine andere vertauscht. Wenn sich der Arzt in verstärktem Maß der Diagnosetechnologie bedient, nimmt er den Patienten zusehends indirekter durch einen Filter von Maschinen und Spezialisten wahr; außerdem gibt er die Kontrolle über den Diagnoseprozeß immer mehr aus der Hand. Diese Umstände entfremden ihn in zunehmendem Maße seinem Patienten und der eigenen Urteilskraft.«[9]

Es gibt noch einen weiteren Grund dafür, daß sich der Arzt von heute seinem eigenen Urteil immer mehr entfremdet. Um es mit den Worten eines Doktors zu formulieren, der seine Fähigkeit, Patienten zu untersuchen und ihre Fallgeschichte zu bewerten, noch nicht verloren hat: »Jeder, der heute Kopfschmerzen hat, will und erwartet eine Computertomographie seines Gehirns.« Sechs von zehn Tomographien, die er anordne, so fuhr dieser Mann fort, seien im Hinblick auf das klinische Material und auf das, was die Patienten über ihr Erleben und ihre Empfindungen berichten, unnötig. Warum werden sie dann durchgeführt? Zum Schutz vor späteren Klagen wegen Behandlungsfehlern. Mit anderen Worten: so wie die medizinische Praxis haben inzwischen auch die Patienten den Schritt in jene Phase getan, in der sich alle Welt nur noch auf technologisch erzeugte Informationen verlassen will. Kurzum, wenn ein Arzt nicht sämtliche verfügbaren technologischen Mittel, Arzneimittel inbegriffen, anwendet, um seinem Patienten Linderung zu verschaffen, setzt er sich dem Vorwurf aus, er sei unfähig. Die Situation wird zusätzlich verschärft, weil heute die persönliche Beziehung zwischen Arzt und

Patient, anders als vor hundert Jahren, so verkümmert ist, daß weder der nähere Umgang mit dem Arzt noch eine Art von Mitgefühl den Patienten davon abhalten, gegebenenfalls gerichtliche Schritte zu unternehmen. Überdies werden die Ärzte von den Krankenkassen nach Maßgabe dessen, was sie tun, vergütet, und nicht nach Maßgabe der Zeit, die sie für ihre Patienten aufwenden. Nicht-technologische Medizin ist aber zeitaufwendig. Es ist profitabler, bei einem Patienten mit Kopfschmerzen eine Computertomographie durchzuführen, als viel Zeit dafür zu opfern, ihn über sein Befinden und seine Empfindungen zu befragen.

Dies alles besagt, daß es selbst eine behutsam und selektiv eingesetzte technologische Medizin immer schwerer hat – sie ist ökonomisch unerwünscht und kann für die Laufbahn eines Arztes katastrophale Folgen haben. Die Kultur selbst – ihre Gerichte, ihre Bürokratien, ihr Versicherungssystem, die Ärzteausbildung, die Erwartungen der Patienten – hat sich so orientiert, daß sie technologische Therapieformen unterstützt. Es gibt nicht mehr mehrere Methoden zur Therapie einer Krankheit, es gibt nur noch eine – die technologische. Ärztliche Kompetenz wird heutzutage definiert durch die Menge und die Vielfalt der Apparate, die gegen die Krankheit aufgeboten werden.

Drei miteinander verknüpfte Faktoren waren, wie schon gesagt, an der Entstehung dieser Situation beteiligt. Der amerikanische Charakter tendierte zu einem aggressiven Vorgehen und war gerne bereit, die medizinische Technologie gutzuheißen; die von Erfinderdrang und Fortschrittsdenken erfüllten Technokratien des 19. Jahrhunderts machten eine ganze Reihe bemerkenswerter, ans Wunderbare grenzender Erfindungen; die gesamte Kultur erlebte eine Neuorientierung und sorgte auf diese Weise dafür, daß die technologische Aggressivität zur Grundlage der medizinischen Praxis wurde. Die Ideen, die sich mit der Vorherrschaft der Technologie durchsetzten, lassen sich folgendermaßen zusammenfassen: die Natur ist ein unversöhnlicher Feind, der nur mit technischen Mitteln bezwungen werden kann; die Probleme, die durch solche technologischen Lösungen hervorgerufen werden (Ärzte sprechen hier von »Nebenwirkungen«), lassen sich nur durch die Anwendung von noch mehr Technologie lösen (wir alle kennen den Witz über das aufregende neue

Medikament, das zwar nichts heilt, aber ein paar sehr interessante Nebenwirkungen hat); die medizinische Praxis muß sich auf die Krankheit und nicht auf den Patienten konzentrieren (weshalb man auch sagen kann: Operation erfolgreich, Patient tot); und Informationen, die vom Patienten stammen, dürfen nicht so ernst genommen werden wie Informationen, die von einer Maschine stammen, woraus wiederum folgt, daß das Urteil, zu dem ein Arzt aufgrund von Einsicht und Erfahrung gelangen mag, weniger gilt als die Berechnungen, die seine Apparate anstellen.

Führen diese Ideen zu einer besseren Medizin? In mancher Hinsicht, ja; in anderer Hinsicht, nein. Die Antwort wird eher »Ja« lauten, wenn man sich vergegenwärtigt, wie Ärzte mit Hilfe von Laserstrahlen den »grauen Star« rasch, sicher und schmerzlos beseitigen; oder wie sie eine Gallenblase entfernen, unterstützt von einer kleinen Fernsehkamera (einem Laparoskop), die durch eine kleine Punktur in die Bauchhöhle eingeführt wird und mit der dann die durch eine zweite Punktur eingeführten Instrumente des Chirurgen zu dem krankhaften Organ vordringen, so daß man die Bauchdecke nicht zu öffnen braucht. Wer hingegen die oben gestellte Frage eher mit »Nein« beantwortet, wird weiter fragen, nämlich danach, wie viele mit Hilfe des Laparoskops durchgeführte Cholezystektomien nur deshalb stattfinden, weil es diese Technologie gibt. Und dies ist ein entscheidender Punkt.

Betrachten wir das Beispiel des Kaiserschnitts. Ungefähr einer von vier Amerikanern kommt heute durch eine Kaiserschnittgeburt zur Welt. Aufgrund der modernen Technologie können amerikanische Ärzte Babys entbinden, die früher gestorben wären. So schreibt Laurence Horowitz in seinem Buch *Taking Charge of Your Medical Fate*: »[...] das eigentliche Ziel des Kaiserschnitts besteht darin, die Chancen für gefährdete Babys zu erhöhen, und dieses Ziel ist erreicht.«[10] Aber der Kaiserschnitt ist ein chirurgischer Eingriff, und wenn er routinemäßig ausgeführt und als normale Option angeboten wird, ergeben sich daraus erhebliche unnötige Gefahren; das Risiko, zu sterben, ist bei einer Kaiserschnittentbindung zwei- bis viermal größer als bei einer gewöhnlichen vaginalen Entbindung. Mit anderen Worten, der Kaiserschnitt kann das Leben gefährdeter Babys retten und tut dies auch, aber wenn er aus anderen Gründen angewendet wird – zum Beispiel, weil er für Ärzte oder Mütter in mancher Hinsicht bequemer ist –, dann wird er zu einer unnötigen Bedrohung von Gesundheit und Leben.

Ein anderes Beispiel: die Endarteriektomie ist ein chirurgisches Verfahren, mit dem verschlossene Arterien ausgeräumt werden, um die Wahrscheinlichkeit eines Schlaganfalls zu verringern. Im Jahre 1987 wurde diese Operation an mehr als hunderttausend Amerikanern vorgenommen. Inzwischen ist nachgewiesen, daß die mit diesem Eingriff verbundenen Risiken genauso groß sind wie das Risiko, einen Schlaganfall zu erleiden. Noch einmal Horowitz: »Mit anderen Worten, für bestimmte Kategorien von Patienten gilt, daß diese Operation mehr Menschen tötet als rettet.«[11] Und noch ein Beispiel: etwa 78000 Menschen bekommen jährlich Krebs infolge von medizinischer oder zahnmedizinischer Röntgenbestrahlung. Man schätzt, daß Röntgenstrahlung innerhalb einer Generation etwa 2,34 Millionen Krebsfälle hervorruft.[12]

Es ist leider sehr leicht, derartige Beispiele aneinanderzureihen. Aber aus Gründen der Fairneß sollte die Frage nach dem Wert der Technologie für die Medizin eher folgendermaßen formuliert werden: Wäre die amerikanische Medizin besser, wenn sie sich nicht so vorbehaltlos auf die Imperative der Technologie einließe? Dies kann mit einem klaren Ja beantwortet werden. Wir wissen zum Beispiel aus einer Studie der Harvard Medical School für das Jahr 1984 (eine Anspielung auf Orwell war nicht beabsichtigt), daß es in diesem Zeitraum allein im Bundesstaat New York 36000 Fälle von ärztlicher Fahrlässigkeit gegeben hat, darunter 7000 Todesfälle. Die Studie nennt zwar keine Zahlen für die verschiedenen Arten von Fahrlässigkeit, aber sie erwähnt Fälle, in denen Ärzte Penicillin verschrieben, ohne die Patienten befragt zu haben, ob sie gegen dieses Mittel allergisch sind. Man kann vermuten, daß nicht nur das leichtsinnige Verschreiben von Medikamenten oder die Ahnungslosigkeit der Ärzte im Hinblick auf die Fallgeschichten ihrer Patienten, sondern auch unnötige chirurgische Eingriffe zu der hohen Zahl von Todesfällen beigetragen haben. Mit anderen Worten, iatrogene (d. h. durch Behandlung hervorgerufene) Schäden sind für die Ärzte heutzutage ein Anlaß zu großer Besorgnis und für die Patienten erst recht.

114

Die Ärzte selbst fühlen sich in ihrem Handlungsspielraum beengt und durch die Forderung, die gesamte verfügbare Technologie einzusetzen, bevormundet. Und die Patienten ängstigen sich zu Recht, wenn sie hören, daß wahrscheinlich 40 Prozent aller in Amerika ausgeführten Operationen unnötig sind. In seinem Buch *Health Shock* zitiert Martin Weitz Berechnungen von John McKinlay, denen zufolge in den USA durch chirurgische Operationen jährlich mehr Todesfälle verursacht werden, als in jedem Jahr des Korea- und des Vietnam-Krieges zu beklagen waren. Schon 1974 kam eine Untersuchung des Senats zu dem Ergebnis, daß amerikanische Ärzte 2,4 Millionen unnötige Operationen vorgenommen hatten, wobei sie 11 900 Todesfälle und Kosten von 3,9 Milliarden Dollar verursachten.[13] Wir wissen auch, daß die Vereinigten Staaten, was die Überlebenschancen von Säuglingen angeht, trotz ihrer hochentwickelten Technologie (und wahrscheinlich wegen ihr) nur an vierzehnter Stelle in der Welt stehen, und es ist nicht übertrieben, wenn die amerikanischen Krankenhäuser allgemein zu den lebensgefährlichsten Orten im ganzen Land gezählt werden. Wo immer Ärzte in den Streik getreten sind, dort ist die Sterberate nachweislich zurückgegangen.

Es gibt sicher nur sehr wenige Ärzte, die damit zufrieden sind, daß sich die medizinische Praxis der Technologie in diesem Maße ausgeliefert hat. Und es gibt viel zu viele Patienten, die zu Opfern dieser Situation geworden sind. Welche Schlüsse können wir daraus ziehen? Erstens: die Technologie ist kein neutraler Bestandteil der medizinischen Praxis; die Ärzte benutzen die Technologie nicht einfach, sie werden von ihr benutzt. Zweitens: die Technologie bringt ihre eigenen Imperative hervor und damit zugleich ein weitverzweigtes soziales System, das diese Imperative verstärkt. Und drittens: die Technologie verändert die medizinische Praxis, indem sie neu definiert, was die Ärzte sind und was sie tun, indem sie ihrer Aufmerksamkeit eine neue Richtung gibt und indem sie neu bestimmt, wie die Ärzte die Patienten und die Krankheit wahrnehmen.

Ähnlich wie gewisse Krankheiten traten auch die aus der Vorherrschaft der Technologie resultierenden Probleme erst allmählich zutage und waren anfangs kaum erkennbar. In dem Maße wie die Technologie heranwuchs, wuchs auch der Einfluß der

Arzneimittelfirmen und der Hersteller von medizinischen Instrumenten. In dem Maße wie sich die Ausbildung der Ärzte veränderte, veränderten sich auch die Erwartungen der Patienten. In dem Maße wie sich die Zahl der chirurgischen Eingriffe vervielfachte, nahm auch die Zahl der Diagnosen zu, die diesen Eingriffen den Anschein der Notwendigkeit gaben. Bei alledem gab man der Frage, was im Zuge dieser Entwicklungen verlorenging, keine Priorität, sofern man sie überhaupt stellte. Für den Zeitgeist rangierte sie irgendwo zwischen Mäkelei und Irrelevanz. Unter dem heranwachsenden Technopol gibt es weder die Zeit noch die Neigung, über die Kosten der Technologie zu sprechen.

7. Die Maschinen-Ideologie: Computertechnologie

Daß sich das amerikanische Technopol den Computer nun auf die gleiche hastige, gedankenlose Art einverleibt hat, wie es sich die medizinische Technologie aneignete, ist unbestreitbar. Es war vielleicht unvermeidlich und ist jedenfalls höchst bedauerlich. Ich will damit nicht sagen, der Computer sei wie ein Verhängnis über die Welt unserer Symbole gekommen, sondern nur, daß er, ähnlich der medizinischen Technologie, auf eine Art und Weise Macht gewonnen hat und bestimmend für unser Denken geworden ist, wie eine wachsame Kultur dies vielleicht nicht zugelassen hätte. Deshalb lohnt es sich, genauer zu untersuchen, welche Ideen der Computertechnologie innewohnen. Auch andere haben dies natürlich schon getan, vor allem Joseph Weizenbaum in seinem großartigen, unentbehrlichen Buch *Die Macht der Computer und die Ohnmacht der Vernunft*. Weizenbaum stieß jedoch, wie alle anderen Autoren, auf einige Schwierigkeiten, die sich aus der »Universalität« der Computer ergeben, daraus, daß (a) ihre Anwendungsmöglichkeiten unendlich vielfältig sind und daß (b) Computer meist in die Struktur anderer Maschinen integriert sind. Deshalb ist es schwierig, jene Ideen zu isolieren, die speziell von der Computertechnologie propagiert werden. Der Computer ist etwas ganz anderes als zum Beispiel das Stethoskop, dem in einem begrenzten Kontext eine begrenzte Funktion zukommt. Wenn man von den Safeknackern einmal absieht, die angeblich Stethoskope benutzen, um zu hören, wie die Zuhaltungen der Schlösser einrasten, werden Stethoskope nur von Ärzten verwendet. Aber jeder benutzt

Computer oder wird von ihnen benutzt, und zwar zu Zwecken, die anscheinend grenzenlos sind.

Über die allgemein bekannten Funktionen wie elektronische Dokumentenablage, Erstellung von Tabellen und Textverarbeitung hinaus läßt sich eine faszinierende Liste innovativer und geradezu bizarrer Anwendungen für den Computer formulieren. Vor mir liegt ein Artikel der *New York Times*, aus dem hervorgeht, wie der Computer die Architekten von Schwimmbädern in die Lage versetzt, gigantische, achterbahnähnliche Wasserrutschbahnen zu entwerfen und künstliche Wellen von 2,50 Meter Höhe zu erzeugen.[1] In meiner bescheidenen Sammlung habe ich einen anderen Artikel über die Verwendung des Personal Computers zur Erstellung von Schautafeln für Konferenzen von Unternehmensleitungen.[2] In einem dritten wird dargelegt, wie Computergraphiken den Geschworenen vor Gericht dabei helfen, sich besser an Zeugenaussagen zu erinnern. Gregory Mazares, der Präsident der Graphik-Abteilung von »Litigation Sciences«, wird mit folgendem Satz zitiert: »Wir sind eine eingeschaltete, angeschlossene, visuell orientierte Gesellschaft, und die Geschworenen glauben in der Regel das, was sie sehen. Diese Technologie hält die Aufmerksamkeit der Geschworenen wach, indem sie das Material vereinfacht und ihnen die Information in kleinen Schüben zukommen läßt.«[3] Während Mr. Mazares eingeschalteten Leuten hilft, sich an irgend etwas zu erinnern, hilft Morton David von der Firma Franklin Computer ihnen, jedes Wort in der Bibel blitzschnell mit Hilfe elektronischer Bibeln aufzufinden. (Das Wort »Blitz/*lightning*« kommt in der »New International Version« der Bibel übrigens zweiundvierzigmal vor, in der »King James Version« hingegen nur achtmal. Wenn Sie Lust dazu haben, können Sie dergleichen auch selbst in wenigen Sekunden herausfinden.) Diese Errungenschaft beherrscht die Phantasie von Mr. David so sehr, daß er erklärt: »Unsere Technologie hat möglicherweise einen ebenso tiefgreifenden Wandel bewirkt wie Gutenbergs Erfindung des Drucks mit beweglichen Lettern.«[4] Und dann gibt es da noch einen Artikel, der beschreibt, wie Computer eingesetzt werden, um Investitionsentscheidungen zu treffen, indem sie Ablaufszenarien entwerfen – mit welcher Genauigkeit, das erfahren wir allerdings nicht.[5] In der *Technological Review* lesen wir, wie

Computer der Polizei helfen, die Adressen von Leuten festzustellen, die in einer Notsituation anrufen; demnächst, so wird dort prophezeit, stünde der Polizei sofort so viel Information über jeden möglichen Anrufer zur Verfügung, daß sie sofort einschätzen könne, wie ernst ein Hilferuf zu nehmen sei.

Man könnte sich fragen, ob Charles Babbage dergleichen im Sinne hatte, als er 1822 (nur sechs Jahre nach dem Erscheinen von Laënnecs Stethoskop) verkündete, er habe eine Maschine erfunden, die einfache arithmetische Berechnungen ausführen könne. Vielleicht ja – denn er hat diese erste Erfindung nie vollendet, sondern begann schon bald, an einer anspruchsvolleren Maschine zu arbeiten, die komplexere Aufgaben bewältigen sollte. Auch diesen Plan ließ er fallen und wandte sich 1833 vom Bau von Rechenmaschinen ab und beschäftigte sich von nun an mit Plänen für eine programmierbare Maschine, die zum Vorläufer des modernen Computers wurde. Seine erste Maschine dieser Art, die er typischerweise nie vollendete, sollte durch Lochkarten gesteuert werden, wie sie die französischen Weber zur Steuerung ihrer mechanischen Webstühle verwendeten.

Während der nächsten siebenunddreißig Jahre arbeitete Babbage an der Verbesserung seiner programmierbaren Maschine, und jeder Entwurf fiel komplexer aus als der vorangegangene.[6] An einem bestimmten Punkt wurde ihm klar, daß ihm die Mechanisierung numerischer Operationen auch ein Mittel für den Umgang mit nicht-numerischen Symbolen an die Hand gab. Ohne Übertreibung kann man sagen, daß Babbages Erkenntnis mit der Entdeckung des Prinzips der Alphabetschrift durch die Griechen im 3. Jahrhundert v. Chr. vergleichbar ist – die Erkenntnis nämlich, daß sich die Symbole des Alphabets von ihrer phonetischen Funktion trennen und als ein System zur Klassifikation, Speicherung und zum Abrufen von Information nutzen lassen. Mit dieser Erkenntnis gerüstet, konnte Babbage jedenfalls darüber spekulieren, ob es möglich sei, eine Maschine zur »intelligenten« Informationsverarbeitung zu konstruieren, obwohl die technischen Mittel seiner Zeit für die Verwirklichung dieser Idee noch nicht ausreichten. Der Computer, wie wir ihn heute kennen, mußte warten, bis eine Reihe anderer Erfindungen und Entdeckungen gemacht waren, darunter der Telegraph, das Telephon und die Anwendung der Booleschen Algebra auf

Relaisschaltungen, die dann zu Claude Shannons Erfindung des digitalen Schaltkreises führten. Wenn wir heute das Wort »Rechner« oder »Computer« ohne nähere Bestimmung gebrauchen, dann bezeichnen wir damit irgendeine Spielart der von John Neumann in den vierziger Jahren dieses Jahrhunderts erfundenen Maschine. Vorher bezeichnete das Wort »Computer« bzw. »Rechner« eine Person, die irgendwelche mechanischen Berechnungen ausführte. Aber wie die Rechentätigkeit selbst ging auch das Wort vom Menschen auf die Maschine über, vor allem weil sich Neumanns Maschine als außerordentlich stark erwies.

Nach der Erfindung des digitalen Computers war klar, daß der Computer Funktionen erfüllen konnte, die man in mancher Hinsicht als »intelligent« beschreiben konnte. 1936 zeigte der große englische Mathematiker Alan Turing, daß es möglich sei, eine Maschine zu bauen, die sich im Hinblick auf viele praktische Zielsetzungen so verhält wie ein Mensch, der damit beschäftigt ist, Probleme zu lösen. Turing wollte eine Maschine dann als »intelligent« bezeichnen, wenn sie durch eingetastete Botschaften mit einem menschlichen Wesen Gedanken austauschen könne, d. h. wenn sie die Rolle eines Gesprächspartners übernehmen könne. In der Frühzeit des »Artificial Intelligence Laboratory« am Massachusetts Institute of Technology schrieb Joseph Weizenbaum ein Programm namens »Eliza«, das demonstrierte, wie leicht es war, Turings Intelligenztest zu bestehen. Wenn man »Eliza« eine Frage stellte, in der ein Substantiv vorkam, konnte das Programm darauf mit der Äußerung reagieren »Warum interessieren Sie sich für«, gefolgt von dem Substantiv und einem Fragezeichen. Das heißt, es konnte die Wortstellung von Aussagen verändern und dann nach mehr Informationen über eines der in der Aussage enthaltenen Substantive fragen. »Eliza« agierte also wie ein an Rogers orientierter Psychologe oder jedenfalls wie ein freundlicher und nicht sonderlich kostspieliger Psychotherapeut. Manche Leute, die »Eliza« benutzten, wollten nicht wahrhaben, daß sie sich mit einer Maschine unterhielten. Nachdem Weizenbaum faktisch eine Turing-Maschine geschaffen hatte, nahm er sein Programm aus dem Netzwerk wieder heraus und schrieb sein Buch *Die Macht der Computer und die Ohnmacht der Vernunft*, in dem er verschiedene Fragen aufwarf, unter anderem nach den Forschungsprogrammen derer, die auf dem Gebiet der Künstlichen Intelligenz arbeiten; nach der stillschweigend gemachten Annahme, daß der Computer alles, was er tun kann, auch tun soll, und nach den Auswirkungen der Computertechnologie auf die Art und Weise, wie die Menschen sich ein Bild von der Welt herstellen – also nach der Ideologie des Computers, der ich mich nun zuwenden möchte.

Die umfassendste Idee, die der Computer vermittelt, klingt in dem Titel eines Buches von J. David Bolter an – *Turing's Man* – »der Turing-Mensch«. Dieser Titel ist natürlich ein Gleichnis, so als würden wir sagen, wir seien seit dem 16. Jahrhundert und bis vor kurzer Zeit »Gutenberg-Menschen« gewesen. Obwohl sich Bolter für den Computer vor allem in seiner Funktion als einer neuen Art von Buch interessiert, erklärt er, der Computer sei zugleich das beherrschende Sinnbild unserer Zeit; der Computer definiere unser Zeitalter, indem er die Umrisse eines neuen Verhältnisses zur Information, zur Arbeit, zur Macht und zur Natur erkennbar mache. Dieses neue Verhältnis sei vor allem dadurch geprägt, daß der Computer die Menschen als »Prozessoren zur Verarbeitung von Information« bestimmt und die Natur selbst als jene Information, die es zu verarbeiten gilt. Die wesentliche Botschaft des Computers auf der Ebene der Sinnbilder besagt, daß wir Maschinen sind – immerhin denkende Maschinen, aber dennoch Maschinen. Aus diesem Grund ist der Computer die maßgebliche, unvergleichliche, nahezu perfekte Maschine des Technopols. Er übernimmt die Vorherrschaft über die Ansprüche unserer Natur, unserer Biologie, unserer Emotionen und unserer Spiritualität. Er beansprucht die Souveränität über das ganze Spektrum menschlicher Erfahrung und menschlichen Erlebens und bekräftigt seinen Anspruch, indem er demonstriert, daß er besser »denken« kann als wir. Aus einer fast hysterischen Begeisterung für die künstliche Intelligenz hat Marvin Minsky einmal gesagt, die Denkkraft der »Silikon-Gehirne« sei so phantastisch, daß wir »froh sein können, wenn sie uns als Haustiere behalten«.[7] Noch schwindelerregender, aber auch noch gefährlicher ist eine Bemerkung von John McCarthy, dem Erfinder des Terminus »künstliche Intelligenz«. Er erklärte, selbst »so einfache Maschinen wie Thermostate besitzen, so könnte man sagen, Glaubensüberzeugungen«. Auf die naheliegende Frage des Philosophen John Searle »Was glaubt denn Ihr Thermostat?« entgegnete McCarthy: »Mein Thermostat glaubt dreierlei – es ist zu warm hier, es ist zu kalt hier und: es ist gerade richtig hier.«[8]

Bemerkenswert an dieser Antwort ist, daß sie die Bedeutung des Wortes »Glaubensüberzeugung« neu definiert. Sie weist die Ansicht zurück, Menschen verfügten über innere Gemüts- oder Geisteszustände, die ihrerseits die Grundlage von Glaubensüberzeugungen bilden, und behauptet statt dessen, »Glaubensüberzeugung« bedeute nur das, was irgendein Mensch oder irgendein Ding tut. Die zitierte Bemerkung gibt außerdem zu verstehen, daß es zwischen dem Simulieren einer Idee und dem Kopieren einer Idee keinen wirklichen Unterschied gebe. Und vor allem weist sie die Vorstellung zurück, daß Verstand oder Geist (*mind*) ein biologisches Phänomen ist.

Anders gesagt, wir haben es hier mit einer verrückt gewordenen Metapher zu tun. Von dem Satz, daß Menschen in mancher Hinsicht Maschinen gleichen, gelangen wir zu dem Satz, sie seien kaum etwas anderes als Maschinen, und dann zu der These, Menschen *seien* Maschinen. Und von dort, wie die Bemerkung von McCarthy verdeutlicht, unweigerlich zu der These, Maschinen seien menschliche Wesen. Hieraus folgt, daß man Maschinen herstellen kann, die menschliche Intelligenz kopieren, und deshalb waren die Forschungen auf dem Gebiet der sogenannten »künstlichen Intelligenz« unentbehrlich. Interessant an diesem Gedankengang ist vor allem der ihm innewohnende gefährliche Reduktionismus. Menschliche Intelligenz ist, wie Weizenbaum immer wieder betont, nicht übertragbar. Es ist ganz einfach eine Tatsache, daß Menschen über ein unverwechselbares, biologisch verwurzeltes, immaterielles Verstandesleben verfügen, das in gewissen begrenzten Hinsichten von Maschinen simuliert, niemals jedoch kopiert werden kann. Maschinen können nicht fühlen, und, noch wichtiger, sie können nicht *verstehen*. »Eliza« kann zwar fragen »Warum machen Sie sich Sorgen über Ihre Mutter?«, und es kann durchaus sein, daß ein Therapeut dieselbe Frage stellen würde. Aber die Maschine weiß nicht, was die Frage bedeutet. Sie weiß nicht einmal, *daß* sie etwas bedeutet. (Selbstverständlich kann es auch Therapeuten geben, die nicht wissen, was diese Frage bedeutet, Therapeuten, die diese Frage nur routinemäßig, unaufmerksam, als Teil eines Rituals stellen, und in diesem Fall könnte man sagen, daß sie wie Maschinen agieren.) Nicht die Äußerung, sondern die Bedeutung macht die Unverwechselbarkeit des Verstandes aus. Ich meine hier mit »Bedeutung« mehr als das, was zustande kommt, wenn man verschiedene Symbole zusammenfügt, von deren Denotationen mindestens zwei Personen Kenntnis besitzen. Nach meinem Verständnis umfaßt »Bedeutung« auch jene Komplexe, die wir Gefühle, Erfahrungen und Empfindungen nennen und die nicht unbedingt in Symbole gefaßt sein müssen, sich zuweilen gar nicht in Symbole fassen lassen. Trotzdem »bedeuten« sie. Ohne konkrete Symbole ist der Computer bloß ein Haufen Schrott. Auch wenn die Suche nach einer Maschine, die den menschlichen Verstand kopiert, die Menschen schon seit langer Zeit umtreibt, auch wenn der digitale Schaltkreis dieser Suche eine wissenschaftliche Struktur gegeben hat, so führt die künstliche Intelligenz doch nicht zu einem Bedeutung schaffenden, verstehenden, empfindenden Geschöpf, wie es der Mensch ist, und kann nicht dorthin führen.

Das alles mag vollkommen einleuchtend erscheinen, dennoch ist die Metapher, die die Maschine mit dem Menschen (oder den Menschen mit der Maschine) gleichsetzt, so stark, daß sie sich längst in unserer Alltagssprache festgesetzt hat. Immer wieder hört man Leute sagen, sie würden sich »programmieren« oder ein Programm bei sich »löschen«. Ihr Gehirn bezeichnen sie als ein Stück »Hardware«, bei dem man »Daten abrufen« kann, und die Vorstellung, daß Denken nichts anderes als das Verarbeiten und Dekodieren von Daten sei, ist inzwischen allgemein geläufig.

Ein bestürzendes Beispiel dafür, wie tief unsere Sprache die »Mensch-Maschine«-Metapher in sich aufgenommen hat, bieten die Ereignisse nach dem 4. November 1988, als die Computer in der Umgebung des ARPANET-Netzwerks plötzlich immer träger wurden und schließlich unter einer Masse nicht in das System gehörender Daten verstopften. Das Problem breitete sich ziemlich rasch auf sechstausend Computer in den Vereinigten Staaten und in Übersee aus. Die erste Vermutung lautete, ein fremdes Software-Programm habe sich mit den übrigen Programmen verbunden. Ein solches Programm bezeichnet man mit einer anderen Mensch-Maschine-Metapher als »Virus«. Wie sich herausstellte, handelte es sich bei dem Eindringling um ein selbständiges Programm, das eigens dazu entworfen worden war, Computer unbrauchbar zu machen: um einen sogenannten »Wurm« (*worm*). Dennoch hielt sich der technisch inkorrekte Ausdruck »Virus«, zweifellos wegen seiner Vertrautheit und wegen seiner Beziehung zum menschlichen Leben. Raymond Gozzi, Jr., hat analysiert, wie die Massenmedien über dieses Ereignis berichteten: die Computer, so schrieben die Zeitungen, seien »infiziert«, der Virus sei »virulent« und »ansteckend«, es würden Versuche unternommen, die infizierten Computer unter »Quarantäne« zu stellen und die Netzwerke zu »sterilisieren«; außerdem hofften die Programmierer, ein »Serum« entwickeln zu können, mit dem die Computer gegen neuerliche Angriffe »geimpft« werden könnten.[9]

Diese Sprache zeugt nicht bloß von einem pittoresken Anthropomorphismus. Sie spiegelt auch eine massive Verschiebung in der Wahrnehmung der Beziehung zwischen Computern und Menschen. Wenn Computer krank werden können, dann können sie auch gesund sein. Sobald sie gesund sind, können sie klar denken und Entscheidungen treffen. Der Computer, so ergibt sich hieraus, hat einen Willen, er hegt Absichten und kennt Gründe – mit anderen Worten, die Menschen sind der Verantwortung für die Entscheidungen des Computers enthoben. Infolge einer merkwürdigen grammatischen Alchemie erhält der Satz »Wir benutzen den Computer, um zu rechnen« die Bedeutung »Der Computer rechnet«. Ein Computer, der rechnet, kann sich auch entschließen, falsch zu rechnen oder überhaupt nicht zu rechnen. Und das meinen die Schalterbeamten in der Bank, wenn sie einem sagen, sie wüßten nicht, wieviel Geld man auf seinem Konto habe, weil die Computer »den Dienst quittiert« hätten. Ganz zwanglos ergibt sich hieraus, daß in der Bank niemand verantwortlich ist. Computer machen Fehler, sie werden müde oder krank. Warum deshalb den Leuten Vorwürfe machen? Wir könnten diesen Gedankengang als *agentic shift*, als »Verschiebung der ursächlich wirkenden Kraft«, bezeichnen. Ich übernehme diesen Ausdruck von Stanley Milgram zur Bezeichnung jenes Vorgangs, in dem Menschen die Verantwortung für das Ergebnis einer Handlung von sich auf einen abstrakteren Handlungsträger übertragen.[10] Dann geben wir die Kontrolle auf, und dies bedeutet im Falle des Computers, daß wir ohne große Bedenken unvernünftige oder auch unmenschliche Ziele verfolgen können, weil der Computer sie erreichen kann oder weil wir glauben, daß er sie erreichen kann.

Maschinen der unterschiedlichsten Art können zuweilen menschliche oder, was noch wahrscheinlicher ist, übermenschliche Züge annehmen. Ein besonders absurdes Beispiel, das mir in diesem Zusammenhang einfällt, ist eine Bemerkung, die einer meiner Schüler an einem schwülwarmen Sommertag in einem Seminarraum ohne Klimaanlage machte. Als er erfuhr, daß das Thermometer 37 Grad Celsius anzeigte, erwiderte er: »Kein Wunder, daß es so heiß ist!« Die Natur war hier aus dem Schneider. Bloß die Thermometer hätten aufhören müssen, verrückt zu spielen, dann wäre uns schon wohler. Computer indessen sind noch viel »menschlicher« als Thermometer und als die meisten anderen technischen Apparate. Anders als die meisten Maschinen arbeiten die Computer nicht; sie leiten die Arbeit. Sie sind, wie es Norbert Wiener formulierte, eine »Kommando- und Kontrolltechnologie«, und ihr Wert ist gering, wenn nichts da ist, was sie kontrollieren können. Aus diesem Grund sind sie für Bürokratien überaus wichtig.

Selbstverständlich kann man erwarten, daß sich Bürokraten eine Technologie gern zu eigen machen, die die Illusion hervorruft, Entscheidungen unterlägen nicht ihrer, der Bürokraten, Kontrolle. Weil der Computer den Anschein von Intelligenz und Unparteilichkeit erweckt, verfügt er über eine fast magische Kraft, die Aufmerksamkeit von den für die bürokratischen Funktionen Verantwortlichen abzulenken und auf sich selbst zu richten, als wäre der Computer die eigentliche Quelle von Autorität. Der Bürokrat, der sich mit einem Computer gewappnet hat, ist der heimliche Gesetzgeber unserer Zeit und zugleich eines ihrer größten Übel. Wir können die Möglichkeit nicht ausschließen, daß Adolf Eichmann für seine Taten nie zur Rechenschaft gezogen worden wäre, wenn er hätte sagen können, daß nicht er, sondern eine Batterie von Computern die Juden auf die Krematorien verteilt habe.

Obwohl (oder vielleicht weil) ich im Laufe meiner akademischen Laufbahn erst spät mit »Verwaltungsaufgaben« zu tun bekam, staune ich immer wieder darüber, wie gehorsam Menschen Erklärungen hinnehmen, die mit den Worten anfangen »Der Computer zeigt...« oder »Der Computer hat entschieden...«. Unter dem Technopol ist dies das Gegenstück zu dem Satz »Es ist Gottes Wille«, und die Wirkung ist im wesentlichen die gleiche. Es wird niemanden überraschen, wenn ich sage, daß ich selten auf diese Art von Humbug zurückgreife. Aber gelegentlich, wenn ich mit dem Rücken zur Wand stehe, gebe auch ich der Versuchung nach. Bis jetzt hat darauf noch niemand erwidert: »Dein Computer kann mir gestohlen bleiben.« Die Wehrlosigkeit, mit der die Leute dem Computer ausgeliefert sind, erinnert an Franz Kafka. In seinem Roman *Der Prozeß* wird Joseph K. ein Verbrechen zur Last gelegt – welcher Art dieses Verbrechen ist und wer es ihm zur Last legt, weiß er nicht. Der Computer macht aus vielen von uns Gestalten wie Joseph K. Oft fungiert er als ein anonymer Ankläger, der nicht offenbart, woher die gegen uns gefällten Urteile stammen, und dem man solche Offenbarungen auch gar nicht abverlangt. Es genügt anscheinend, daß der Computer gesprochen hat. Wer die Daten eingegeben hat und zu welchem Zweck, wem damit gedient ist und welche Überlegungen alledem zugrunde liegen – solche Fragen bleiben ungestellt.

Dies gilt nicht nur in privaten Dingen, sondern auch für öffentliche Entscheidungen. Große Institutionen wie das Pentagon, die Bundesfinanzbehörde oder multinationale Konzerne erklären uns, ihre Entscheidungen beruhten auf Ergebnissen von Computern, und dies genügt meist, um uns zu beruhigen oder vielmehr einzuschläfern. Jedenfalls fühlen wir uns genötigt, auf Klagen oder Vorwürfe zu verzichten. Auch aus diesem Grund hat der Computer zur Stärkung bürokratischer Institutionen beigetragen und Impulse zu einem tiefgreifenden sozialen Wandel geschwächt. »Der Beginn der Computerrevolution und der Anbruch des Computerzeitalters sind oft verkündet worden«, hat Joseph Weizenbaum geschrieben. »Aber wenn der Triumph einer Revolution an der Tiefe der gesellschaftlichen Veränderungen gemessen werden soll, die sie mit sich gebracht hat, dann hat es keine Computerrevolution gegeben.«[11] Indem die Computer die Abläufe innerhalb von politischen, gesellschaftlichen und wirtschaftlichen Institutionen automatisieren, haben sie die Effizienz dieser Institutionen vielleicht erhöht, vielleicht auch nicht – in jedem Fall aber haben sie von der Frage abgelenkt, ob solche Einrichtungen notwendig sind oder nicht und wie sie verbessert werden könnten. Eine Universität, eine politische Partei, eine Religionsgemeinschaft, ein Gerichtsverfahren oder auch die Konferenz einer Firmenleitung werden nicht dadurch besser, daß man die Prozeduren automatisiert. Sie wirken auf diese Weise vielleicht beeindruckender, technischer, autoritativer, aber Mängel in ihren Voraussetzungen, in den ihnen zugrundeliegenden Ideen und Theorien bleiben hiervon unberührt. Mit anderen Worten, die Computertechnologie hat noch nicht jene Kraft erlangt, mit der die Druckpresse radikale und nachhaltig wirksame soziale, politische und religiöse Gedanken hervorbrachte. Wenn die Druckpresse, wie es David Riesman formuliert hat, das »Schießpulver des Geistes« lieferte, dann liefert der Computer, indem er mit Mängeln behafteten Institutionen und Ideen den Anschein von Perfektion verleiht, das Talkumpuder des Geistes.

Ich möchte nicht soweit gehen wie Weizenbaum und behaupten, die Computer seien nur raffinierte Mittel zur Erfüllung unwichtiger Funktionen und die Computerrevolution sei nichts weiter als eine Explosion von Unsinn. Vielleicht muß dieses Urteil in der Zukunft korrigiert werden, denn der Computer ist eine Technologie für tausenderlei Anwendungen – er ist der Proteus unter den Maschinen, wie Seymour Papert gesagt hat. Man denke etwa an den Gebrauch von computererzeugten Bildern in der sogenannten »virtuellen Realität«. Durch Miniaturbildschirme, die an ein Brillengestell montiert werden, kann man die wirkliche Welt völlig ausschalten und sich statt dessen in einer simulierten dreidimensionalen Welt bewegen, deren Bestandteile sich mit jeder Kopfbewegung verwandeln. Daß Timothy Leary ein begeisterter Befürworter der Virtuellen Realität ist, bietet gewiß keine Garantie dafür, daß dieser Apparatur eine konstruktive Zukunft beschieden sein wird. Aber wer weiß? Vielleicht bietet die Virtuelle Realität denen, die mit der wirklichen Wirklichkeit nicht mehr zurechtkommen, eine bessere Therapie als »Eliza«.

Klar ist heute jedenfalls, daß die Computertechnologie die Macht des Technopols vermehrt und die Menschen in dem

Glauben bestärkt hat, technologische Innovation sei gleichbedeutend mit menschlichem Fortschritt. Gelungen ist ihr dies, indem sie verschiedene Vorstellungen propagierte, auf die ich an dieser Stelle kurz eingehen möchte.

Sie hat, wie schon gesagt, die metaphorische Gleichsetzung der Maschinen mit den Menschen und der Menschen mit den Machinen über jedes vernünftige Maß hinausgetrieben. Ich behaupte nicht, daß die Computertechnologie diese Metapher hervorgebracht habe. Man kann ihr auch in der Medizin begegnen: Ärzte und Patienten sind längst zu der Überzeugung gelangt, daß der Mensch wie eine Maschine aus verschiedenen Teilen besteht, die, wenn sie schadhaft sind, durch mechanische Teile ersetzt werden können, die genauso wie die ursprünglichen funktionieren, und zwar ohne daß die anderen Teile der Maschine hierdurch beeinträchtigt oder auch nur beeinflußt würden. Gewiß, bis zu einem gewissen Grade erweist sich diese Annahme als praktikabel, aber da der Mensch in Wirklichkeit keine Maschine, sondern ein biologischer Organismus ist, dessen Organe allesamt miteinander verbunden sind und durch Gemütszustände tief beeinflußt werden, stößt die metaphorische Gleichsetzung des Menschen mit der Maschine auf dem Gebiet der Medizin sehr bald an ernst zu nehmende Grenzen und kann katastrophale Auswirkungen haben. Etwas Ähnliches gilt für die Anwendung der Maschinenmetapher auf Industriearbeiter. Die modernen Industrietechniken beruhen auf der Idee, daß eine Maschine aus isolierbaren und austauschbaren Teilen besteht. Aber indem die Industrie ihre Fabriken so einrichtete, daß auch die Arbeiter darin nurmehr als isolierbare und austauschbare Teile erschienen, hat sie tiefe Entfremdung und Erbitterung hervorgerufen. Darin besteht die Pointe des Films *Moderne Zeiten*, in dem Charlie Chaplin zeigen wollte, welche psychischen Schäden die Metapher erzeugt, wenn man sie zu weit treibt. Aber weil der Computer »denkt« und nicht eigentlich arbeitet, verfügt er über eine unvergleichliche Macht, mechanistische Metaphern in Betrieb zu nehmen, eine Macht, die für das Technopol äußerst wertvoll ist, bei uns allerdings die Überzeugung voraussetzt, daß wir gut daran tun, wie Maschinen zu agieren, und daß wir die Maschinen an wichtigen Punkten getrost als unsere Stellvertreter agieren lassen können. Solche Anschauungen führen dazu, daß das Vertrauen in die menschliche Urteilskraft und die menschliche Subjektivität schwindet. Wir haben der einzigartigen Fähigkeit des Menschen, Dinge in all ihren psychischen, emotionalen und ethischen Dimensionen als Ganzes zu sehen, ihren Wert genommen und durch den Glauben an die Macht technischer Berechnungen ersetzt.

Mit dem, was Computer im allgemeinen leisten, legen sie unverhältnismäßig viel Gewicht auf technische Kommunikationsvorgänge, während sie an inhaltlicher Substanz sehr wenig zu bieten haben. Mit Ausnahme des elektrischen Lichts hat es nie eine Technologie gegeben, die den Aphorismus von Marshall McLuhan »Das Medium ist die Botschaft« besser veranschaulicht hätte als der Computer. Der Computer ist fast nur Prozeß. Es gibt zum Beispiel keine bedeutenden Computerleute, so wie es bedeutende Schriftsteller, Maler oder Musiker gibt. Es gibt »bedeutende Programme« und »bedeutende Programmierer«, aber ihre Bedeutung besteht in dem Scharfsinn, mit dem sie entweder eine menschliche Funktion simulieren oder neue Möglichkeiten für Kalkulation, Geschwindigkeit und Datenmengen eröffnen.[12] Es ist, wenn J. David Bolter recht hat, natürlich möglich, daß sich die Computer in Zukunft zu einer neuen Art von Buch entwickeln und die Tradition der Schreibtechniken erweitern und bereichern.[13] Da der Buchdruck neue Literaturformen hervorbrachte, als er die »Handschrift« ersetzte, ist es möglich, daß das elektronische Schreiben etwas Ähnliches bewirkt. Aber im Augenblick fungiert die Computertechnologie eher als ein neuer Modus der Übermittlung denn als ein neues Mittel substanzieller Kommunikation. Sie bewegt Informationen – in riesigen Mengen, schnell und im Modus von Kalkulationen. Der Computer ermöglicht tatsächlich die Erfüllung von Descartes' Traum einer Mathematisierung der Welt. Computer machen es leicht, Tatsachen in Statistiken zu verwandeln oder Probleme in Gleichungen zu übersetzen. Dies kann durchaus nützlich sein (etwa wenn auf diese Weise Regelmäßigkeiten sichtbar werden, die sonst unbemerkt blieben), aber es wird zur Ablenkung und obendrein zur Gefahr, wenn diese Verfahren kritiklos auf menschliche Angelegenheiten angewendet werden. Das gleiche gilt für die Geschwindigkeit, die der Computer so sehr in den Vordergrund stellt, und vor allem für seine Kapazität, unvergleichliche Mengen von Informationen hervorzubringen und zu speichern. In spezifischen Zusammenhängen ist vielleicht nichts dagegen einzuwenden, daß Kalkül, Tempo und Informationsfülle eine überragende Bedeutung gewinnen. Aber die »Botschaft« der Computertechnologie ist allumfassend und hat etwas Despotisches. Der Computer behauptet, um es klar und einfach auszudrücken, daß die Mehrzahl der ernsten Probleme, mit denen wir es im privaten und im öffentlichen Bereich zu tun haben, technische Lösungen erfordern, die etwas mit dem raschen Zugriff auf ansonsten nicht verfügbare Informationen zu tun haben. Ich behaupte dagegen, daß dies Unsinn ist. Unsere wirklich ernsten Probleme sind nicht technischer Natur, und sie erwachsen auch nicht aus unzureichender Information. Wenn es zu einer Nuklearkatastrophe kommt, dann nicht wegen unzureichender Information. Wenn heute Menschen verhungern, geschieht das nicht wegen unzureichender Information. Wenn Familien zerbrechen, wenn Kinder mißhandelt werden, wenn zunehmende Kriminalität eine Stadt terrorisiert, wenn sich die Erziehung als ohnmächtig erweist, so nicht wegen unzureichender Information. Mathematische Gleichungen, blitzschnelle Kommunikation und riesige Informationsmengen haben mit diesen Problemen nichts zu tun. Und bei ihrer Lösung ist der Computer nutzlos.

Und doch nötigt uns der Computer wegen seiner »Universalität« zum Respekt und sogar zur Verehrung und beansprucht Funktionen auf allen Gebieten menschlichen Handelns. Denen, die es für unsinnig halten, dem Computer diese weitreichende Vollmacht streitig zu machen, fehlt das, was Paul Goodman einmal als »technologische Bescheidenheit« bezeichnet hat – sie besteht darin, daß man eine Vorstellung vom Ganzen hat und zugleich weiß, daß es ratsam ist, nicht mehr zu verlangen und zu erzwingen, als zur Erfüllung einer bestimmten Aufgabe geboten erscheint. Norbert Wiener warnte vor dem Mangel an Bescheidenheit, als er feststellte, wenn Digitalrechner schon vor der Erfindung der Atombombe in Gebrauch gewesen wären, hätte man nachher gewiß behauptet, die Bombe hätte ohne Computer nicht erfunden werden können. Doch sie wurde erfunden. Und es ist wichtig, daß wir uns zuweilen darauf besinnen, wieviel getan werden kann, ohne Computer einzusetzen.

Seymour Papert zum Beispiel wünscht sich, Schüler sollten zu Epistemologen werden, sie sollten kritisch denken und lernen, wie man Wissen und Erkenntnis hervorbringt. In seinem Buch *Kinder, Computer und Neues Lernen* erweckt er den Eindruck, sein unter dem Namen LOGO bekanntgewordenes Computerprogramm mache dies nun möglich. Aber gute Lehrer haben das seit Hunderten von Jahren auch ohne die Hilfe von LOGO zuwege gebracht. Ich behaupte nicht, daß LOGO, von einem geschickten Lehrer richtig eingesetzt, nicht hilfreich sein kann, aber ich zweifle daran, daß es mehr leistet als Papier und Bleistift und das Sprechen selbst, wenn sie von einem geschickten Lehrer richtig eingesetzt werden.

Als die Dallas Cowboys bei den Football-Meisterschaften noch ständig gewannen, führte man ihren Erfolg darauf zurück, daß sie bei der Bewertung und Auswahl ihrer Mannschaftsmitglieder Computer gebrauchten. In den letzten Jahren, seit die Dallas Cowboys nur noch mit Mühe hier und da ein Spiel gewinnen, ist von den Computern nicht mehr die Rede – vielleicht, weil man erkannt hat, daß Computer mit dem Gewinnen von Football-Spielen nichts zu tun haben und nie etwas zu tun hatten. Das gleiche gilt für das Schreiben einer klaren, sparsamen, wohlgesetzten Prosa – ein Vorgang, der mit Textverarbeitung nichts zu tun hat. Auch wenn meine Schüler es nicht glauben wollen – es ist wirklich möglich, ohne Computer gut zu schreiben und mit Computer schlecht.

Technologische Unbescheidenheit ist unter dem Technopol, das zu ihr ermuntert, stets eine akute Gefahr. Das Technopol bestärkt die Menschen auch, nicht darauf zu achten, welche älteren Fertigkeiten beim Erwerb neuer Fertigkeiten womöglich verlorengehen. Man sollte sich immer wieder in Erinnerung rufen, was man alles ohne Computer zu tun vermag und was verlorengehen kann, wenn man sie benutzt.

Vor mir liegt ein Aufsatz von Sir Bernard Lovell, dem Gründer des Jodrell-Bank-Observatoriums in Großbritannien, in dem er behauptet, die Computer hätten die Kreativität in den Naturwissenschaften beeinträchtigt.[14] Nachdem er seiner Bewunderung dafür Ausdruck gegeben hat, mit welcher Leichtigkeit Computerberechnungen faszinierende Einzelheiten über weit entfernte Galaxien vermitteln, äußert Sir Bernard die Sorge, daß die »fak-

tenversessene, auf einen schmalen Horizont beschränkte, compu-
terisierte Forschung in einen Widerspruch zur freien Entfaltung
jener Fähigkeit geraten könnte, die wir als ›Serendipität‹ bezeichnen – des Talents nämlich, interessante Ergebnisse mehr oder
weniger zufällig zu erzielen«. Er nennt dann mehrere Beispiele für
umwälzende, aber serendipitäre Entdeckungen, behauptet, es sei
inzwischen zu einem dramatischen Rückgang solcher Entdeckungen gekommen, und äußert die Sorge, daß Computer als Informa-
tionsfilter zu undurchlässig und deshalb möglicherweise anti-
serendipitär sind. Er ist natürlich nicht »gegen« die Computer,
aber er fragt nach den Kosten, die sie verursachen.

Dr. Clay Forishee, ein Wissenschaftler, der sich bei der amerikanischen Luftfahrtbehörde mit Problemen des menschlichen Lei-
stungsvermögens beschäftigt, stellte eine ganz ähnliche Frage: ob
die automatische Steuerung in der zivilen Luftfahrt den Piloten
die Fähigkeit genommen hat, kreativ zu reagieren, wenn irgend
etwas schiefgeht. Robert Buley, der bei Northwest Airlines für
die Normenkontrolle zuständig ist, geht noch weiter: »Wenn wir
das menschliche Bedienungspersonal der Technologie unterord-
nen, dann verlieren wir Kreativität [in Notsituationen].« Er ist
nicht »gegen« Computer. Er macht sich Sorgen darüber, was wir
verlieren, wenn wir sie benutzen.[15]

Sorgen macht sich auch Ethan Katsch in seinem Buch *The
Electronic Media and the Transformation of Law*. »Die Ersetzung
des gedruckten Wortes durch Computersysteme wird den Juri-
sten einfach als ein Mittel zur Effizienzsteigerung angeprie-
sen.«[16] In Wirklichkeit aber, so fährt er fort, bedrohe die fast
unbegrenzte Kapazität der Computer, Informationen zu speichern und abrufbar zu machen, die Autorität des Präjudiz, und er
fügt hinzu, diese Bedrohung bleibe weithin unbemerkt. »Ein
System von Präzedenzfällen ist unnötig, wenn nur sehr wenige
Fälle verfügbar sind, und es wird funktionsunfähig, wenn es zu
viele sind.« Was bedeutet dies, wenn es auch nur zum Teil
zutreffen sollte? Werden die Anwälte bald nicht mehr in der Lage
sein, die aufschlußreichen Präzedenzfälle zu ermitteln? Werden
die Richter durch ein Übermaß an Präzedenzfällen in ständige
Verwirrung geraten?

Wir wissen, daß Ärzte, die sich ganz auf Apparate verlassen, die
Fähigkeit einbüßen, Diagnosen aufgrund von Beobachtungen zu

stellen. Wir können uns auch fragen, welche anderen menschlichen Fertigkeiten und Traditionen zerfallen, indem wir uns auf die Computerkultur einlassen. Technopolisten machen sich hierüber keine Gedanken. Diejenigen, die es tun, bezeichnet man als Techno-Pessimisten, Schwarzseher und Schlimmeres. Ich glaube, sie sind nur erfüllt von technologischer Bescheidenheit, genauso wie König Thamus.

8. Unsichtbare Technologien

Wenn wir »Ideologie« als einen Komplex von Anschauungen definieren, deren wir uns zwar kaum bewußt sind, die uns aber dennoch bei unseren Bemühungen lenken, der Welt Gestalt und Kohärenz zu geben, dann ist unser stärkstes ideologisches Instrument die Technologie der Sprache selbst. Sprache ist reine Ideologie. Sie lehrt uns nicht nur, welche Namen die Dinge haben, sondern auch – und dies ist noch wichtiger –, welche Dinge überhaupt benannt werden können. Sie teilt die Welt in Subjekte und Objekte. Sie gibt an, welche Ereignisse als Prozesse und welche als Dinge anzusehen sind. Sie belehrt uns über Zeit, Raum und Zahl und formt unsere Vorstellung davon, in welcher Beziehung wir zur Natur und zu anderen Menschen stehen. In der englischen Grammatik zum Beispiel gibt es immer Subjekte, die handeln, Verben, die die Handlungen dieser Subjekte bezeichnen, und Objekte, die »behandelt« werden. Diese Grammatik ist ziemlich aggressiv, und sie macht es denen schwer, die sich mit ihrer Hilfe die Welt als gutartig vorzustellen versuchen. Für uns besteht die Welt notgedrungen aus lauter Dingen, die aneinanderstoßen und einander oft auch attackieren.

Die meisten von uns sind sich natürlich zumeist nicht darüber im klaren, wie die Sprache dies bewerkstelligt. Wir leben innerhalb der Schranken unserer sprachlichen Spielräume und können uns kaum vorstellen, wie sich die Welt für Menschen ausnimmt, die eine andere Sprache sprechen. Wir neigen zu der Annahme, daß jeder die Welt genauso sieht wie wir, ungeachtet aller Unterschiede zwischen verschiedenen Sprachen. Nur gelegentlich wird diese Illusion in Frage gestellt, etwa wenn die Unterschiede zwischen zwei sprachlichen Ideologien für jemanden sichtbar werden, der zwei ihrer Struktur und Geschichte nach sehr verschiedene Sprachen beherrscht. So zitierte die japanische Zeitung *Yomiuri* vor einigen Jahren den Gewinner des Nobelpreises für Medizin von 1987, Susumu Tonegawa, mit der These, die japanische Sprache sei der Klarheit oder dem Verstehen in der naturwissenschaftlichen Forschung nicht förderlich. Von seinem Posten als Professor am Massachusetts Institute of Technology sagte er, an seine Landsleute gewandt: »Wir sollten in Erwägung ziehen, unser Denken auf dem Gebiet der Naturwissenschaften zu verändern, indem wir unsere Überlegungen auf englisch anstellen.« Man beachte, daß er nicht behauptete, die englische Sprache sei besser als die japanische, sondern nur, daß sie für die Zwecke der wissenschaftlichen Forschung besser geeignet sei, und dies bedeutet, daß dem Englischen (und anderen westlichen Sprachen) eine bestimmte ideologische Tendenz innewohnt, die das Japanische nicht besitzt. Wir nennen diese Tendenz den »wissenschaftlichen Blickwinkel«. Wenn Ihnen dieser wissenschaftliche Blickwinkel so selbstverständlich erscheint wie mir, dann deshalb, weil unsere Sprache diesen Anschein erweckt. Das, was wir als »überlegen« bezeichnen, wird durch den Charakter unserer Sprache bestimmt. Überlegungen auf japanisch anstellen ist offenbar nicht das gleiche, wie Überlegungen auf englisch oder italienisch oder deutsch anstellen.

Kurz, wie jede wichtige Apparatur – zum Beispiel das Fernsehgerät oder der Computer – besitzt auch die Sprache eine spezifische ideologische Ausrichtung, die sich unserem Blick meist entzieht. Im Falle der Sprache ist diese Ausrichtung so tief in unsere Persönlichkeit und in unsere Weltsicht integriert, daß es einer besonderen Anstrengung und oft sogar einer besonderen Ausbildung bedarf, sie und ihre Gestalt zu erkennen. Im Unterschied zum Fernsehgerät und zum Computer erscheint uns die Sprache nicht als eine Erweiterung oder Verlängerung unserer Kräfte, sondern als ein natürlicher Ausdruck dessen, was wir sind. Darin besteht das große Geheimnis der Sprache: Weil sie aus unserem Innern kommt, halten wir sie für einen direkten, unbearbeiteten, unverzerrten, unpolitischen Ausdruck dessen, wie die Welt wirklich beschaffen ist. Die Maschine hingegen ist außerhalb von uns, wir haben sie geschaffen, wir können sie verändern und sogar ausrangieren; deshalb ist es leichter, zu erkennen, wie eine Maschine die Welt nach ihrem Bild neu schafft. Aber in vieler Hinsicht funktioniert ein Satz durchaus wie eine Maschine, und dies zeigt sich nirgendwo deutlicher als in jenen Sätzen, die wir Fragen nennen.

Betrachten wir zum Beispiel eine Frage, bei der man die Antwort einsetzen muß:

Thomas Jefferson starb im Jahre ...

Formulieren wir diese Frage nun als eine Multiple-Choice-Frage:

Thomas Jefferson starb im Jahre (a) 1788, (b) 1826, (c) 1926, (d) 1809.

Welche von beiden Fragen ist leichter zu beantworten? Ich nehme an, Sie werden mir zustimmen, wenn ich sage, daß sich die zweite Frage leichter beantworten läßt, es sei denn, Sie kennen zufällig das genaue Todesjahr von Jefferson. In diesem Fall stellt weder die eine noch die andere Frage irgendeine Schwierigkeit dar. Für die meisten von uns, die wir nur eine ungefähre Vorstellung davon haben, wann Jefferson lebte, hat die zweite Frage die Dinge so arrangiert, daß sich unsere Chance, die Antwort zu »wissen«, deutlich erhöht. Studenten sind bei einem Multiple-Choice-Test immer »klüger« als bei einem Test, in dem Fragen ohne Vorgaben beantwortet werden sollen, auch wenn es sich um dasselbe Thema handelt. Eine Frage, und sei sie noch so einfach, ist niemals untendenziös und kann es nicht sein. Ich meine hier nicht den häufig zu hörenden Einwand, ein bestimmter Test sei mit kulturellen Vorurteilen behaftet. Selbstverständlich können Fragen mit kulturellen Vorurteilen behaftet sein. (Warum zum Beispiel fragen wir überhaupt nach Thomas Jefferson und dann auch noch nach seinem Todesjahr?) Ich möchte hier lediglich darauf hinweisen, daß die Struktur jeder Frage ebensowenig neutral ist wie ihr Inhalt. Die Form, in der eine Frage gestellt wird, kann es uns leichter oder schwerer machen. Sie kann sogar, wenn man sie ein wenig umformuliert, widersprüchliche Antworten hervorbringen, wie im Falle der beiden Priester, die sich nicht sicher waren, ob es zulässig sei, gleichzeitig zu rauchen und zu beten, und die deshalb an den Papst schrieben. Der eine Priester stellte die Frage: »Ist es erlaubt, beim Beten zu rauchen?« und bekam die Antwort: Nein, denn dem Gebet solle die ungeteilte Aufmerksamkeit des Betenden gehören. Der andere fragte, ob es erlaubt sei, beim Rauchen zu beten, und erhielt die Antwort: Ja, denn ein Gebet sei immer gut. Die Form einer Frage kann uns sogar daran hindern, Lösungen für Probleme zu erkennen, die sichtbar werden, sobald man die Frage anders formuliert. Betrachten Sie die folgende Anekdote, deren Authentizität zwar fraglich ist, nicht aber, so scheint mir, ihre Pointe.

Vor langer Zeit entstand in einem Dorf im heutigen Litauen ein ungewöhnliches Problem. Eine seltsame Krankheit befiel viele Einwohner des Ortes. Meistens verlief sie tödlich (aber nicht immer), und ihr Ausbruch zeigte sich daran, daß das Opfer in ein dem Tod ähnliches Koma fiel. Da die medizinische Wissenschaft noch nicht so weit fortgeschritten war wie heute, ließ sich, wenn das Begräbnis angebracht schien, nicht eindeutig feststellen, ob das Opfer wirklich tot war. So wuchs bei den Dorfbewohnern die Furcht, mehrere ihrer Anverwandten seien womöglich lebendig begraben worden und ein ähnliches Schicksal erwarte vielleicht auch sie selbst. Die Schwierigkeit bestand darin, diese Unsicherheit aus der Welt zu schaffen.

Eine Gruppe von Leuten schlug vor, die Särge mit einem Vorrat an Wasser und Speisen zu versehen und ein kleines Luftloch in den Deckel zu bohren, für den Fall, daß einer der »Toten« doch noch lebte. Dies war zwar kostspielig, aber es schien die Mühe wert zu sein. Eine zweite Gruppe verfiel auf eine weniger kostspielige, effizientere Idee. Jeder Sarg sollte auf der Innenseite des Deckels, genau in der Höhe des Herzens mit einem fünfundzwanzig Zentimeter langen Pflock ausgestattet werden. Wenn der Sarg dann geschlossen wurde, hörte jegliche Ungewißheit auf.

Die Anekdote erzählt nicht, für welche Lösung man sich schließlich entschied, aber das ist für meinen Zweck auch nicht wichtig. Wichtig ist, daß hier durch unterschiedliche Fragen unterschiedliche Lösungen begünstigt wurden. Die erste Lösung war eine Antwort auf die Frage: Wie können wir sicherstellen, daß wir keinen Menschen begraben, der noch lebt? Die zweite war eine

Antwort auf die Frage: Wie können wir sicherstellen, daß wir nur Menschen begraben, die tot sind?

Fragen gleichen Computern oder Fernsehgeräten oder Stethoskopen oder Lügendetektoren also insofern, als sie Mechanismen sind, die unseren Gedanken eine bestimmte Richtung geben, neue Ideen hervorbringen oder alte in Ehren halten, Tatsachen sichtbar machen oder verbergen. In diesem Kapitel möchte ich einige Mechanismen untersuchen, die wie Maschinen funktionieren, aber normalerweise nicht als Teil der Apparatur des Technopols angesehen werden. Ich muß gerade deshalb auf sie aufmerksam machen, weil sie häufig übersehen werden. Im Hinblick auf ihre praktische Wirkung kann man sie für Technologien halten, für verkappte Technologien vielleicht, aber doch für Technologien.

Von der Sprache selbst einmal abgesehen, gibt es wohl kein anschaulicheres Beispiel für eine Technologie, die nicht wie eine solche aussieht, als das mathematische Zeichen, das unter dem Namen Null bekannt ist.

Die Null gelangte im 10. Jahrhundert von Indien nach Europa. Um das 13. Jahrhundert hatte sie einen festen Platz im abendländischen Bewußtsein eingenommen. (Den Römern und dem antiken Griechenland war sie unbekannt, während die babylonischen Mathematiker der hellenistischen Zeit über analoge Konzepte verfügten.) Ohne die Null wird es schwierig, Berechnungen anzustellen, die sich mit ihr ganz leicht durchführen lassen. Das kann jeder unschwer selbst feststellen, wenn er versucht, MMMMM mit MMDCXXVI zu multiplizieren. Man hat mir übrigens gesagt, daß eine solche Berechnung durchgeführt werden *kann*, aber die Bewältigung dieser Aufgabe ist so mühsam, daß sie kaum wirklich zu Ende gebracht wird, ein Umstand, der der Aufmerksamkeit der mittelalterlichen Mathematiker nicht entging. Es gibt tatsächlich keine Hinweise darauf, daß römische Zahlen je zum Rechnen verwendet wurden oder hierfür gedacht waren. Zum Rechnen benutzten die Mathematiker den Abakus, das Rechengestell, und in der Zeit zwischen dem 10. und dem 13. Jahrhundert kam es zu einer Art Kampf zwischen den Abakisten, die römische Zahlen schrieben und mit dem Abakus rechneten, und den Algoristen, die die indischen Zahlen mitsamt der Null verwendeten. Gegen die Null wandten die Abakisten ein, sie bezeichne das *Nichtvorhandensein* einer Zehnerpotenz, was keine römische Zahl tat und was ihnen philosophisch und vielleicht auch ästhetisch anstößig erschien. Schließlich ist die Null ein Zeichen, das sich überall, wo es erscheint, auf die Werte von Zahlen auswirkt, ohne selbst einen Wert zu haben. Es ist ein Zeichen, das Zeichen betrifft und das sich etymologisch aus dem Italienischen, aus *nulla* (»Nichts«) herleitet, das seinerseits eine Lehnübersetzung des arabischen *sifr* (»Ziffer«) darstellt und auf das indische Wort für »Leere« oder »Nichts« zurückgeht. Den Abakisten erschien es abwegig, mit einem Zeichen für »nichts« umzugehen, und ich fürchte, ich hätte mich damals auf ihre Seite geschlagen.

Ich spreche aus zwei Gründen über die Null: Erstens, um zu unterstreichen, daß es sich bei ihr um eine Art von Technologie handelt, die bestimmte Arten von Gedanken sowohl ermöglicht als auch erleichtert, wie sie ohne diese Technologie einem gewöhnlichen Menschen unzugänglich blieben. Die Null birgt vielleicht nicht gerade eine Ideologie in sich, aber sie enthält eine Idee. Ich habe weiter oben auf die Technologie, Aufsätze von Schülern mit Buchstaben oder Zahlen zu bewerten, und auf die griechische Entdeckung der Technologie der Alphabetschrift hingewiesen: wie der Gebrauch der Null sind auch dies Beispiele für Symbole, die wie Maschinen funktionieren, indem sie neue Denkgewohnheiten und damit auch neue Wirklichkeitsauffassungen generieren. Zweitens ermöglichten die Null und das gesamte indische Zahlensystem, zu dem sie gehörte, eine Weiterentwicklung der Mathematik, die ihrerseits eine der mächtigsten heute gebräuchlichen Technologien hervorbrachte: die Statistik.

Die Statistik eröffnet den Zugang zu neuen Wahrnehmungen und Wirklichkeiten, indem sie weiträumige Muster oder Regelmäßigkeiten sichtbar macht. Ihre Anwendung in der Naturwissenschaft ist so bekannt, daß wir hier nicht darauf einzugehen brauchen. Nur dieses eine sei gesagt: wenn die Welt, wie die Physiker uns versichern, auf der Ebene subatomarer Teilchen aus lauter Wahrscheinlichkeiten besteht, dann bietet die Statistik das einzige Mittel, ihr Funktionieren zu beschreiben. Die sogenannte Unschärferelation behauptet sogar, daß die Physik über das Wesen der Dinge nur statistische Voraussagen machen kann.

Es kann natürlich auch sein, daß die Physiker die Welt als probabilistisch auffassen, *weil* die Statistik erfunden wurde. Aber dieser Frage möchte ich hier nicht nachgehen. Wichtiger erscheint mir eine andere: In welchem Maße hat man die Statistik auf Gebiete vordringen lassen, wo sie nicht hingehört? Das Technopol zeichnet sich dadurch aus, daß es jeder Technologie freie Hand läßt. Insofern könnte man erwarten, daß es auch der Anwendung der Statistik keine Grenzen gezogen hat, und diese Erwartung bestätigt sich.

Den größten Mißbrauch mit der Statistik hat möglicherweise Francis Galton getrieben. Er wurde 1822 geboren und starb 1911, lebte also in einer Hochphase technischer Erfindungen, und man darf ihn wohl einen der Gründerväter des Technopols nennen. Galton ist auch als Begründer der sogenannten »Eugenik« bekannt geworden. Er prägte diesen Begriff und bezeichnete damit eine »Wissenschaft«, die, ausgehend von den Erbanlagen der Eltern, durch genetische Ehe- und Familienplanung auf die Erzeugung bestmöglicher Nachkommen zielte. Galton glaubte, alles lasse sich messen und insbesondere die Verfahren der Statistik seien eine Technologie, die einen Weg eröffne, alle Formen menschlichen Verhaltens zu begreifen. Wenn Sie sich das nächste Mal im Fernsehen eine Schönheitskonkurrenz ansehen, bei der die Frauen in eine numerische Reihenfolge gebracht werden, dann denken Sie an Galton, auf dessen pathologische Liebesaffäre mit den Zahlen diese Spielart von Schwachsinn zurückgeht. Unzufrieden damit, daß sich nicht eindeutig sagen ließ, wo am meisten »Schönheit« zu finden sei, entwarf er eine »Schönheitskarte« der Britischen Inseln. Hierfür klassifizierte er, wie er selbst berichtet, »die Mädchen, die ich auf der Straße oder anderswo sah, als attraktiv, neutral oder abstoßend«. Und dann führte er den statistischen Beweis, daß London die schönsten Mädchen aufwies, Aberdeen hingegen die häßlichsten; deswegen war es Galton gewiß unangenehm, seine Ferien in Schottland zu verbringen. Aber damit nicht genug, er erfand auch eine Methode zur Quantifizierung der Langeweile (durch Abzählen von Zappelbewegungen) und schlug vor, die Effektivität des Betens durch eine statistische Untersuchung zu bestimmen.

Aber vor allem ging es Galton darum, die Erblichkeit von

Intelligenz mit statistischen Mitteln zu beweisen. Zu diesem Zweck richtete er auf der Weltausstellung 1884 ein Laboratorium ein, in dem sich jeder Besucher für drei Pence den Schädel messen lassen konnte und dann eine Beurteilung der eigenen Intelligenz durch Galton erhielt. Anscheinend gab es keine zusätzlichen Punkte, wenn man sein Geld zurückverlangte, obwohl dies ein deutliches Anzeichen von Intelligenz gewesen wäre. Aber auf eine solche Idee ist damals wohl kaum jemand verfallen, denn Galton galt als einer der führenden Köpfe seiner Zeit. Lewis Terman, der mehr als jeder andere für die Verbreitung von Intelligenztests in Amerika verantwortlich war, hat errechnet, daß Galton einen IQ von mehr als 200 hatte. Terman stellte gern solche Schätzungen für Tote an und bewertete die Intelligenz von Charles Darwin (der übrigens ein Vetter von Galton war) mit bloß 135 Punkten, und die des armen Kopernikus setzte er irgendwo zwischen 100 und 110 an.[1]

Eine gründliche Geschichte und Analyse der verhängnisvollen Rolle der Statistik bei der »Messung« von Intelligenz enthält das großartige Buch *Der falsch vermessene Mensch* von Stephen Jay Gould. Ich möchte hier nur kurz auf drei von Gould ausführlich erörterte Gesichtspunkte hinweisen, die wohl jeden, der einen höheren IQ als Kopernikus besitzt, von den Gefahren überzeugen, die der Mißbrauch der Statistik in sich birgt.

Das erste Problem ist die Verdinglichung, die Verwandlung einer abstrakten Idee (zumeist eines Wortes) in ein Ding. In unserem Zusammenhang funktioniert die Verdinglichung folgendermaßen: Mit dem Wort »Intelligenz« bezeichnen wir eine Vielfalt von menschlichen Fähigkeiten, die wir für günstig oder wünschenswert halten. Ein Ding namens »Intelligenz« hingegen gibt es nicht. »Intelligenz« ist ein Wort und obendrein ein Wort auf einer hohen Abstraktionsstufe. Wenn wir sie jedoch für ein Ding halten wie die Bauchspeicheldrüse oder die Leber, dann gelangen wir notwendigerweise zu der Überzeugung, daß man sie mit wissenschaftlichen Verfahren lokalisieren und messen kann.

Das zweite Problem ist das Herstellen von Rangfolgen. Dazu bedarf es eines Kriteriums, mit dessen Hilfe jedem Einzelnen ein Platz in einer einzigen Skala zugewiesen werden kann. Und was eignete sich, wie Gould ausführt, hierzu besser als eine Zahl? Wenn wir also der Intelligenz einen Platz in einer Rangfolge zuordnen, nehmen wir an, daß Intelligenz nicht nur etwas Dingliches ist, sondern auch ein einzelnes Ding, das im Gehirn angesiedelt ist und dem eine Zahl zugeordnet werden kann. Die Sache verhält sich hier ungefähr so, als würde man sagen, daß die »Schönheit« einer Frau sich aus der Größe ihrer Brüste ergibt. Wir brauchen dann nur noch die Brüste zu messen, der Frau den entsprechenden Platz innerhalb der Rangfolge zu geben, und schon hätten wir ein »objektives« Maß für »Schönheit«.

Damit hätten wir nun – drittens – unsere Frage »Wer ist die Schönste im ganzen Land?« auf eine eingeschränkte und tendenziöse Weise formuliert. Aber das bliebe unbemerkt, denn, so schreibt Gould: »Die Mystik der Wissenschaft erhebt die Zahlen zum letzten Prüfstein der Objektivität.« Das heißt, die Art und Weise, wie wir den Begriff definiert haben, entschwindet unserem Bewußtsein, das grundlegend Subjektive daran wird unsichtbar, und die objektive Zahl selbst wird verdinglicht. Man sollte meinen, ein solches Verfahren müßte lächerlich erscheinen, vor allem deshalb, weil wir, sofern wir daran glauben, zu dem Schluß gelangen, daß Dolly Parton schöner ist als Audrey Hepburn. Oder im Hinblick auf die Intelligenz: daß Galton zweimal soviel von ihr besaß wie Kopernikus.

Dennoch wird all dies unter dem Technopol sehr ernst genommen, auch wenn sich hier und da einmal Protest erhebt. Nachdem sich E. L. Thorndike ein Leben lang mit der Messung von Intelligenz beschäftigt hatte, stellte er fest, daß Intelligenztests drei geringfügige Mängel aufweisen: »Was sie eigentlich messen, ist nicht bekannt; wieweit es zulässig ist, die Meßergebnisse, die man erhält, zu addieren, zu subtrahieren, zu multiplizieren, zu dividieren oder aus ihnen Maßverhältnisse zu errechnen, ist nicht bekannt; was die Meßergebnisse in bezug auf die Intelligenz eigentlich besagen, ist nicht bekannt.«[2] Mit anderen Worten, diejenigen, die Intelligenztests veranstalten, wissen buchstäblich nicht, was sie tun. Deshalb stellte auch David McClelland fest: »Psychologen sollten sich dafür schämen, daß sie einer Auffassung von Intelligenz Vorschub geleistet haben, die ein solches Testprogramm hervorgebracht hat.« Und Joseph Weizenbaum schrieb: »Es gibt wenige ›wissenschaftliche‹ Theorien, die das Denken von Wissenschaftlern und Laien mehr in Verwirrung

142

gestürzt haben als die Theorie des ›Intelligenzquotienten‹ oder ›IQ‹. Die Vorstellung, Intelligenz könne entlang einer simplen Linearskala quantitativ erfaßt werden, hat unserer Gesellschaft insgesamt, vor allem aber auf dem Gebiet der Erziehung, unsäglichen Schaden zugefügt.«[3]

Gould hat manches von diesem Schaden dokumentiert, und Howard Gardner hat in seinem Buch *Frames of Mind* versucht, ihn zu mindern. Aber das Technopol widersteht solchen Vorwürfen, denn es braucht den Glauben, daß die Wissenschaft ein vollkommen objektives Unterfangen sei. Da ihm klare ethische Prinzipien fehlen und da es die Tradition verworfen hat, sucht das Technopol nach einer neuen Quelle für Autorität und findet sie in der Idee der statistischen Objektivität.

Diese Suche zeigt sich nicht nur in dem Bestreben, genau zu bestimmen, wie klug einzelne Menschen sind, sondern vor allem auch in dem Versuch, herauszufinden, wie klug ganze *Gruppen* von Menschen sind. Abgesehen davon, daß die hierbei verwendeten Verfahren eine Antwort auf solche Fragen nicht geben und nicht geben *können*, muß man auch fragen: Wozu wäre es eigentlich gut, wenn man sagen könnte, daß eine bestimmte Gruppe von Menschen schlauer ist als eine andere? Nehmen wir an, man könnte aufgrund objektiver Meßdaten zeigen, daß Asiaten mehr »Intelligenz« besitzen als Kaukasier oder Kaukasier mehr als Afroamerikaner. Na und? Was nützt diese Information einem Lehrer oder einem Unternehmer? Soll der Lehrer oder der Unternehmer nun annehmen, daß ein bestimmer Asiate schlauer ist als ein bestimmter Afroamerikaner? Oder gar, daß sechs Asiaten schlauer sind als sechs Afroamerikaner? Offenbar nicht. Aber, wer weiß? Wir sollten nie die Geschichte von dem Statistiker vergessen, der bei dem Versuch ertrank, einen Fluß zu durchwaten, der durchschnittlich ein Meter zwanzig tief war. Mit anderen Worten, in einer Kultur, die der Statistik mit Ehrfurcht begegnet, kann man nie wissen, was für ein Unsinn sich in den Köpfen der Leute schließlich festsetzt.

Die einzige plausible Antwort auf die Frage, warum wir die Statistik für solche Messungen verwenden, lautet, daß dies aus gesellschaftspolitischen Gründen geschieht, deren essentielle Bösartigkeit nur durch den Mantel der »wissenschaftlichen Forschung« verdeckt wird. Wenn wir glauben, daß Schwarze dümmer als Weiße seien und daß dies nicht nur unsere private Meinung sei, sondern auch durch objektive Messungen bestätigt werden könne, dann dürfen wir uns in dem Glauben wiegen, wir besäßen eine unumstößliche Autorität, Entscheidungen über die Verteilung von Ressourcen zu treffen. So wird die Wissenschaft unter dem Technopol dazu verwendet, die Demokratie »rational« zu machen.

Meinungsumfragen bieten hier eine weitere Möglichkeit. Die Statistik hat nicht nur eine riesige Test-Industrie, sondern auch einen ganzen Gewerbezweig hervorgebracht, der sich auf die Erforschung der »öffentlichen Meinung« spezialisiert hat. Zunächst muß man einräumen, daß es Verwendungsformen für Meinungsumfragen gibt, die man als verläßlich bezeichnen kann, vor allem, wenn es dabei um genau eingegrenzte Fragen geht, etwa: »Wollen Sie bei der nächsten Wahl dem Kandidaten X oder Y Ihre Stimme geben?« Aber die Feststellung, daß ein Verfahren verläßlich sei, besagt noch nichts über seinen Nutzen. Und bis heute ist ungeklärt, ob die Kenntnis von Wählertrends während eines Wahlkampfes für den eigentlichen Wahlvorgang eine Bereicherung oder eine Verarmung zur Folge hat. Wenn aber Meinungsumfragen zur Orientierung der Politik selbst benutzt werden, haben wir es mit einem ganz anderen Problem zu tun.

Ich habe vor einiger Zeit an einem Seminar mit einer Gruppe von amerikanischen Kongreßabgeordneten teilgenommen, die sich versammelt hatten, um zwei Tage lang über das Thema zu diskutieren, was geschehen könne, um der Zukunft Amerikas mehr Lebensqualität zu geben und sie, wenn möglich, menschlicher zu gestalten. Man hatte zehn Berater aufgefordert, Perspektiven zu entwickeln und Ratschläge zu geben. Acht von ihnen waren Meinungsforscher. Sie sprachen über die »Trends«, die in ihren Umfragen zutage traten; zum Beispiel darüber, daß die Menschen sich für die Frauenbewegung nicht mehr interessierten, daß sie Umweltproblemen keine vorrangige Bedeutung beimaßen, daß sie nicht glaubten, das »Drogenproblem« werde sich verschlimmern, und so weiter. Offenbar waren diese Umfrageergebnisse als eine Grundlage gedacht, auf die sich die Kongreßabgeordneten bei ihren Überlegungen zur Gestaltung der Zukunft stützen sollten. Die Gedanken, die die Abgeordneten selbst hegten (lauter Männer übrigens), traten in den Hintergrund. Ihre eigenen Wahrnehmungen, Gefühle, Einsichten und Erfahrungen verblaßten zur Bedeutungslosigkeit. Konfrontiert mit »Sozialwissenschaftlern«, neigten sie dazu, das zu tun, was den »Trends« zufolge die breite Masse der Bevölkerung zufriedenstellen würde.[4]

Man könnte nun argumentieren, die Erforschung der öffentlichen Meinung stelle die Demokratie auf eine vernünftige, wissenschaftliche Basis. Wenn unsere Politiker uns repräsentieren sollen, dann brauchen sie schließlich Informationen darüber, was wir »glauben« oder »denken«. Doch die Probleme liegen anderswo, und es sind ihrer wenigstens vier.

Das erste betrifft die Form der Fragen, die dem Publikum gestellt werden. Ich erinnere den Leser an das Problem, ob es zulässig sei, gleichzeitig zu rauchen und zu beten. Oder, um ein realistischeres Beispiel zu nehmen: Wenn wir Menschen die Frage stellen, ob sie es für akzeptabel halten, daß die Umwelt weiter verschmutzt werde, erhalten wir höchstwahrscheinlich ganz andere Antworten als auf die Frage: Sind Sie der Meinung, daß dem Umweltschutz vorrangige Bedeutung zukommt? Oder: Halten Sie die Sicherheit auf den Straßen für wichtiger als den Umweltschutz? Die »Meinung« der Öffentlichkeit dürfte in bezug auf die allermeisten Probleme ganz und gar abhängig sein von der Art, wie die Frage gestellt wird. (Übrigens wurde während des ganzen Seminars von keinem Kongreßabgeordneten eine Frage zu den Fragen gestellt. Alle Teilnehmer waren nur an den Ergebnissen interessiert, nicht daran, wie sie zustande kamen, und niemandem schien es in den Sinn zu kommen, daß die Ergebnisse und die Art und Weise ihrer Entstehung untrennbar miteinander verbunden sind.)

Die Fragen, die Meinungsforscher stellen, zielen normalerweise auf eine Ja- oder Nein-Antwort. Muß man noch darauf hinweisen, daß in solchen Antworten kein allzu großer Spielraum für die sogenannte »öffentliche Meinung« bleibt? Wenn Sie zum Beispiel auf die Frage »Glauben Sie, das Drogenproblem lasse sich durch staatliche Programme eindämmen?« mit »Nein« antworten, dann wäre über Ihre Meinung wenig Interessantes oder Wertvolles zutage gekommen. Würde man es Ihnen aber ermöglichen, ausführlicher über diese Frage zu sprechen oder zu schreiben, so wäre der Einsatz der Statistik ausgeschlossen.

Entscheidend ist in diesem Zusammenhang, daß die Verwendung der Statistik in der Meinungsforschung die Bedeutung des Begriffs »öffentliche Meinung« genauso dramatisch verändert, wie das Fernsehen die Bedeutung von »öffentlicher Debatte« verändert. Unter dem amerikanischen Technopol ist die öffentliche Meinung eine Ja- oder Nein-Antwort auf eine ungeprüfte Frage.

Zweitens: die Verfahren der Meinungsforschung propagieren die Vorstellung, eine Meinung sei ein Ding im Innern des Menschen, das durch die Fragen des Meinungsforschers lokalisiert und zutage gefördert werden könne. Aber es gibt dazu auch eine ganz andere Ansicht, und Jefferson gehörte zu denen, die sie vertraten. Eine Meinung ist kein momentanes Ding, sondern ein Denkvorgang, der durch den ständigen Erwerb von Wissen, durch ständiges Fragen, Diskutieren und Debattieren geformt wird. Eine Frage kann eine Antwort »nahelegen«, sie kann eine Antwort aber auch modifizieren und neu formen; es wäre eigentlich richtiger, zu sagen, daß Menschen Meinungen nicht einfach »haben«, sondern in einem ständigen Prozeß des »Meinens« oder der »Meinungsbildung« begriffen sind. Die Meinung als meßbares Ding aufzufassen, verfälscht den Prozeß, in dem sich die Menschen ihre Meinung tatsächlich bilden, und dieser Prozeß steht in engster Beziehung zu dem, was den Kern einer demokratischen Gesellschaft ausmacht. Die Meinungsforschung sagt uns hierüber nichts und neigt dazu, diesen Vorgang unserem Blick zu entziehen.

Womit wir beim dritten Punkt wären. Meinungsumfragen ignorieren in der Regel, was die Menschen über die Themen, zu denen sie befragt werden, eigentlich wissen. In einer Kultur, die nicht von dem zwanghaften Bedürfnis besessen ist, alles zu messen und Rangfolgen herzustellen, würde eine solche Blindstelle wahrscheinlich höchst sonderbar erscheinen. Aber überlegen wir doch einmal, was wir von Meinungsumfragen halten würden, wenn stets zwei Fragen gestellt würden, eine, die ermittelt, was die Menschen »meinen«, und eine, die ermittelt, was sie über das jeweilige Thema »wissen«. Unter Verwendung von ein paar fiktiven Zahlen könnte dabei etwa folgendes herauskommen: »Die jüngste Umfrage ergibt, daß 72 Prozent der Amerikaner der Meinung sind, wir sollten Nicaragua die

Wirtschaftshilfe entziehen. Von denen, die diese Meinung vertraten, glaubten 28 Prozent, Nicaragua liege in Mittelasien, 18 Prozent glaubten, es sei eine Insel in der Nähe von Neuseeland, und 27,4 Prozent vertraten die Ansicht, ›die Afrikaner sollen selbst sehen, wie sie zurechtkommen‹, wobei sie offensichtlich Nicaragua mit Nigeria verwechselten. Darüber hinaus wußten 61,8 Prozent der Befragten nicht, daß Amerika überhaupt Wirtschaftshilfe für Nicaragua bereitstellt, und 23 Prozent wußten nicht, was ›Wirtschaftshilfe‹ bedeutet.« Wären Meinungsforscher bereit, uns solche Informationen mitzuliefern, so würden das Ansehen und der Einfluß der Meinungsforschung darunter gewiß erheblich leiden. Vielleicht würden angesichts von derart geballter Unwissenheit sogar Kongreßabgeordnete dem eigenen Verstand wieder mehr trauen.

Das vierte Problem im Zusammenhang mit der Meinungsforschung besteht darin, daß sie zu einer Verschiebung der Verantwortung zwischen den Politikern und ihren Wählern führt. Gewiß sollen Kongreßabgeordnete die Interessen ihrer Wähler so gut wie eben möglich verfechten. Aber ebenso gewiß ist, daß Kongreßabgeordnete ihre eigene Urteilskraft nutzen sollen, um herauszufinden, worin diese Interessen bestehen. Hierzu müssen sie sich an ihre eigenen Erfahrungen und ihr eigenes Wissen halten. Vor dem Aufkommen der Meinungsforschung wurden Politiker, denen die Meinungen ihrer Wähler auch damals nicht gleichgültig waren, im wesentlichen nach ihrer Fähigkeit beurteilt, Entscheidungen auf der Grundlage dessen zu treffen, was ihnen an Weisheit zur Verfügung stand; mit anderen Worten, diese Politiker waren verantwortlich für ihre Entscheidungen. Mit der Verfeinerung und Ausweitung der Meinungsumfragen geraten sie immer mehr unter den Druck, auf eigenverantwortliche Entscheidungen zu verzichten und sich statt dessen den Meinungen ihrer Wähler zu fügen, gleichgültig, wie uninformiert oder kurzsichtig diese Meinungen sind.

Noch deutlicher erkennen wir diese Verantwortungsverschiebung an der Bewertung von Fernsehsendungen auf der Grundlage statistisch ermittelter Einschaltquoten. Als »gut« gilt heute ganz einfach eine Sendung, die hohe Einschaltquoten hat. »Schlecht« ist eine Sendung mit niedrigen Quoten. Infolgedessen beginnt und endet die Verantwortung eines Fernsehautors bei seiner Fähigkeit, eine Sendung zu fabrizieren, die viele Millionen Zuschauer anschauen. Er ist einzig und allein dem Publikum verantwortlich. Tradition, ästhetische Maßstäbe, Fragen der thematischen Plausibilität, des Geschmacks oder auch nur der schlichten Begreiflichkeit braucht er nicht zu berücksichtigen. Die öffentliche Meinung bildet die Richtschnur, auf die allein es ankommt. Fernsehleute behaupten oft, ihr Medium sei die demokratischste Institution Amerikas: jede Woche finde eine Volksabstimmung statt, um zu klären, welche Sendungen überleben sollen. Dieser Behauptung versucht man zusätzliches Gewicht durch eine zweite zu geben: schöpferische Künstler seien nie gleichgültig gegenüber den Vorlieben und Meinungen ihres Publikums gewesen. Schriftsteller beispielsweise schrieben für Menschen, sie schrieben, um deren Beifall und deren Verständnis zu erlangen. Aber Schriftsteller schreiben auch aus sich heraus, weil sie etwas sagen wollen, und nicht bloß, weil Leser etwas lesen wollen. Durch ihre fortwährenden Verbeugungen vor dem Publikum und seinen Vorlieben verändert die Meinungsforschung die Motivation der Autoren; ihr ganzes Bemühen zielt nun auf höhere Einschaltquoten. Die populäre Literatur ist heute mehr denn je abhängig von den Wünschen des Publikums und nicht von der Kreativität des Künstlers.

Bevor ich mich einem anderen Thema zuwende, möchte ich noch darauf aufmerksam machen, daß die Technologie der Statistik riesige Mengen gänzlich nutzloser Information erzeugt, wodurch die ohnehin schon schwierige Aufgabe, die nützlichen Informationen ausfindig zu machen, zusätzlich erschwert wird. Es handelt sich hierbei nicht bloß um ein Zuviel an Information, es geht hier vor allem um eine Trivialisierung von Information, die zur Folge hat, daß alle Informationen gleichrangig und unterschiedslos nebeneinanderstehen. Niemand hat diesen Mißbrauch einer Technologie besser gekennzeichnet als der Cartoonist Mankoff im *New Yorker*. Mankoff zeigt einen Mann, der aufmerksam vor dem Fernsehgerät sitzt, während der Nachrichtensprecher sagt: »Aus den vorläufigen Zahlen der jüngsten Volkszählung geht hervor, daß die Zahl der weiblichen Anthropologen zum erstenmal in der Geschichte unseres Landes die Zahl der männlichen Golf-Profis übersteigt.« Wenn sich Statistik und Computer zusammentun, geraten bald riesige Mengen von Informationsmüll in den öffentlichen Diskurs. Wer sich hin und wieder eine Sportsendung im Fernsehen ansieht, weiß, daß Mankoffs Cartoon diesen Zustand nicht sosehr parodiert als vielmehr dokumentiert. Nutzlose, sinnlose Statistiken überschwemmen die Aufmerksamkeit des Zuschauers. Zum Beispiel: »Seit 1984 haben die Buffalo Bills nur zwei Spiele gewonnen, in denen sie sechs Minuten vor Ende der Spielzeit nicht mehr als vier Punkte Vorsprung hatten.«[5] Was soll man mit dergleichen anfangen? Und doch scheint es einen Markt für nutzlose Information zu geben. Wer die Zeitung *USA Today* liest, bekommt auf der Titelseite jeder Nummer irgendeine schwachsinnige Statistik angeboten, die sich etwa so liest: »Die vier Bundesstaaten, die von 1980 bis 1989 im Bananenkonsum an der Spitze lagen, sind Kansas, North Dakota, Wyoming und Louisiana. Seltsamerweise fiel Nevada, das 1989 noch den neunten Platz einnahm, im letzten Jahr auf den sechsundzwanzigsten zurück, und genau diesen Platz nimmt es auch beim Verbrauch von Kiwi-Früchten ein.«[6]

Überraschend ist, wie häufig ein derartiger Unfug zum Thema sinnloser Gespräche wird. Ich habe gehört, wie New Yorker mit triumphierendem Lächeln vor Leuten, die aus einer anderen Stadt kamen, verkündeten, in der Kriminalitätsstatistik nehme New York City nur den achten Platz unter den amerikanischen Städten ein, und die sich anschließend trotzdem weigerten, einen Fuß vor die Tür zu setzen, weil es nach 18 Uhr war.

Ich behaupte natürlich nicht, daß alle statistischen Befunde nutzlos sind. Wenn wir erfahren, daß jeder vierte männliche Schwarze zwischen zwanzig und dreißig Jahren eine Zeitlang im Gefängnis gesessen hat oder daß im Bildungssektor die öffentlichen Ausgaben für schwarze Kinder um 23 Prozent unter denen für weiße Kinder liegen, dann sind dies statistische Tatsachen, die uns helfen, eine Beziehung zwischen Ursachen und Wirkungen zu erkennen, und die sogar ein bestimmtes Handeln nahelegen. Aber wie jede Technologie hat auch die Statistik die Tendenz, außer Kontrolle zu geraten, mehr Platz in unserem Kopf zu besetzen, als ihr zukommt, und in Bereiche des öffentlichen Diskurses vorzudringen, wo sie nur Unheil anrichten kann. Wenn sie außer Kontrolle gerät, begräbt die Statistik das notwendige Wissen unter einer Halde von Belanglosigkeiten.

Und noch ein Hinweis ist vonnöten, der den Kern dieses Kapitels betrifft. Manche Technologien treten verkappt auf. Rudyard Kipling nannte sie »schlummernde Technologien«. Sie sehen nicht aus wie Technologien, und deshalb funktionieren sie, im Guten wie im Schlechten, ohne daß sich viel Kritik erhebt, oder sie bleiben sogar unbeachtet. Das gilt nicht nur für Intelligenztests, für Meinungsumfragen und alle Systeme, in denen Zensuren verteilt oder Rangfolgen erstellt werden, sondern auch für Kreditkarten, Buchhaltungsverfahren und Leistungstests. Im Bildungssektor gilt es zum Beispiel auch für die sogenannten akademischen »Kurse«. Ein solcher Kurs ist eine Lerntechnologie. Ich habe mehr als zweihundert solcher Kurse abgehalten und weiß noch immer nicht, warum jeder von ihnen genau fünfzehn Wochen und jede einzelne Sitzung genau eine Stunde und fünfzig Minuten dauert. Wenn die Antwort lauten sollte, dies habe verwaltungstechnische Gründe, dann handelt es sich bei einem Kurs um eine Technologie, die unter falscher Flagge segelt. Er wird für eine vorteilhafte Lernstruktur gehalten, während er in Wirklichkeit nur eine Struktur zur Verteilung von Raum, zur praktischen Verwaltung und Kontrolle von Universitäts- oder Schulzeit ist. Wichtig daran ist, daß uns der Ursprung des Kurses und der Grund dafür, daß es ihn gibt, verborgen bleibt. Wir glauben, es gebe ihn aus jenem Grund, während er in Wahrheit aus einem ganz anderen existiert. Es ist kennzeichnend für diejenigen, die unter einem Technopol leben, daß sie sich über die Herkunft und die Auswirkungen ihrer Technologien meist nicht im klaren sind.[7]

Eines der aufschlußreichsten Beispiele für diese Art von Unklarheit ist die weitverbreitete Annahme, das moderne Wirtschaftsleben habe die Technologie des Managements hervorgebracht. Das Management ist ein Macht- und Kontrollsystem, dazu bestimmt, größtmöglichen Nutzen aus dem relevanten Wissen, aus der hierarchischen Organisation menschlicher Fähigkeiten und dem Informationsfluß von unten nach oben und von oben nach unten zu ziehen. Zumeist nimmt man an, das Management sei von Wirtschaftsunternehmen als rationale Antwort auf die wirtschaftlichen und technischen Herausforderungen der Industriellen Revolution erfunden worden. Aber die Untersuchungen von Alfred Chandler, Sidney Pollard und vor allem die von Keith

Hoskin und Richard Macve vermitteln ein ganz anderes Bild und führen zu einer verblüffenden Schlußfolgerung: das Management ist keine Erfindung der modernen Wirtschaft; vielmehr ist die moderne Wirtschaft eine Erfindung des Managements.[8]

Am ehesten, so sollte man annehmen, hätte das Management gegen Ende des 18. und zu Beginn des 19. Jahrhunderts in Großbritannien entstehen müssen. Es gibt indessen keine Hinweise darauf, daß die britische Industrie in der Zeit vor 1830 etwas von Managementtechniken gewußt hat, und es gab in England auch nichts, was einer »Managerschicht« entsprochen hätte. Das Management wurde in den Vereinigten Staaten erfunden, »aus heiterem Himmel«, wie Hoskin und Macve sagen. Es war keine Erfindung, die dringend benötigt wurde, denn die amerikanische Industrie spielte damals in der Weltwirtschaft nur eine untergeordnete Rolle. Die Wurzeln des Managements lassen sich bis zu einem neuen Bildungssystem zurückverfolgen, das im Jahre 1817 an der Militärakademie der Vereinigten Staaten vom vierten Direktor dieser Akademie, Sylvanus Thayer, eingeführt wurde. Thayer brachte zwei Neuerungen ins Spiel. Die erste, der Ecole Polytechnique in Paris entlehnt, bestand darin, Prüfungen durch numerische Zensuren zu bewerten. Wie schon erwähnt, wurde die Notengebung für schriftliche Aufsätze der Studenten an der Universität Cambridge gegen Ende des 18. Jahrhunderts erfunden und dann von mehreren Schulen auf dem europäischen Kontinent übernommen. Thayer hat diese Praxis wahrscheinlich als erster in Amerika installiert. Wie jeder Lehrer weiß, verändert das Notengeben die Lernerfahrung und den Sinn von Lernen grundlegend. Es löst eine starke Konkurrenz zwischen den Studenten oder Schülern aus, indem es scharf differenzierte Symbole für Erfolg oder Mißlingen bereitstellt. Es liefert einen »objektiven« Maßstab für menschliche Leistungen und erzeugt die unerschütterliche Illusion, der Wert solcher Leistungen lasse sich exakt berechnen. Der Mensch wird, nach einer Formulierung von Michel Foucault, zu einer »kalkulierbaren Person«.

Thayers zweite Neuerung war offenbar eine Erfindung von ihm selbst, das »Stab-Linien-System«. Er gliederte die Akademie in zwei Abteilungen, die er jeweils hierarchisch organisierte. Hoskin und Macve schreiben dazu: »Tägliche, wöchentliche und monatliche Berichte wurden verlangt, alle in schriftlicher Form. Es entstand ein fortwährender Austausch von schriftlichen Mitteilungen und Befehlen, die in jeder Abteilung oder Linie von unten nach oben gingen, bevor sie zusammengefaßt und an die zentrale ›Stabsstelle‹ übermittelt wurden.« Thayer lehnte die traditionelle Rolle des Führers, die direkte, sichtbare Kommandogewalt, ab. Er regierte indirekt, mittelbar, durch schriftliche Berichte, Tabellen, Memoranden, Personalakten usw., etwa so, wie heute die Vorstandsabteilung eines modernen Großunternehmens funktioniert.

Wir wissen nicht, wie die zweihundert Kadetten an der Akademie auf Thayers neues System reagierten (das Hoskin und Macve als »grammatozentrisches Prinzip« bezeichnen, weil der Einsatz von Schrift im Mittelpunkt dieser Organisationsform stand). Aber wir wissen, daß zwei von ihnen, Daniel Tyler und George Whistler, sehr beeindruckt waren. Beide gehörten der Abschlußklasse des Jahres 1819 an, und außer dem Leutnantsrang nahmen sie auch Thayers Ideen über den Aufbau und die Gliederung großer Organisationen mit ins Leben.

Daniel Tyler arbeitete in der großen Waffenfabrik von Springfield, Massachusetts. Er führte dort 1832 (sechzig Jahre vor Frederick Taylors »wissenschaftlicher Betriebsführung«) eine Reihe von Zeit- und Bewegungsstudien durch und legte aufgrund dieser Untersuchungen für jede Tätigkeit innerhalb der Fabrik objektiv begründete Produktionsnormen fest. Die Arbeiter wurden ständig überwacht und ihre tatsächliche Produktivität mit den Normen verglichen. Außerdem setzte Tyler eine Qualitätskontrolle und ein System der Lagerbuchhaltung durch. Alle diese Methoden bewirkten einen drastischen Anstieg der Produktivität und eine Senkung der Kosten.

Inzwischen war George Whistler (übrigens der Vater des Malers James Whistler) Chefingenieur der Western Railroads geworden und entwickelte 1839 ein Managementsystem, auf das Sylvanus Thayer stolz gewesen wäre. Er organisierte die Eisenbahngesellschaft in hierarchischen Linien – ausgehend von einer zentralen Stabsstelle über regionale bis hinab zu lokalen Managern. Er gebrauchte sehr wirkungsvoll das grammatozentrische Prinzip, das er sich an der Militärakademie (als *cadet staff sergeant major* in der Stabsstelle) ohne Zweifel gut eingeprägt hatte.

Die Prinzipien der Berechenbarkeit und des Grammatozentrismus bilden die Grundlage der modernen Managementsysteme. Die Berechenbarkeit führte unausweichlich zu Ideen wie detaillierter Buchführung, Lagerbuchhaltung und Produktivitätsnormen. Der Grammatozentrismus stützte die Vorstellung, ein Unternehmen sei am besten zu leiten, wenn man es durch schriftliche Berichte der in der hierarchischen Linie weiter unten Stehenden kennt. Mit anderen Worten: man leitet den Betrieb anhand von »Zahlen« und indem man sich von der Alltagswirklichkeit der Produktion fernhält.

Es ist gewiß bemerkenswert, daß die Grundstruktur des Wirtschaftsmanagements außerhalb des eigentlichen Bereichs der Wirtschaft entstanden ist. Aber es dauerte nicht lange, bis die amerikanische Wirtschaft anfing, die Prinzipien von Thayer, Tyler und Whistler zu übernehmen, und auf diese Weise das schuf, was wir uns heute unter einem modernen Unternehmen vorstellen. Gerade das Management ist das Kennzeichen eines modernen Unternehmens, und dies hat John Kenneth Galbraith in seinem Buch *The New Industrial State* zu der Bemerkung veranlaßt: »Mehr als die Maschinen selbst sind die umfassenden, komplexen Organisationen der Wirtschaft eine greifbare Manifestation der fortgeschrittenen Technologie.«

Das Beispiel des Managements ist aus zwei Gründen lehrreich. Zum einen funktioniert, worauf auch Galbraith hinweist, das Management, ähnlich der Null, der Statistik, der IQ-Messung, der Notengebung oder der Meinungsforschung, genau wie eine Technologie. Gewiß, es besteht nicht aus mechanischen Teilen. Es besteht aus Prozeduren und Regeln, die Verhalten standardisieren sollen. Aber wir können ein solches Prozeduren- und Regelsystem als eine Verfahrensweise oder eine Technik bezeichnen; und von einer solchen Technik haben wir nichts zu befürchten, es sei denn, sie macht sich, wie so viele unserer Maschinen, selbständig. Und das ist der springende Punkt. Unter dem Technopol neigen wir zu der Annahme, daß wir unsere Ziele nur erreichen können, wenn wir den Verfahrensweisen (und den Apparaten) Autonomie geben. Diese Vorstellung ist um so gefährlicher, als sich niemand mit vernünftigen Gründen gegen den rationalen Einsatz von Verfahren und Techniken stellen kann, mit denen sich bestimmte Vorhaben verwirklichen lassen.

Ich möchte nicht einmal bestreiten, daß die Verfahrensweisen, die wir unter dem Stichwort Management kennen, vielleicht wirklich die beste Methode darstellen, die Probleme der modernen Wirtschaft zu lösen. Wir sind technische Geschöpfe, und durch unsere Vorliebe für Techniken und unsere Fähigkeit, Techniken zu entwickeln, haben wir ein hohes Maß an Klarheit und Effizienz gewonnen. Die Sprache selbst ist, wie gesagt, eine Art von Technik – eine unsichtbare Technologie –, und durch sie erlangen wir sogar noch mehr als nur Klarheit und Effizienz. Wir erlangen Humanität – oder Inhumanität. Die Frage, die sich im Zusammenhang mit der Sprache ebenso wie mit jeder anderen Verfahrensweise oder Maschine stellt, lautet heute, wie eh und je: Wer ist der Herr? Beherrschen wir sie, oder beherrscht sie uns? Die Kontroverse betrifft also nicht das Verfahren oder die Technik selbst. Sie betrifft den Triumph des Verfahrens, seine Erhöhung zu etwas Heiligem, wodurch verhindert wird, daß auch andere Verfahrensweisen eine Chance bekommen. Wie jede Technologie neigt das Verfahren dazu, unabhängig von dem System zu funktionieren, dem es dient. Es wird autonom, wie ein Roboter, der seinem Herrn nicht mehr gehorcht.

Zweitens: das Management ist ein wichtiges Beispiel dafür, wie eine »unsichtbare Technologie« untergründig, aber dennoch energisch neue Verfahrensweisen hervorbringt – ein klassisches Beispiel von einem Schwanz, der mit dem Hund wedelt. Wirtschaftsunternehmen und andere Institutionen könnten durchaus ohne eine hochtechnisierte Managementstruktur funktionieren, auch wenn wir uns dies kaum vorzustellen vermögen. Wir haben uns so daran gewöhnt, daß wir beinahe geneigt sind, das Management für einen Bestandteil der natürlichen Ordnung der Dinge zu halten, so wie Studenten und Lehrer zu der Ansicht gelangt sind, Bildung sei ohne eine Struktur wie den College-Kursus geradezu unmöglich. Und wie Politiker glauben, sie würden ohne den Beistand der Meinungsforschung im dunkeln tappen. Wenn eine Methode oder eine Verfahrensweise sich so eng mit einer Institution verbunden hat, daß wir nicht mehr wissen, was zuerst da war – die Methode oder die Institution –, dann wird es schwierig, die Institution zu verändern oder sich auch nur andere Methoden auszudenken, mit denen sie ihre Ziele ebenfalls erreichen könnte.

Deshalb müssen wir begreifen, woher unsere Verfahren und Techniken kommen und wozu sie taugen; wir müssen sie sichtbar machen, um sie in unsere Verfügungsgewalt zurückzuholen. Im nächsten Kapitel möchte ich dies mit jenem verwickelten, ausgreifenden Gefüge von Techniken und Verfahrensweisen versuchen, das ich als Szientismus bezeichne.

9. Szientismus

Am 5. Dezember 1989 widmete Daniel Goleman, der für die *New York Times* über die Sozialwissenschaften berichtet, einigen »neuen Forschungsergebnissen« breiten Raum, die auf Leser, welche über die laufenden Projekte unserer Humanwissenschaftler nicht informiert waren, höchst beunruhigend gewirkt haben müssen: Goleman berichtete nämlich, Psychologen hätten entdeckt, daß die Menschen Angst vor dem Tod haben. Diese Erkenntnis habe sie dazu veranlaßt, so Goleman, »eine umwerfende Theorie« zu formulieren, »die der Angst vor dem Tod eine zentrale und oft geradezu überraschende Rolle im psychischen Leben zuweist«. Für wen die Rolle des Todes überraschend war, erfahren wir nicht, aber die Theorie ist immerhin so gewichtig, daß sie die Hypothese nahelegt, alle Kulturen (um noch einmal Goleman zu zitieren) »gäben ihren Angehörigen Anweisungen, wie sie ein ›gutes‹ und ›sinnerfülltes‹ Leben führen sollten, und machten ihnen Hoffnung auf Unsterblichkeit, wie etwa in der der [sic] christlichen Vorstellung vom ewigen Leben oder in der hinduistischen Vorstellung von der Wiedergeburt zu einem besseren Leben.« (Die Wiederholung des Wörtchens »der« in dem zitierten Satz ist vielleicht nur ein Druckfehler – aber vielleicht steht sie auch für ein ergriffenes Stammeln angesichts einer derart verblüffenden Hypothese.) Als wäre dies noch nicht genug, berichtet Goleman, dieselben Psychologen hätten überdies herausgefunden, daß die Art und Weise, wie ein Mensch auf den Tod reagiert, von seinem jeweiligen Moralkodex abhängig ist und daß Menschen, die Aufgeschlossenheit für einen Wert halten, toleranter als andere gegenüber Menschen sind, deren Werte von ihren eigenen abweichen – mit anderen Worten, aufgeschlossene Leute sind aufgeschlossen, eine Tatsache, die, falls sie überhaupt bekannt war, bisher jedenfalls niemals hinreichend gewürdigt worden ist.

Am 11. September 1990 offenbarte Goleman, neuere Untersuchungen hätten ergeben, daß asiatisch-amerikanische Schüler in der Schule meist gut abschneiden, weil sie aus intakten Familien kommen, in denen der höheren Schulbildung ein zentraler Wert beigemessen wird. Und am 2. Oktober 1990 berichtete er, Psychologen hätten entdeckt, daß Kinder, die im sozialen Umgang unbeholfen sind, bei anderen Kindern tendenziell eher unbeliebt sind.

Ich führe diese Berichte aus der *New York Times* an, weil diese Zeitung von vielen als maßgebliches Archiv der Zeitgeschichte angesehen wird und man daher vermuten darf, daß sie über das *Beste* berichtet, was die Sozialwissenschaften zu bieten haben. Es ist natürlich möglich, daß Goleman ein »Maulwurf« ist, ein verdeckt arbeitender Agent, der uns zeigen will, wie es um unsere Kultur bestellt ist, indem er sich über die Trivialitäten der Sozialwissenschaften lustig macht. Aber ich zweifle, daß es sich so verhält. Er scheint an die Sozialwissenschaften zu glauben, so wie viele andere unter dem Technopol dies ebenfalls tun. Das heißt, er ist der Ansicht, daß die Erforschung des menschlichen Verhaltens, sofern sie nach den strengen Prinzipien der physikalischen und biologischen Wissenschaften betrieben wird, objektive Tatsachen, überprüfbare Theorien und ein tieferes Verständnis des menschlichen Lebens zum Ergebnis hat. Vielleicht sogar universelle Gesetze.

Ich habe diesen Glauben weiter oben auf das Werk von Auguste Comte zurückgeführt, was sich auch durchaus vertreten läßt, wenngleich es den Sachverhalt zu sehr vereinfacht. Genaugenommen müßte man die Anfänge der »Wissenschaft vom Menschen« nicht einem Einzelnen, sondern einer bestimmten Schule zuschreiben, der 1794 in Paris gegründeten Ecole Polytechnique (die, wie bereits erwähnt, sehr schnell aus Cambridge die Praxis übernahm, die Arbeiten ihrer Schüler mit Noten zu bewerten). Die Ecole Polytechnique versammelte in ihrem Lehrerkollegium die besten Naturwissenschaftler, Mathematiker und Ingenieure, die Frankreich hervorgebracht hatte, und wurde berühmt für den Enthusiasmus, den sie den Methoden der Naturwissenschaften entgegenbrachte. Hier lehrten Lavoisier und Ampère, später auch Volta und Alexander von Humboldt. Ihre Arbeiten auf den Gebieten der Chemie und der Physik trugen dazu bei, die Grundlagen der modernen Wissenschaft zu schaffen, und in dieser Hinsicht besitzt die Ecole Polytechnique ihren hohen Ruf zu Recht. Aber mit dieser Schule standen auch andere Wissenschaftler in Verbindung, deren überschwengliche Begeisterung für die Methoden der Naturwissenschaften sie zu dem Glauben verleiteten, für die Kraft des menschlichen Verstandes gebe es keine Grenzen und vor allem keine Grenzen für die Kraft der wissenschaftlichen Forschung. Ihren berühmtesten Ausdruck fand diese »wissenschaftliche Hybris« in Pierre-Simon de Laplaces 1814 erschienenem *Essai philosophique sur les probabilités*. Darin heißt es: »Ein Geist, dem in einem bestimmten Augenblick alle Kräfte, von denen die Natur belebt ist, und die Lage aller Körper, aus denen sie besteht, bekannt wäre, wenn er denn groß genug wäre, alle diese Gegebenheiten in seine Analyse einzubeziehen, könnte mit einer einzigen Formel die Bewegungen der größten Körper des Universums und der kleinsten Atome erfassen; nichts wäre ihm ungewiß, die Zukunft und die Vergangenheit stünden ihm gleich deutlich vor Augen.«[1]

Heute gibt es natürlich keinen Naturwissenschaftler, der diese Vorstellung noch ernst nähme, und auch im 19. Jahrhundert waren nicht allzu viele dazu bereit. Aber der Geist hinter diesem wissenschaftlichen Ideal bestärkte mehrere Männer in dem Glauben, daß es möglich sei, so verläßliche und voraussagbare Erkenntnisse wie über Sterne und Atome auch über das Verhalten des Menschen zu gewinnen. Die bekanntesten unter diesen frühen »Sozialwissenschaftlern« waren Claude-Henri de Saint-Simon, Prosper Enfantin und natürlich Auguste Comte. Ihnen waren zwei Überzeugungen gemeinsam, denen das Technopol viel zu verdanken hat: daß die Naturwissenschaften eine Methode liefern, mit der sich die Geheimnisse sowohl des menschlichen Herzens als auch des Werdegangs der Gesellschaft lüften lassen; und daß man die Gesellschaft auf rationale und humane Weise nach den von den Sozialwissenschaften entdeckten Prinzipien umgestalten könne. Von diesen Männern nimmt die Idee des »*social engineering*« ihren Ausgang, sie haben die Saat des Szientismus ausgestreut.

Unter Szientismus verstehe ich drei miteinander verbundene Ideen, die zusammengenommen einen der Grundpfeiler des Technopols bilden. Der erste und unentbehrliche Gedanke besagt, daß sich die Methoden der Naturwissenschaften auch zur Untersuchung von menschlichem Verhalten eignen. Diese Vorstellung ist der Rahmen für vieles, was auf den Gebieten der Psychologie und der Soziologie, zumindest in Amerika, getrieben wird, und erklärt im wesentlichen auch, daß die Sozialwissenschaft, um mit F. A. Hayek zu sprechen, »zu unserem Verständnis sozialer Phänomene kaum beigetragen hat«.[2]

Der zweite Gedanke besagt, daß die Sozialwissenschaft spezifische Prinzipien formuliert, nach denen sich die Gesellschaft rational und human organisieren läßt. Hiermit verbindet sich die Vorstellung, daß technische Mittel – vor allem »unsichtbare Technologien«, die von Experten überwacht werden – entwickelt werden können, um menschliches Verhalten zu kontrollieren und in die richtigen Bahnen zu lenken.

Der dritte Gedanke besagt, daß der Glaube an die Wissenschaft zu einem neuen Fundament umfassender Überzeugungen werden kann, die dem Leben einen Sinn geben und den Menschen ein Gefühl von Wohlbefinden, eine Ethik und sogar Unsterblichkeit schenken.

Ich möchte hier zeigen, wie sich diese Ideen miteinander verknüpfen und wie sie dem Technopol Kraft und Gestalt verleihen.

Der Ausdruck »*Science* – Wissenschaft«, wie er heute gebraucht wird, um die Arbeit von Leuten zu bezeichnen, die sich innerhalb der physikalischen, chemischen und biologischen Disziplinen betätigen, verbreitete sich im frühen 19. Jahrhundert, nicht zuletzt infolge der Gründung der *British Association for the Advancement of Science* im Jahre 1831 (wenngleich Murrays *New English Dictionary* als frühesten Zeitpunkt, zu dem dieser Ausdruck in seiner modernen Bedeutung verwendet worden sei, das Jahr 1867 angibt). Zu Beginn des 20. Jahrhunderts hatten sich auch andere den Begriff zu eigen gemacht, und seither benutzt man ihn in zunehmendem Maße auch zur Bezeichnung dessen, was Psychologen, Soziologen und Anthropologen tun. Es wird den Leser nicht überraschen, wenn ich behaupte, daß es sich hier um einen irreführenden Sprachgebrauch handelt – auch deshalb, weil er den Unterschied zwischen Prozessen und Praktiken verwischt.

Im Anschluß an die Definitionen von Michael Oakeshott können wir sagen, daß man als »Prozesse« solche Ereignisse bezeichnet, die sich in der Natur vollziehen, etwa die Kreisbewegung der Planeten, das Schmelzen von Eis oder die Erzeugung von Chlorophyll in einem Blatt. Derartige Prozesse haben mit menschlicher Intelligenz nichts zu tun, sie werden von unwandelbaren Gesetzen gelenkt und gleichsam durch die Struktur der Natur selbst determiniert. Unter »Praktiken« hingegen versteht Oakeshott etwas von den Menschen Geschaffenes, nämlich Ereignisse, die sich aus menschlichen Entscheidungen und Handlungen ergeben – zum Beispiel das Schreiben oder die Lektüre dieses Buches oder die Bildung einer neuen Regierung oder das, was geschieht, wenn wir uns beim Abendessen miteinander unterhalten oder wenn sich zwei Menschen ineinander verlieben. Derlei Ereignisse sind das Ergebnis einer Wechselwirkung zwischen menschlicher Intelligenz und Umwelt, und obwohl das Dasein der Menschen zweifellos ein gewisses Maß an Regelmäßigkeit aufweist, wird es doch nicht von unwandelbaren Gesetzen bestimmt. Mit anderen Worten, es gibt einen unwiderruflichen Unterschied zwischen einem Blinzeln und einem Zwinkern. Das Blinzeln ist ein Ereignis, das wir als Prozeß klassifizieren können, es hat physiologische Ursachen, die sich im Kontext beweisbarer Postulate und Theorien begreifen und erklären lassen. Das Zwinkern dagegen müssen wir als eine Praktik klassifizieren, die von individuellen und bis zu einem gewissen Grad nicht zu ermitteln den Bedeutungen erfüllt ist und sich keinesfalls kausal erklären oder vorhersagen läßt.

Als Wissenschaft (*science*) können wir also die Suche nach den unwandelbaren, universellen Gesetzen bezeichnen, von denen Prozesse gelenkt werden, ausgehend von der Annahme, daß zwischen diesen Prozessen Beziehungen von Ursache und Wirkung bestehen. Daraus folgt, daß sich das Bestreben, menschliches Verhalten und Empfinden zu verstehen, nicht oder nur in einem äußerst trivialen Sinne als Wissenschaft bezeichnen läßt. Man könnte nun natürlich darauf hinweisen, daß die Forscher,

160

die sich mit Naturgesetzen befassen, und jene, die sich mit menschlichem Verhalten befassen, ihre Beobachtungen häufig quantifizieren, und könnte sie aufgrund dieser Gemeinsamkeit der gleichen Kategorie zuordnen. Aber wer so denkt, der müßte auch annehmen, daß ein Anstreicher und ein Kunstmaler schon deshalb das gleiche tun und das gleiche beabsichtigen, weil sich beide der Farbe bedienen.

Der Wissenschaftler gebraucht die Mathematik als Hilfsmittel bei der Aufdeckung und Beschreibung des Aufbaus der Natur. Der Soziologe (um nur ein Beispiel zu nennen) benutzt die Mathematik bestenfalls, um eine gewisse Genauigkeit in seine Gedanken zu bringen. Daran freilich ist nichts spezifisch Wissenschaftliches. Alle möglichen Leute zählen Dinge, um Genauigkeit zu erreichen, und behaupten dennoch nicht, sie seien Wissenschaftler. Kautionsbürgen zählen die Morde, die in ihrer Stadt begangen werden; Richter zählen die Scheidungsprozesse in ihrem Amtsbereich; Geschäftsführer zählen nach, wieviel Geld in ihren Filialen ausgegeben wird; und kleine Kinder lieben es, ihre Zehen und Finger zu zählen, weil sie es eben genau wissen wollen. Informationen, die sich durch Zählen ergeben, können wertvoll sein, indem sie jemanden auf eine bestimmte Idee bringen, oder eher noch, indem sie eine Idee untermauern. Aber das bloße Zählen macht noch keine Wissenschaft.

Und ebensowenig das bloße Beobachten, obgleich hin und wieder behauptet wird, wenn man empirisch vorgehe, so sei das wissenschaftlich. Empirisch vorgehen bedeutet, daß man sich die Dinge ansieht, bevor man Schlüsse zieht. Deshalb ist jeder Mensch ein Empiriker, vielleicht mit Ausnahme paranoider Schizophrener. Empirisch vorgehen bedeutet auch, daß man Beweise vorlegt, die für andere ebenso einleuchtend sind wie für einen selbst. So könnten Sie beispielsweis zu dem Schluß gelangen, daß es mir Spaß macht, Bücher zu schreiben, und als Beweis hierfür könnten Sie anführen, daß ich dieses Buch hier und noch ein paar andere geschrieben habe. Sie könnten als Beweis auch eine Tonbandaufnahme präsentieren, die ich Ihnen auf Anfrage gern zur Verfügung stelle und auf der ich Ihnen mitteile, daß ich gern Bücher schreibe. Man kann solche Beweismittel empirisch und Ihre Schlußfolgerung empirisch fundiert nennen. Aber deshalb betätigen Sie sich noch lange nicht als Wissenschaftler.

Sie handeln wie ein vernünftiger Mensch, und darauf können mit
Fug und Recht viele Leute Anspruch erheben, die keine Wissenschaftler sind.

Wissenschaftler sind bestrebt, empirisch zu verfahren und, wenn
möglich, präzise zu sein, aber es ist für ihr Unterfangen auch
grundlegend, daß sie ein hohes Maß an Objektivität wahren, daß
sie also ihre Gegenstände untersuchen, ohne darauf zu achten,
was andere Menschen über diese Gegenstände denken oder mit
ihnen anfangen. Die Ansichten der Menschen von der äußeren
Welt sind für die Wissenschaftler stets ein Hindernis, das sie
überwinden müssen, und das Bild, das sich die Wissenschaftler
von der äußeren Welt machen, unterscheidet sich bekanntlich
ganz erheblich von dem, das sich die Mehrzahl der Menschen
macht. Außerdem gehen Wissenschaftler in ihrem Streben nach
Objektivität von der Annahme aus, daß ihre Untersuchungs-
objekte durch die Tatsache, daß man sie untersucht, nicht
»berührt« werden, daß sie indifferent bleiben. Die Heisenberg-
sche Unschärferelation deutet zwar darauf hin, daß die Teilchen
auf subatomarer Ebene »wissen«, daß sie untersucht werden,
jedenfalls wenn man »wissen« in einem ganz spezifischen Sinne
auffaßt. Ein Elektron zum Beispiel verändert entweder seinen
Impuls oder seine Lage, wenn es aufgespürt wird, d. h. wenn es in
eine Wechselwirkung mit einem Photon gerät. Aber im gebräuchlichen Sinne des Wortes »weiß« dieses Elektron nicht und
kümmert sich auch nicht darum, daß die Wechselwirkung statt-
findet. Das gleiche gilt für Objekte wie Blätter, Äpfel, Planeten,
Lebern oder Brücken. Dieser Umstand enthebt die Wissenschaftler der Notwendigkeit, die eigenen Wertvorstellungen und
Motivationen in den Blick zu nehmen, und trennt allein schon
aus diesem Grund die Wissenschaft von der sogenannten Sozialwissenschaft, indem er der Methodologie der letzteren (Gunnar
Myrdal zufolge) den Status des »Metaphysischen und Pseudo-
Objektiven« zuweist.[3]

Das Ansehen der sozialwissenschaftlichen Methoden wird auch
dadurch beeinträchtigt, daß es kaum Experimente gibt, die eine
sozialwissenschaftliche Theorie als falsch erweisen könnten. In
den Sozialwissenschaften verschwinden Theorien anscheinend
nicht deshalb, weil sie widerlegt wurden, sondern weil sie
langweilig geworden sind. Wie jedoch Karl Popper gezeigt hat,

beruht die Wissenschaft auf der Forderung, Theorien müßten so formuliert sein, daß sie sich in Experimenten als falsch herausstellen können. Eine Theorie, die sich nicht auf ihre Falschheit überprüfen läßt, ist keine wissenschaftliche Theorie – das gilt zum Beispiel für Freuds Theorie des Ödipus-Komplexes. Psychologen können viele Beispiele anführen, die die Gültigkeit dieser Theorie untermauern, aber die Frage »Aufgrund welcher Beweismittel würde sich die Theorie als falsch erweisen?« können sie nicht beantworten. Diejenigen, die an die sogenannte »Schöpfungswissenschaft« glauben, reagieren mit Schweigen auf die Frage: »Welche Beweismittel würden zeigen, daß es keinen Gott gibt?«

Ich behaupte hier nicht, daß es den Ödipus-Komplex und daß es Gott nicht gibt. Ich behaupte auch nicht, daß es schädlich sei, an sie zu glauben – ganz und gar nicht. Ich sage nur, da es keine Prüfverfahren gibt, in denen sie sich prinzipiell als falsch erweisen könnten, liegen sie außerhalb des Geltungsbereichs der Wissenschaft, wie dies übrigens für fast alle Theorien gilt, die den Inhalt der »Sozialwissenschaft« ausmachen.

Ich werde gleich erklären, wofür ich die Sozialwissenschaften halte, und auch, warum das Technopol sie gern in eine Verbindung mit der Wissenschaft bringt. Doch zunächst möchte ich anhand eines Beispiels aus der Sozialwissenschaft verdeutlichen, warum es irreführend ist, hier von »Wissenschaft« zu sprechen.

Eine Studie, die als sozialwissenschaftliche Arbeit vielleicht nicht unter ethischem, wohl aber unter technischem Blickwinkel große Bewunderung erregt hat, ist die Folge von (sogenannten) Experimenten, die Stanley Milgram geleitet und unter dem Titel *Obedience to Authority* (dt.: *Das Milgram-Experiment*) publiziert hat. Im Zuge dieses Experiments suchte Milgram Menschen zu veranlassen, »unschuldige Opfer«, die allerdings eingeweiht waren, mit Elektroschocks zu traktieren. In Wirklichkeit wurden den Opfern diese Elektroschocks nicht verabreicht, aber die meisten Versuchspersonen *glaubten* es, und viele von ihnen lösten unter psychologischem Druck Schocks aus, die, wenn sie echt gewesen wären, das Opfer hätten töten können. Milgram gab sich viel Mühe bei der Gestaltung der Umgebung, in der sich das alles abspielte, und sein Buch ist voll von Statistiken, die angeben, wie viele taten, was ihnen die Versuchsleiter sagten, und wie viele nicht. Etwa 65 Prozent seiner Versuchspersonen waren willfähriger, als es für das Wohlbefinden ihrer Opfer gut gewesen wäre. Milgram zieht aus seinem Experiment folgenden Schluß: Angesichts einer Instanz, die sie als rechtmäßige Autorität auffassen, tun die meisten Menschen das, was man ihnen sagt. Anders ausgedrückt: Der soziale Kontext, in dem die Menschen sich befinden, ist ein bestimmender Faktor dafür, wie sie sich verhalten.

Nun ist aber diese Schlußfolgerung zunächst einmal nichts weiter als eine Binsenweisheit der Lebenserfahrung, die jeder kennt, angefangen bei Maimonides bis hin zu Ihrer Tante und Ihrem Onkel, ausgenommen allerdings die amerikanischen Psychologen. Bevor Milgram sein Experiment durchführte, schickte er einer Gruppe von Psychologen einen Fragebogen, in dem er sie um ihre Meinung darüber bat, wie viele Versuchspersonen solche Elektroschocks verabreichen würden, wenn man sie dazu aufforderte. Die Psychologen glaubten, die Zahl werde sehr viel kleiner ausfallen, als sie dann in Wirklichkeit war, und gründeten diese Einschätzung auf ihre Kenntnis des menschlichen Verhaltens. Ich möchte damit nicht sagen, daß wirkliche Wissenschaftler nie Binsenweisheiten verbreiteten, aber es kommt doch ziemlich selten vor und ist niemals Anlaß zur Begeisterung. Andererseits sind Schlußfolgerungen, die den Charakter von Binsenweisheiten haben, regelmäßiges Merkmal einer Sozialforschung, die sich als Wissenschaft ausgibt.

Zweitens war Milgrams Studie nicht im strengen Sinne empirisch, denn sie beruhte nicht auf der Beobachtung von Menschen in natürlichen Situationen. Ich nehme an, daß sich niemand sonderlich dafür interessiert, wie sich Menschen in einem Laboratorium an der Yale University oder anderswo verhalten. Aufschlußreich wäre jedoch, wie sie sich in Situationen verhalten, in denen es für ihren eigenen Lebenszusammenhang auf ihr Verhalten ankommt. Doch alle Schlußfolgerungen, die man aus Milgrams Studie ziehen will, muß man insofern einschränken, als sie nur für Menschen in Laboratorien und unter den von Milgram hergestellten Bedingungen gelten. Aber selbst wenn wir annehmen, daß es eine Entsprechung zwischen dem Verhalten im Laboratorium und lebensähnlichen Situationen gibt, läßt sich nicht voraussagen, *welche* lebensähnlichen Situationen dies sein werden. Und genausowenig kann man ernsthaft behaupten, daß zwischen der Bereitschaft, eine rechtmäßige Autorität zu akzeptieren, und der Bereitschaft, ihre Gebote zu befolgen, ein Verhältnis von Ursache und Wirkung besteht. Milgram selbst zeigt uns, daß es nicht besteht, denn immerhin sagten 35 Prozent seiner Versuchspersonen der »Autoritätsgestalt«, sie solle mit dem Unfug aufhören. Übrigens hatte Milgram nicht die leiseste Ahnung, *warum* ihm manche Leute sagten, er solle mit dem Unfug aufhören, und andere nicht. Außerdem bin ich ziemlich sicher, daß Milgrams Zahlen ganz anders ausgefallen wären, wenn er seine Versuchspersonen aufgefordert hätte, Hannah Arendts Buch *Eichmann in Jerusalem* zu lesen, bevor sie im Laboratorium erschienen.

Aber nehmen wir an, ich würde mich hierin irren, und nehmen wir weiter an, Milgram hätte herausgefunden, daß 100 Prozent seiner Versuchspersonen tun, was man ihnen sagt – mit oder ohne Hannah Arendt. Nehmen wir außerdem an, ich würde Ihnen eine Geschichte von einer Gruppe von Menschen erzählen, die sich in irgendeiner realen Situation weigerten, die Gebote einer rechtmäßigen Autorität zu befolgen – etwa die Geschichte der Dänen, die unter der deutschen Besetzung neuntausend Juden zur Flucht nach Schweden verhalfen. Würden Sie mir dann sagen, das könne nicht sein, weil Milgrams Untersuchung etwas ganz anderes bewiesen habe? Oder würden Sie sagen, damit sei Milgrams Experiment widerlegt? Vielleicht würden Sie auch sagen, daß die Reaktion der Dänen nicht relevant sei, weil die Dänen in den deutschen Besatzern keine rechtmäßige Autorität erblickten. Wie würden Sie dann jedoch die Bereitschaft der Nazi-Kollaborateure in Frankreich, in Polen und in Litauen erklären? Aber vermutlich würden Sie nichts dergleichen sagen, weil Milgrams Experiment nämlich irgendeine Theorie, die man als Gesetz der menschlichen Natur bezeichnen könnte, weder bestätigt noch falsifiziert. Seine Studie, die mir übrigens ebenso faszinierend wie erschreckend erscheint, ist keine Wissenschaft. Sie ist etwas ganz anderes.

Und nun möchte ich endlich sagen, mit was für einer Art von Arbeit Milgram meiner Ansicht nach befaßt war – und mit was für einer Arbeit sich diejenigen befassen, die menschliches

Verhalten und menschliche Situationen untersuchen. Ich möchte hier zunächst auf einen berühmten Briefwechsel zwischen Sigmund Freud und Albert Einstein hinweisen. Freud schickte einmal eines seiner Bücher an Einstein und bat ihn gleichzeitig um sein Urteil. Einstein erwiderte, er halte das Buch für exemplarisch, sei aber nicht qualifiziert, seinen wissenschaftlichen Wert zu beurteilen. Worauf Freud ein wenig gereizt antwortete, wenn Einstein über den wissenschaftlichen Wert des Buches nicht befinden könne, dann sei ihm, Freud, nicht klar, wieso er das Buch für exemplarisch erachten könne: entweder es sei Wissenschaft, oder es sei gar nichts. Nun, selbstverständlich war Freud im Unrecht. Sein Werk *ist* exemplarisch – sogar monumental –, aber kaum jemand meint heute noch, daß Freud Wissenschaft getrieben habe, genausowenig, wie gebildete Leute meinen, Marx habe Wissenschaft betrieben, oder Max Weber oder Lewis Mumford oder Bruno Bettelheim oder C. G. Jung oder Margaret Mead oder Arnold Toynbee. Diese Leute – und auch Stanley Milgram – haben das Verhalten und Empfinden von Menschen in der Auseinandersetzung mit Problemen dokumentiert, die ihnen ihre Kultur stellte. Ihre Arbeit ist eine Form von Geschichtenerzählen. Wissenschaft ist natürlich ebenfalls eine Art von Geschichtenerzählen, aber die Grundannahmen und Verfahrensweisen der Wissenschaft unterscheiden sich von denen der Sozialforschung so sehr, daß es höchst irreführend wäre, beidem den gleichen Namen zu geben. Die Geschichten der Sozialforscher stehen ihrer Struktur und ihrer Zielsetzung nach der herkömmlichen Literatur sehr viel näher; das heißt, sowohl der Sozialforscher wie auch der Romancier geben einem Komplex von menschlichen Ereignissen unverwechselbare Deutungen und bekräftigen ihre Deutungen durch vielfältige Beispiele. Ihre Deutungen lassen sich nicht beweisen oder widerlegen, ihren Reiz gewinnen sie aus der Kraft ihrer Sprache, aus der Tiefendimension ihrer Erklärungen, aus der Triftigkeit ihrer Beispiele und der Glaubwürdigkeit ihres Stoffes. Und dies alles dient in beiden Fällen einem erkennbaren moralischen Zweck. Die Wörter »wahr« und »falsch« sind hier nicht in dem Sinne anwendbar, der ihnen in der Mathematik oder in der Wissenschaft zukommt. Denn an diesen Deutungen gibt es nichts, was universal und unwiderruflich wahr oder falsch wäre. Es gibt keine Prüfverfahren, um sie zu bestätigen oder zu widerlegen. Es gibt keine Naturgesetze, aus denen sie sich ableiten lassen. Sie sind an eine Zeit und eine Konstellation gebunden und vor allem an die kulturellen Vorurteile des Forschers oder des Schriftstellers.

Ein Schriftsteller, zum Beispiel D. H. Lawrence, erzählt eine Geschichte über das Geschlechtsleben einer Frau, Lady Chatterley. Wir können daraus etwas über die Geheimnisse mancher Leute erfahren und dann fragen, ob die Geheimnisse der Lady Chatterley vielleicht doch alltäglicher sind, als wir vermutet haben. Lawrence erhob nicht den Anspruch, ein Wissenschaftler zu sein, aber er sah sich die Menschen, die er kannte, sehr genau und gründlich an und gelangte zu dem Schluß, daß es im Himmel und auf Erden mehr Heuchelei gibt, als unsere Schulweisheit sich träumen läßt. Auch Alfred Kinsey hat sich für das Geschlechtsleben von Frauen interessiert, und deshalb haben er und seine Assistenten Tausende von ihnen interviewt, um herauszufinden, wie sie über ihr sexuelles Verhalten dachten. Jede Frau erzählte ihre Geschichte, obschon diese Geschichte durch Kinseys Fragen nachdrücklich strukturiert wurde. Manche von ihnen erzählten alles, was man sie erzählen ließ, manche nur wenig, und manche haben wahrscheinlich gelogen. Aber als man alles zusammentrug, ergab sich eine Kollektiverzählung, die zu einer bestimmten Zeit und einem bestimmten Ort gehörte. Sie war abstrakter als die Geschichte von D. H. Lawrence, überwiegend in der Sprache der Statistik erzählt, und natürlich ohne tiefere psychologische Einsicht. Aber es war jedenfalls eine Geschichte. Man könnte sie eine Stammeserzählung über tausendundeine Nacht nennen, berichtet von tausendundeiner Frau, und ihr Stoff unterschied sich nicht sehr von dem in Lawrences Roman – hier wie dort geht es darum, daß das Geschlechtsleben mancher Frauen viel eigenartiger und aktiver ist, als uns einige andere Geschichten, vor allem die von Freud, vermuten ließen.

Ich sage nicht, daß es zwischen Lawrence und Kinsey keinerlei Unterschied gebe. Lawrence entfaltet seine Geschichte in einer Sprachstruktur, die man narrativ nennen könnte. Kinseys Sprachstruktur hingegen könnte man als argumentative Darstellung bezeichnen. Diese Formen unterscheiden sich gewiß voneinander, wenn auch nicht so stark, wie man vielleicht annehmen mag. Über die Brüder Henry und William James hat man gesagt, Henry sei der Romancier, der wie ein Psychologe schrieb, und William der Psychologe, der wie ein Romancier schrieb. So wie ich das Wort »Geschichte« verstehe, ist die argumentative Darstellung ebensogut wie die narrative imstande, eine solche Geschichte zu entfalten. Natürlich wird die Geschichte von Lawrence durch die Grenzen seiner eigenen Phantasie bestimmt, und er war nicht verpflichtet, andere soziale Tatsachen zu berücksichtigen als die, die er zu kennen meinte. Seine Geschichte ist ganz und gar persönliche Wahrnehmung, und deshalb sprechen wir hier von fiktiver Literatur. Kinseys Geschichte stammt aus dem Mund anderer Menschen, und er war durch das begrenzt, was sie ihm mitteilten, als er ihnen seine Fragen stellte. Seine Geschichte könnten wir daher einen Tatsachenroman nennen. Aber wie alle Geschichten ist auch sie von moralischen Vorurteilen und soziologischer Theorie durchdrungen. Kinsey war es, der die Fragen formulierte, der bestimmte, wer interviewt werden sollte und in welchem Rahmen, und wie die Antworten zu interpretieren seien. Das alles verleiht seiner Geschichte ihre Form und Stichhaltigkeit. Wir dürfen sogar annehmen, daß Kinsey, ebenso wie Lawrence, von Anfang an wußte, welches Thema seine Geschichte haben würde. Sonst hätte er sich wahrscheinlich gar nicht die Mühe gemacht, sie zu erzählen.

Der Romancier ebenso wie der Sozialforscher verwenden beim Aufbau ihrer Geschichten Archetypen und Metaphern. Cervantes zum Beispiel schenkte uns in Don Quijote den unvergänglichen Archetypus des unverbesserlichen Träumers und Idealisten. Der Sozialhistoriker Marx schuf den Archetypus des skrupellosen, anonymen Kapitalisten. Flaubert schuf in Emma Bovary den Typus der unterdrückten bürgerlichen Romantikerin. Und Margaret Mead haben wir das Bild der sorglos und ohne Schuldgefühle heranwachsenden jungen Samoaner zu verdanken. Kafka entwarf das Bild des entfremdeten, vom Abscheu vor sich selbst geplagten Städters. Und Max Weber zeichnete die schwer arbeitenden Männer, die von jener Mythologie vorangetrieben wurden, die er protestantische Ethik nannte. Dostojewski entdeckte die Gestalt des Egozentrikers, der in Liebe und religiösem Eifer Erlösung findet. Und B. F. Skinner schuf das

Bild des Automatenmenschen, der seine Erlösung in einer wohltätigen Technik findet.

Man kann sagen, daß uns im 19. Jahrhundert die Romanschriftsteller die eindringlichsten Gleichnisse und Bilder für unsere Kultur geschenkt haben. Im 20. Jahrhundert jedoch wurden solche Bilder und Gleichnisse hauptsächlich von Sozialhistorikern und Sozialforschern gezeichnet. Denken wir an John Dewey, William James, Erik Erikson, Alfred Kinsey, Thorstein Veblen, Margaret Mead, Lewis Mumford, B. F. Skinner, Carl Rogers, Marshall McLuhan, Noam Chomsky, Robert Coles und schließlich auch an Stanley Milgram, und es wird offensichtlich, daß unsere Vorstellungen davon, was wir sind und in was für einem Land wir leben, viel häufiger aus ihren Geschichten als aus denen unserer berühmten Literaten herrühren.

Ich will damit übrigens nicht sagen, daß die Gleichnisse der Sozialforschung auf die gleiche Art und Weise zustande kommen wie die der Romane und Dramen. Der Literat schafft Gleichnisse durch die beharrliche, mit konkreten Details arbeitende Schilderung der Handlungen und Gefühle besonderer Menschen. Die Soziologie bildet nur den Hintergrund, im Zentrum steht die individuelle Psychologie. Der Sozialforscher verfährt anders. Für ihn steht ein größerer Wirklichkeitsausschnitt im Zentrum, und das individuelle Leben wird lediglich als Silhouette, in Rückschlüssen und Andeutungen sichtbar. Außerdem geht der Romanschriftsteller so vor, daß er etwas zeigt. Der Sozialforscher hingegen, der sich abstrakter sozialer Tatsachen bedient, operiert mit Gründen, mit Logik, mit Argumenten. Deshalb ist die fiktive Literatur in aller Regel unterhaltsamer. Während Oscar Wilde und Evelyn Waugh uns die müßigen, dem Geltungskonsum huldigenden Reichen *zeigen*, erweckt Thorstein Veblen sie durch *argumentative* Darstellung zum Leben. In der Gestalt des Sammy Glick *zeigt* uns Budd Schulberg den Narziß, dessen Herkunft Christopher Lasch kürzlich durch soziologische Analyse zu *erklären* versuchte. Es gibt also Unterschiede zwischen diesen Geschichtenerzählern, und meistens ist es vergnüglicher, unsere Romanschriftsteller zu lesen. Aber die Geschichten unserer Sozialforscher sind zumindest genauso unwiderstehlich und heutzutage offenbar um einiges glaubwürdiger.

169

Aber warum erzählen Sozialforscher eigentlich Geschichten? Der Zweck ist vor allem ein didaktischer und moralischer. Alle diese Leute erzählen ihre Geschichten aus dem gleichen Grund, aus dem Buddha, Konfuzius, Hillel und Jesus die ihren erzählten (und übrigens auch D. H. Lawrence). Es stimmt zwar, daß Sozialforscher ihre Ansprüche auf Wissen nur selten auf die Unanfechtbarkeit heiliger Texte gründen und noch seltener auf irgendeine Offenbarung. Aber man sollte sich von den methodischen Unterschieden zwischen Predigern und Gelehrten nicht blenden oder täuschen lassen. Ohne blasphemisch sein zu wollen, behaupte ich, daß Jesus ein ebenso scharfsinniger Soziologe war wie Veblen. Besser läßt sich nämlich Veblens *Theorie der feinen Leute* gar nicht zusammenfassen als durch Jesus' Bemerkung über die Reichen, das Kamel und das Nadelöhr. Als Sozialforscher unterschieden sich die beiden nur insofern, als Veblen gelegentlich zur Weitschweifigkeit neigte.[4]

Im Unterschied zur Wissenschaft macht die Sozialforschung keine neuen Entdeckungen. Sie entdeckt nur wieder, was den Menschen früher schon gesagt worden ist und was ihnen immer wieder gesagt werden muß. Wenn der Preis für die Zivilisation wirklich in der Verdrängung der Sexualität besteht, dann hat nicht Freud diese Entdeckung gemacht. Wenn das Bewußtsein der Menschen durch ihr materielles Sein bestimmt wird, dann hat nicht Marx diese Entdeckung gemacht. Wenn das Medium die Botschaft ist, dann hat dies nicht McLuhan entdeckt. Sie alle haben nur alte Geschichten auf eine neue Weise erzählt. Und diese Geschichten werden auch in den kommenden Jahrzehnten und Jahrhunderten immer wieder erzählt werden, allerdings, so stelle ich mir vor, mit geringerer Wirkung. Denn wie es scheint, mag das Technopol solche Geschichten nicht – es will Tatsachen, harte, wissenschaftliche Tatsachen. Vielleicht kann man sogar sagen, daß das Technopol dem präzisen Wissen den Vorrang vor dem wahrhaftigen Wissen einräumt, in jedem Fall aber will das Technopol das Dilemma der Subjektivität ein für allemal lösen. In einer Kultur, in der die Maschine mit ihren unpersönlichen, endlos wiederholbaren Operationen zur dominanten Metapher geworden ist und als Instrument des Fortschritts gilt, bekommt Subjektivität etwas Unannehmbares. Vielfalt, Komplexität und Mehrdeutigkeit des menschlichen Urteils sind Feinde der Technik. Sie machen sich lustig über Statistiken, Meinungsumfragen, standardisierte Tests und Bürokratien. Unter dem Technopol genügt es nicht, wenn die Sozialforschung alte Wahrheiten wiederentdeckt oder wenn sie sich kritisch über die Moral und das Verhalten von Menschen äußert. Unter dem Technopol ist es eine Beleidigung, wenn man jemanden einen »Moralisten« nennt. Und es genügt auch nicht, wenn die Sozialforschung Gleichnisse, Bilder und Ideen entwickelt, die den Menschen helfen, mit einem gewissen Maß an Einsicht und Würde zu leben. Einem solchen Programm fehlt der Glanz des exakten Wissens, den nur die Wissenschaft zu gewähren vermag. Deshalb wird es notwendig, aus Psychologie, Soziologie und Anthropologie »Wissenschaften« zu machen, in denen die Menschheit selbst zum Objekt wird, so wie Pflanzen, Planeten oder Eiswürfel Objekte sind.

Deshalb müssen triviale Einsichten wie die, daß die Menschen Angst vor dem Tod haben oder daß Kinder aus stabilen Familien, die der Bildung einen hohen Wert beimessen, in der Schule meist gut abschneiden, als wissenschaftliche »Entdeckungen« deklariert werden. Auf diese Weise erscheinen Sozialforscher sich selbst und anderen als Wissenschaftler, als vorurteilslose und wertfreie, von bloßen Meinungen unbelastete Forscher. Aus dieser Position kann man dann behaupten, gesellschaftspolitische Maßnahmen beruhten auf objektiven Fakten. Unter dem Technopol genügt es nicht, zu argumentieren, daß die Trennung von Schwarzen und Weißen in den Schulen unmoralisch ist, und es ist nutzlos, Bücher wie *Black Boy* oder *The Invisible Man* oder *The Fire Next Time* als Beweis anzuführen. Vor den Gerichten muß man mit standardisierten Schuleignungstests und psychologischen Tests nachweisen, daß Schwarze weniger leisten als Weiße und daß sie sich durch die Rassentrennung erniedrigt fühlen. Unter dem Technopol genügt nicht der Satz, es sei unmoralisch und entwürdigend, zuzulassen, daß Menschen obdachlos werden. Man kommt nicht weiter, wenn man einen Richter, einen Politiker oder einen Bürokraten auffordert, *Les Misérables* oder *Nana* oder auch das Neue Testament zu lesen. Man muß Statistiken vorlegen, die bekunden, daß Obdachlose wirklich unglücklich sind und eine Belastung für die Wirtschaft darstellen. Weder aus Dostojewski noch aus Freud, weder aus

Dickens noch aus Weber, weder aus Twain noch aus Marx läßt sich heute legitimes Wissen schöpfen. Sie sind interessant; sie sind »lesenswert«; sie sind Kunstgebilde aus unserer Vergangenheit, aber um »Wahrheit« zu erlangen, müssen wir uns an die »Wissenschaft« halten. Und damit bin ich beim Kern dessen, was ich unter »Szientismus« verstehe, angelangt und bei der Frage, warum er unter dem Technopol entstanden ist.

Ich habe versucht zu zeigen, daß Wissenschaft, Sozialforschung und das, was wir im engeren Sinne als Literatur bezeichnen, drei ganz unterschiedliche Unterfangen sind. Alle drei sind letztlich Formen von Geschichtenerzählen – Versuche von Menschen, menschliche Erfahrungen kohärent darzustellen. Aber ihre Ziele sind unterschiedlich, sie stellen unterschiedliche Fragen, sie verwenden unterschiedliche Verfahren, und sie geben dem Begriff »Wahrheit« unterschiedliche Bedeutungen. Hinsichtlich der meisten dieser Gesichtspunkte hat die Sozialforschung mit der Wissenschaft wenig gemeinsam, viel hingegen mit bestimmten Literaturformen. Dennoch sind die »Sozialwissenschaftler« seit langem bestrebt, sich nicht nur dem Namen nach mit Physikern, Chemikern, Biologen und anderen zu identifizieren, die in der Welt der Natur nach gesetzhaften Regelmäßigkeiten suchen. Warum Gelehrte, die sich mit der Erforschung des menschlichen Daseins befassen, dies tun, ist nicht schwer zu erklären. Die großen Erfolge der Neuzeit – vielleicht sogar die einzigen Erfolge – waren in der Medizin, in der Pharmakologie, in der Biochemie, in der Astrophysik zu verzeichnen, und alle Errungenschaften im Maschinenbau, in der biologischen Technik und in der Elektronik sind durch die konsequente Anwendung der Zielvorstellungen, Grundannahmen und Verfahrensweisen der Naturwissenschaften ermöglicht worden. Diese Erfolge haben den Begriff Wissenschaft mit einer ehrfurchtgebietenden Autorität ausgestattet und denen, die Anspruch auf die Bezeichnung »Wissenschaftler« erheben, ein hohes Maß an Achtung und Ansehen verschafft. Hinzu kommt die auf das 19. Jahrhundert zurückgehende Hoffnung, die Prinzipien und Verfahrensweisen der Naturwissenschaft ließen sich unverändert und mit ebenso großem praktischen Erfolg auf die soziale Welt anwenden. Diese Hoffnung hat sich als irrig und illusorisch herausgestellt. Aber es handelt sich um eine mächtige Illusion, und wenn man sich vor Augen führt, welche psychologischen, sozialen und materiellen Vorteile mit dem Etikett »Wissenschaftler« verbunden sind, dann kann man leicht verstehen, warum es den Sozialforschern schwerfällt, sich von ihr zu lösen.

Nicht so leicht zu verstehen ist, warum wir anderen uns bereitwillig und sogar eifrig an der Aufrechterhaltung dieser Illusion beteiligt haben. Zum Teil liegt die Erklärung in einem fundamentalen Unverständnis für die Ziele der Naturwissenschaften und der Sozialforschung und für die Unterschiede zwischen der physikalischen und der sozialen Welt. Aber es steckt noch mehr dahinter. Als die neuen Technologien und Techniken, als Männer wie Galilei, Newton und Bacon die Grundlagen der Naturwissenschaft schufen, da geriet auch die Autorität älterer Modelle der physikalischen Welt, etwa die der Genesis, in Mißkredit. Indem die Wissenschaft die Wahrheit solcher Darstellungen auf einem bestimmten Gebiet in Zweifel zog, untergrub sie den Glauben an geheiligte Welterklärungen überhaupt und verschüttete zuletzt auch jene Quellen, an die sich die Menschen in ihrer überwiegenden Zahl bei der Suche nach *moralischer* Autorität gehalten hatten. Die Behauptung ist, wie mir scheint, nicht übertrieben, daß die Welt, aus der das Heilige verschwunden ist, seither auf der Suche nach einer anderen Quelle moralischer Autorität ist. Soviel ich weiß, hat noch kein verantwortungsbewußter Naturwissenschaftler, weder in der Renaissance noch in neuerer Zeit, behauptet, die Verfahren der Naturwissenschaften oder ihre Entdeckungen könnten uns sagen, was wir tun *sollen* – ob unser Umgang mit den Mitmenschen gut oder böse, richtig oder falsch ist. Die Prinzipien der Naturwissenschaft selbst, die Forderung, gegenüber dem, was untersucht werden soll, einen objektiven Standpunkt einzunehmen, machen es dem Naturwissenschaftler unmöglich, *in seiner Rolle als Wissenschaftler* moralische Urteile zu fällen oder moralische Forderungen zu formulieren. Wenn sich Naturwissenschaftler zu moralischen Fragen äußern, darüber, was man tun und was man lassen sollte, dann sprechen sie mit der gleichen Autorität wie wir anderen auch – als besorgte und betroffene Bewohner eines bedrohten Planeten, als rationale Männer und Frauen, als Menschen, die ein Gewissen haben und die nicht weniger als Sie oder ich um eine Antwort auf die Frage ringen müssen, worauf denn die Autorität ihres moralischen Urteils sich letztlich stützt. Aber eine Welt voller verzweifelter Zuhörer, die sich nach einer mächtigeren moralischen Autorität sehnen, fleht den Naturwissenschaftler an, zu erklären, daß durch ihn *die Wissenschaft* selbst das Wort ergreift, nicht ein einzelner Mann oder eine einzelne Frau. Doch der Wissenschaftler kann darauf bei seiner Ehre nicht eingehen.

Unsere »Sozialwissenschaftler« hatten in diesem Punkt von Anfang an weniger Skrupel, oder sie hegten weniger strenge Anschauungen von der Wissenschaft, oder es herrschte bei ihnen größere Unklarheit im Hinblick darauf, welche Fragen sich mit Hilfe ihrer Verfahren beantworten lassen und welche nicht. Jedenfalls scheuten sie sich nicht, zu behaupten, ihre »Entdeckungen« und ihre strengen Verfahrensweisen seien imstande, uns Anleitungen zum »richtigen« Verhalten zu geben. Deshalb findet man »Sozialwissenschaftler« so häufig auf dem Fernsehbildschirm, auf unseren Bestsellerlisten und in den Ratgeberabteilungen der Flughafenbuchhandlungen: nicht weil sie uns sagen können, wie sich manche Menschen bei manchen Gelegenheiten verhalten, sondern weil sie behaupten, sie könnten uns sagen, wie sie sich verhalten *sollen*; nicht weil sie als Mitmenschen zu uns sprechen, die länger gelebt, mehr Leid erfahren und länger oder gründlicher über bestimmte Probleme nachgedacht haben, sondern weil sie bereit sind, die Illusion aufrechtzuerhalten, es seien ihre Daten, ihre Verfahren, ihre Wissenschaft und nicht sie selbst, die da sprechen. Wir sind froh darüber und begrüßen sie herzlich, weil wir verzweifelt nach einer Quelle jenseits unserer eigenen schwachen, schwankenden Urteilskraft suchen, die unseren moralischen Entscheidungen und unserem Verhalten Autorität verleihen könnte. Und abgesehen von der Autorität der rohen Gewalt, die man aber schwerlich moralisch nennen kann, ist uns offenbar kaum etwas anderes geblieben als die Autorität der Verfahren.

Das also ist es, was ich unter Szientismus verstehe. Nicht bloß die verfehlte Anwendung von Techniken wie der Quantifizierung auf Themen, bei denen mit Zahlen nichts auszurichten ist; nicht bloß die Verwechslung des physikalischen Erfahrungsbereiches mit dem Bereich sozialer Erfahrungen; nicht bloß die Behauptung der Sozialforscher, sie könnten die Ziele und Verfahren der

Naturwissenschaften auf die Welt der Menschen übertragen. Szientismus ist alles das, aber noch viel mehr. Er verkörpert die verzweifelte Hoffnung, den verzweifelten Wunsch, den letztlich illusorischen Glauben, ein Komplex von standardisierten Verfahrensweisen, genannt »Wissenschaft«, könne für uns zu einer Quelle unanfechtbarer moralischer Autorität werden, zu einer übermenschlichen Grundlage für die Antwort auf Fragen wie: »Was ist Leben, wann beginnt es und warum?« – »Warum gibt es Tod und Leiden?« – »Was ist richtig und was falsch?« – »Was sind gute und was böse Zwecke?« – »Wie soll man denken und empfinden und sich verhalten?« Es handelt sich um Szientismus, wenn Präsident Reagan sagt, er persönlich halte die Abtreibung für falsch, aber die Antwort auf die Frage, wann der Fötus zu leben anfange, müßten wir der Wissenschaft überlassen. Es handelt sich ebenso um Szientismus, wenn kein Wissenschaftler Einspruch erhebt, wenn keine Zeitung auf ihrer »Wissenschafts«-Seite eine Widerlegung druckt, wenn jeder, sei es bewußt oder aus Unwissenheit, an der Aufrechterhaltung dieser Illusion mitwirkt. Die Wissenschaft kann uns sagen, wann ein Herz zu schlagen beginnt oder wann Bewegungen einsetzen oder wie hoch die statistischen Überlebenschancen für Embryos in den verschiedenen Entwicklungsphasen außerhalb des Mutterleibs sind. Aber sie besitzt nicht mehr Autorität als Sie oder ich, wenn es darum geht, Maßstäbe aufzustellen, etwa die »wahre« Definition von »Leben«, von Humanität oder von Personalität. Die Sozialforschung kann uns sagen, wie sich manche Menschen angesichts einer Autorität, die sie für legitim erachten, verhalten. Aber sie kann uns nicht sagen, wann eine Autorität »legitim« ist und wann nicht, oder wie wir uns entscheiden sollen, oder wann es richtig ist, zu gehorchen, und wann nicht. Antworten auf solche Fragen von der Wissenschaft zu verlangen, zu erwarten oder ungeprüft hinzunehmen – das ist Szientismus, die große Illusion des Technopols.

Gegen Ende seines Lebens führte Sigmund Freud mit sich selbst eine Debatte über das, was er *Die Zukunft einer Illusion* nannte. Die Illusion, die er meinte, war der Glaube an eine übernatürliche und übermenschliche Quelle von Sein, Wissen und moralischer Autorität: der Glaube an Gott. Freud ging es nicht um die Frage, ob Gott existiere, sondern darum, ob die Menschheit ohne die Illusion eines Gottes überleben könnte – oder anders formuliert: ob es der Menschheit psychologisch, kulturell und moralisch ohne diese Illusion besser ergehen würde als mit ihr. Freud formuliert seine eigenen Zweifel (indem er sie einem Alter ego in den Mund legt, mit dem er debattiert) so eindrucksvoll, wie es ihm möglich ist, aber am Ende »gewinnt« die Stimme von Freuds Vernunft (oder sein Glaube an die Vernunft): gleichgültig, ob es der Menschheit besser ergehen werde oder nicht, sie müsse ohne die Illusion von Gott auskommen. Freud erkannte nicht, daß er mit seinem Werk einer anderen Illusion Vorschub leistete: dem illusionären Glauben an eine Zukunft, in der die Verfahrensweisen der Natur- und Sozialwissenschaften letztlich die »wirkliche« Wahrheit über das menschliche Verhalten offenbaren und durch die Vermittlung objektiver, neutraler Wissenschaftler eine empirische Quelle moralischer Autorität zugänglich machen würden. Hätte Freud die eigentümliche Verwandlung, die das Bild von der letzten Autorität in unserer Zeit durchgemacht hat, vorausgesehen – die Verwandlung eines alten Mannes mit einem langen weißen Bart in lauter junge Männer und Frauen mit langen weißen Kitteln –, dann hätte er seiner Frage vielleicht eine andere Zielrichtung gegeben. Er konnte es nicht. Und deshalb will ich es hier tun – nicht um eine Antwort zu geben, sondern in der Hoffnung, eine neue Debatte zu entfachen: Was liegt im Zeitalter des Technopols am ehesten im Interesse der Menschen und was könnte sich am ehesten als verhängnisvoll erweisen: die Illusion Gottes, die Illusion des Szientismus oder die Preisgabe jeglicher Illusion und jeglicher Hoffnung auf eine letzte Quelle moralischer Autorität?

10. Die Entleerung der Symbole

Es könnte sein, daß eines Tages ein Werbemann, der einen Fernsehspot für einen neuen kalifornischen Chardonnay entwickeln soll, folgende Eingebung hat: Jesus steht allein in einer Wüstenoase. Eine leichte Brise fächelt die Blätter der stattlichen Palmen hinter ihm. Sanfte orientalische Musik liebkost die Luft. Jesus blickt voller Bewunderung auf eine Flasche Wein in seiner Hand. Dann wendet er sich der Kamera zu und sagt: »Als ich zu Kana Wasser in Wein verwandelte, schwebte mir das hier vor. Probieren Sie mal. Sie werden mir glauben.«

Sie sind vielleicht der Meinung, so etwas sei heute und in absehbarer Zukunft undenkbar, aber: Während ich dies schreibe, wird im Fernsehen häufig ein Werbespot für Frankfurter Würstchen der Firma Hebrew National gezeigt. Darin erscheint ein elegant wirkender Onkel Sam im traditionellen rotweißblauen Aufzug. Während er die angemessene Miene dazu macht, beschreibt eine Stimme aus dem Off, wie köstlich und gesund die Frankfurter Würstchen von Hebrew National sind. Zuletzt macht uns die Stimme darauf aufmerksam, daß die Frankfurter von Hebrew National die gesetzlichen Standards für solche Erzeugnisse noch überbieten. Warum? »Weil«, so erklärt uns die Stimme, während Onkel Sam zum Himmel emporblickt, »wir uns einer Höheren Autorität verpflichtet fühlen.«

Der Leser mag entscheiden, was ihm unglaublicher erscheint – daß man mit Jesus Wein verkauft oder Frankfurter Würstchen mit dem lieben Gott. Aber wie immer Sie sich entscheiden, Sie sollten bedenken, daß es sich in keinem der beiden Fälle, weder in dem hypothetischen noch in dem wirklichen Werbespot, um Blasphemie handelt. Es handelt sich um etwas viel Schlimmeres. Blasphemie bezeugt schließlich auf ihre Weise nachdrücklich die Macht eines Symbols. Derjenige, der ein Symbol lästert, nimmt es genauso ernst wie der, der es anbetet, und deshalb will der Präsident der Vereinigten Staaten heute (im Jahr 1991) in einem Zusatz zur amerikanischen Verfassung die Beleidigung der amerikanischen Flagge unter Strafe stellen.

Aber hier haben wir es nicht mit Blasphemie, sondern mit Trivialisierung zu tun, und gegen die kann es keine Gesetze geben. Unter dem Technopol wird die Trivialisierung bedeutsamer Symbole in großem Umfang von der Wirtschaft betrieben. Nicht, weil die amerikanische Wirtschaft bösartig wäre, sondern weil die Verehrung der Technologie die Verehrung von allem anderen unterläuft. Symbole, deren Bedeutung aus traditionellen religiösen oder nationalen Zusammenhängen herrührt, müssen deshalb so rasch wie möglich unwirksam gemacht, das heißt: ihrer sakralen Bedeutung oder ihres Ernstes entkleidet werden. Die Erhebung eines Gottes macht die Absetzung eines anderen erforderlich. »Du sollst keine anderen Götter neben mir haben« – das gilt für den Gott der Technologie ebenso wie für den Gott des Alten Testaments.

Es gibt zwei miteinander verwobene Gründe dafür, daß es möglich ist, traditionelle Symbole zu trivialisieren. Den ersten hat der Gesellschaftskritiker Jay Rosen klar zum Ausdruck gebracht: Symbole, vor allem Bilder, lassen sich zwar endlos wiederholen, aber ihre Kraft ist nicht unerschöpflich. Und je häufiger ein bedeutsames Symbol verwendet wird, desto mehr verliert seine Bedeutung an Kraft. Daniel Boorstin hat hierauf schon vor dreißig Jahren in seinem klassischen Buch *Das Image oder Was wurde aus dem amerikanischen Traum?* hingewiesen.[1] Darin schildert er die Anfänge einer »optischen Revolution« um die Mitte des 19. Jahrhunderts, in deren Verlauf die Reproduktion von Bildern aller Art immer leichter wurde und die Massen ständigen Zugang zu den symbolischen und bildlichen Elementen ihrer Kultur gewannen. Durch Drucke, Lithographien, Photographien und später auch durch Film und Fernsehen wurden religiöse und nationale Symbole zu Gemeinplätzen, die mit Gleichgültigkeit, wenn nicht Geringschätzung betrachtet wurden. Als wollte er denen antworten, die der Meinung sind, die emotionale Wirkung eines sakralen Bildes bleibe immer unveränderlich, macht Boorstin uns darauf aufmerksam, daß die meisten Menschen in der Zeit vor der optischen Revolution vergleichsweise wenige Bilder zu Gesicht bekamen. Christus- oder Marienbilder waren außerhalb der Kirchen kaum zu sehen. Gemälde bedeutender geschichtlicher Gestalten gab es nur in den Häusern der Wohlhabenden oder in öffentlichen Gebäuden. Auch in Büchern konnte man Bilder finden, aber Bücher waren teuer und standen die meiste Zeit im Regal. Bilder waren kein augenfälliger Bestandteil der Umwelt, und ihre Knappheit trug zu ihrer besonderen Kraft bei. Als die Bilder immer zugänglicher wurden, so Boorstin, veränderte sich notwendigerweise auch die Erfahrung in der Begegnung mit ihnen; das Bild verlor an Wichtigkeit. Ein Bild, so heißt es, sagt mehr als tausend Worte. Aber tausend Bilder, vor allem, wenn sie alle den gleichen Gegenstand zeigen, sagen vielleicht überhaupt nichts mehr.

Boorstin und Rosen machen uns hier auf ein ganz einfaches psychologisches Prinzip aufmerksam. Jeder kann es sich (falls er das noch nicht getan hat) leicht vor Augen führen, indem er irgendein Wort, auch ein sehr bedeutungsträchtiges, wieder und wieder vor sich hin spricht. Man wird feststellen, daß sich das Wort früher als erwartet in einen bedeutungslosen Laut verwandelt, denn im Zuge der Wiederholung versickert sein symbolischer Gehalt. Jeder, der in der US Army gedient oder einige Zeit in einem Studentenwohnheim gelebt hat, hat diese Erfahrung mit den sogenannten obszönen Wörtern gemacht. Wörter, die als unanständig gelten und normalerweise Verlegenheit oder Verwirrung auslösen, büßen, wenn man sie zu häufig gebraucht, ihre Kraft, zu schockieren, verlegen zu machen oder die Aufmerksamkeit auf eine bestimmte Gemütsverfassung zu lenken, vollständig ein. Sie sind dann nur noch Laute und keine Symbole mehr.

Auf den Weg in die Bedeutungslosigkeit geraten die Symbole aber nicht nur infolge häufiger Verwendung, sondern auch dadurch, daß sie wahllos in allen möglichen Zusammenhängen gebraucht werden. Eine Obszönität zum Beispiel ist am wirkungsvollsten, wenn sie bestimmten Situationen vorbehalten bleibt, in denen es um Zorn, Abscheu oder Haß geht. Wenn man sie hingegen als Beiwort zu jedem dritten Substantiv in einem Satz verwendet, ohne Rücksicht auf den emotionalen Kontext, wird sie ihrer magischen Wirkung und ihrer Faszinationskraft beraubt. Das gleiche geschieht, wenn ein Bild von Abraham Lincoln oder George Washington zur Ankündigung eines Bettwäscheausverkaufs am »President's Day« benutzt wird oder wenn der Geburtstag von Martin Luther King als Anlaß für die Sonderaktion eines Möbelhauses herhalten muß. Das gleiche geschieht, wenn Onkel Sam, Gott oder Jesus zu irgendwelchen trivialen oder profanen Zwecken beschworen werden.

Manchmal wird argumentiert, der wahllose Umgang der amerikanischen Wirtschaft mit sakralen oder ernsthaften Symbolen sei Ausdruck einer gesunden Respektlosigkeit. Tatsächlich ist Respektlosigkeit ein gutes Mittel gegen übertriebene oder erkünstelte Frömmigkeit und ist dort besonders geboten, wo Frömmigkeit als politische Waffe benutzt wird. Man könnte auch sagen, daß Respektlosigkeit und nicht Blasphemie die definitive Antwort auf die Götzendienerei ist, weshalb denn auch die meisten Kulturen Formen oder Mittel hervorgebracht haben, um solcher Respektlosigkeit Ausdruck zu verleihen – im Theater, in Witzen, in Liedern, in der politischen Rhetorik, sogar in Festen. Für die Juden zum Beispiel ist das Purim-Fest ein Tag im Jahr, an dem sie sich über die Frömmigkeit selbst lustig machen können.

Doch der kommerziellen Ausbeutung traditioneller Symbole liegt nichts ferner als der Gedanke, daß übertriebene Frömmigkeit selbst zum Laster werden könnte. Dafür ist das Geschäftemachen eine viel zu ernste Angelegenheit, und gegen Frömmigkeit ist dabei ganz und gar nichts einzuwenden, solange sie nur die Idee des Konsums schürt, über die man sich an keinem Tag des Jahres lustig machen darf. Wenn die Wirtschaft Onkel Sam oder die Nationalflagge oder den amerikanischen Adler oder Bilder von Präsidenten mit Beschlag belegt, wenn sie Firmennamen wie »Liberty Insurance«, »Freedom Transmission Repair« oder »Lincoln Savings and Loan« prägt, so bekundet sie damit keine Respektlosigkeit. Sie erklärt nur, daß der Unterschied zwischen dem Sakralen und dem Profanen unter dem Technopol irrelevant geworden ist.

Ich möchte hier nicht das übliche Klagelied über die Auswüchse des Kapitalismus anstimmen. Es ist nämlich durchaus möglich, daß eine Marktwirtschaft die Ernsthaftigkeit von Wörtern und Bildern respektiert und ihre Verwendung in trivialen oder albernen Zusammenhängen nicht zuläßt. Tatsächlich spielte die Reklame während der Phase des größten industriellen Wachstums in Amerika – ungefähr von 1830 bis zum Ende des 19. Jahrhunderts – für die Wirtschaft keine große Rolle, und wo es Reklame gab, da bediente sie sich einer klaren Sprache und kam ohne die Ausbeutung bedeutsamer kultureller Symbole aus. Eine »Werbebranche« entstand erst zu Beginn des 20. Jahrhunderts, und eine ihrer ersten Grundlagen war das Postgesetz vom 3. März 1879, das den Zeitschriften durch besonders günstige Portosätze eine Vorzugsstellung einräumte. Infolgedessen wurden die Zeitschriften zu den am leichtesten verfügbaren Instrumenten für die Verbreitung von Anzeigen, die die ganze Nation erreichen sollten, und die Kaufleute nutzten die Gelegenheit, aus den Namen ihrer Firmen Symbole für wirtschaftliche Leistungsfähigkeit zu machen. Als George Eastman 1888 die tragbare Photokamera erfand, gab er 25000 Dollar aus, um in Zeitschriften Reklame für sie zu machen. 1895 war der Name »Kodak« gleichbedeutend mit Kamera – und ist es in einem gewissen Maße bis heute geblieben. Firmen wie Royal Baking Powder, Baker's Chocolate, Ivory Soap und Gillette verschafften sich Zugang zu einem nationalen Markt, indem sie ihre Erzeugnisse in Zeitschriften inserierten. Sogar Zeitschriften erschlossen sich den Inlandsmarkt, indem sie in anderen Zeitschriften Anzeigen schalteten – das spektakulärste Beispiel war das *Ladies Home Journal*. Sein Verleger Cyrus H. K. Curtis gab zwischen 1883 und 1888 eine halbe Million Dollar für Anzeigen aus, mit denen er in anderen Blättern für sein Magazin warb. Im Jahre 1909 hatte das *Ladies Home Journal* mehr als eine Million Leser.

Ungeachtet der Begeisterung von Curtis für die Reklame war die bedeutendste Figur für die Verquickung von Reklame und Zeitschrift Frank Munsey, bei dessen Tod im Jahre 1925 William Allen White in einem Nachruf die folgenden Worte fand: »Frank Munsey steuerte zum Journalismus seiner Zeit das Talent eines Fleischwarenfabrikanten, die Moral eines Geldwechslers und die Manieren eines Bestattungsunternehmers bei. Ihm und seinesgleichen ist es gelungen, einen einst ehrwürdigen Beruf in eine Acht-Prozent-Aktie zu verwandeln. Er ruhe in Frieden.« Was hatte Munsey Böses getan? Er hatte zwei Entdeckungen gemacht. Erstens, ein Magazin konnte eine beträchtliche Verbreitung erreichen, wenn man das einzelne Heft zu einem Preis verkaufte, der weit unter den Kosten für seine Herstellung lag; zweitens, große Gewinne ließen sich aus dem hohen Aufkommen an Anzeigen erzielen, die von einer hohen Auflage angelockt werden würden. Im Oktober 1893 ließ Munsey in der *New York Sun* eine Anzeige drucken, in der er ankündigte, *Munsey's Magazine* werde seinen Preis von 25 Cent auf 10 Cent und das Jahresabonnement von 3 Dollar auf 1 Dollar senken. Die erste 10-Cent-Ausgabe soll eine Auflage von 40000 Exemplaren gehabt haben. Innerhalb von vier Monaten stieg die Auflage auf 200000; wieder zwei Monate später lag sie bei 500000.

Munsey kann man jedoch eine andere Entdeckung nicht zur Last legen, die wir der Einfachheit halber der Firma Procter and Gamble zuschreiben: daß die Reklame ihre größte Wirkung tut, wenn sie irrational bleibt. Mit »irrational« meine ich natürlich nicht »verrückt«. Ich meine die Erkenntnis, daß sich Produkte am besten verkaufen lassen, wenn man sich die magischen oder auch nur poetischen Kräfte von Sprache und Bild zunutze macht. Im Jahre 1892 forderte Procter and Gamble das Publikum auf, Verse für die Werbung von Ivory-Seife einzusenden. Vier Jahre später benutzte Calkins & Holden zum erstenmal das Bild eines kleinen Jungen in einem Lehnstuhl, der mit begeisterter Miene, einen Löffel in der Hand, vor sich die Schale mit Haferflocken hat. Um die Jahrhundertwende rückten die Werbeleute von der Auffassung ab, daß die Vernunft das beste Instrument zur Verbreitung von Produkten und Ideen sei. Werbung bestand fortan aus einem Teil Tiefenpsychologie und einem Teil Ästhetik. Im Zuge dieser Entwicklung blieb ein Grundprinzip der kapitalistischen Ideologie auf der Strecke: daß nämlich sowohl der Erzeuger als auch der Verbraucher an einem rationalen Vorgang beteiligt seien, in dessen Verlauf der Verbraucher aufgrund einer sorgfältigen Prüfung der Qualität eines Produkts und unter Berücksichtigung seines eigenen Interesses seine Auswahl trifft. Dies jedenfalls hatte Adam Smith vorgeschwebt. Aber heute handelt die Fernsehwerbung kaum noch vom Charakter eines Produkts. Sie handelt vom Charakter dessen, der dieses Produkt konsumiert. Bilder von Filmstars, von prominenten Sportlern, von friedlichen Seen, von Angeltrips einiger Machos, von eleganten Abendessen und romantischen Rendezvous, von glücklichen Familien, die ihren Kombi für ein Picknick auf dem Land packen – all das sagt nichts über die Produkte, die verkauft werden sollen. Aber es sagt alles über die Ängste, Phantasien und Träume derer, die sie kaufen sollen. Der Werbemann muß nicht wissen, welche Qualitäten sein Produkt besitzt, er muß wissen, wo die Defekte und Schwächen dessen liegen, der es kaufen soll. Deshalb wird für die Produktforschung immer weniger und für die Marktforschung immer mehr ausgegeben. Mit anderen Worten, die Wirtschaft orientiert sich neu: nicht das gute Produkt ist ihr oberstes Ziel, sondern der Konsument, der sich gut fühlt. Das Geschäftemachen wird zur Pseudotherapie und der Konsument zum Patienten, dem durch Psychodramen ein Gefühl von Ruhe und Sicherheit vermittelt wird.

Irgendwo nahe dem Zentrum des Technopols gibt es also eine riesige Industrie, die sich die Freiheit nimmt, alle verfügbaren Symbole den Interessen der Wirtschaft dienstbar zu machen, indem sie die Psyche der Konsumenten verschlingt. Die Zahlen variieren, aber eine zurückhaltende Schätzung besagt, daß ein Amerikaner bis zu seinem fünfundsechzigsten Lebensjahr ungefähr zwei Millionen Werbespots im Fernsehen gesehen hat. Wenn wir die Zahl der Radiospots, der Anzeigen in Zeitungen und Zeitschriften und der Reklametafeln hinzunehmen, dann kann man wohl sagen, daß die Überfrachtung mit Symbolen und damit auch ihre Sinnentleerung ein in der Geschichte der Menschheit nie dagewesenes Ausmaß erreicht haben. Gewiß, nicht alle Wörter und Bilder, die da benutzt werden, sind ernsthaften oder sakralen Zusammenhängen entrissen, und man muß auch zugeben, daß es heutzutage ziemlich undenkbar ist, Jesus auftreten und Wein verkaufen zu lassen, jedenfalls keinen Chardonnay. Andererseits ist sein Geburtstag der Wirtschaft alljährlich ein willkommener Anlaß, beinahe den gesamten Bestand an christlicher Symbolik in Betrieb zu nehmen. Die Hemmungen sind dabei so gering, daß wir hier von einer kulturellen Vergewaltigung sprechen können, sanktioniert durch eine Ideologie, die dem technischen Fortschritt unbeschränkten Vorrang einräumt und gegen das Zerfasern der Überlieferung völlig gleichgültig ist.

Ich will damit sagen, daß die Reklameflut nicht die Ursache für die Entleerung der Symbole ist. Zu einem solchen Mißbrauch der Kultur hätte es ohne Technologien, die ihn ermöglichten, und ohne ein Weltbild, das ihn wünschenswert erscheinen ließ, nicht kommen können. Die Reklame in der institutionellen Form, die sie in den Vereinigten Staaten angenommen hat, ist Symptom einer Weltsicht, die in der Tradition nur ein Hindernis sieht, das ihren Ansprüchen im Wege ist. Ohne ein gewisses Maß an Respekt vor Symbolen kann es keinen wirksamen Sinn für Tradition geben. Tradition ist im Grunde genommen nichts anderes als die Anerkennung der Autorität von Symbolen und der Relevanz jener Erzählungen, aus denen sie hervorgegangen sind. Mit der Erosion der Symbole kommt es auch zu einem Verlust von Substanz, von »Erzählstoff«, und dies ist eine der verheerendsten Konsequenzen der Macht des Technopols.

Betrachten wir zum Beispiel den Bildungsbereich. Unter dem Technopol verbessern wir die Erziehung unserer Jugend, indem wir die sogenannten »Lerntechnologien« verbessern. Im Augenblick zum Beispiel hält man es allgemein für notwendig, dem Computer Zutritt zum Klassenzimmer zu verschaffen, so wie man es früher für notwendig hielt, dem Schulfernsehen und dem Lehrfilm Zutritt zum Klassenzimmer zu verschaffen. Auf die Frage: »Warum?« lautet die Antwort: »Um das Lernen effizienter und interessanter zu gestalten.« Eine solche Antwort gilt als angemessen, denn daß es effizient und interessant zugehen soll, bedarf unter dem Technopol keiner Rechtfertigung. Deshalb bleibt meist unbeachtet, daß diese Antwort nicht auf die Frage eingeht: »Wozu lernt man?« Der Hinweis, es solle »effizient« und »interessant« zugehen, gibt eine technische Antwort, die sich auf Mittel, nicht auf Zwecke bezieht; sie mündet nicht in Überlegungen zur Bildungstheorie. Sie blockiert sogar den Weg zu solchen Überlegungen, weil sie mit der Frage, wie wir verfahren sollen, einsetzt, statt mit der Frage nach dem Warum. Vielleicht muß ich nicht eigens darauf hinweisen, daß es eine Theorie der Bildung nicht geben kann ohne die Frage: Wozu lernt man? Konfuzius, Platon, Quintilian, Cicero, Comenius, Erasmus, Locke, Rousseau, Jefferson, Russell, Montessori, Whitehead und Dewey – sie alle waren der Ansicht, es gebe eine über die Wirklichkeit hinausgreifende politische, kulturelle oder soziale Idee, die durch die Erziehung gefördert werden solle. Konfuzius sprach sich dafür aus, den »Weg des Himmels« zu lehren, weil er in der Tradition die beste Bürgschaft für die Ordnung der Gesellschaft erblickte. Unser erster systematischer Faschist, Platon, wollte durch Erziehung Philosophenkönige hervorbringen. Cicero vertrat die Auffassung, die Erziehung müsse den Schüler von der Tyrannei der Gegenwart befreien. Für Jefferson bestand das Ziel von Erziehung darin, die jungen Menschen zu lehren, ihre Freiheitsrechte zu schützen. Rousseau wünschte sich von der Erziehung die Befreiung des jungen Menschen aus den unnatürlichen Zwängen einer bösartigen, willkürlichen Gesellschaftsordnung. Und zu den Zielen von John Dewey gehörte es, den Schüler zu befähigen, in einer Welt stetigen Wandels und verwirrender Unklarheiten ohne feste Gewißheit zu leben.

Nur wenn man etwas über die Gründe weiß, aus denen sich diese Leute für Bildung und Erziehung engagierten, kann man die Mittel begreifen, die sie vorgeschlagen haben. Aber um diese Gründe zu verstehen, müssen wir auch die »Erzählungen« verstehen, die für ihre Sicht der Welt bestimmend waren. Mit »Erzählung« meine ich hier eine Geschichte über die Geschichte der Menschheit, die der Vergangenheit Bedeutung zuschreibt, die Gegenwart erklärt und für die Zukunft eine Orientierung liefert; eine Geschichte, deren Prinzipien einer Kultur helfen, ihre Institutionen zu organisieren, Ideale zu entwickeln und ihrem Handeln Autorität zu geben. Auch auf die Gefahr, mich zu wiederholen, muß ich noch einmal darauf hinweisen, daß die bedeutendsten Erzählungen dieser Art aus der Religion hervorgegangen sind, zum Beispiel die Genesis oder die Bhagawadgita oder der Koran. Manche sind der Ansicht – so etwa der bedeutende Historiker Arnold Toynbee –, eine Kultur, in deren Mitte nicht eine solche umfassende religiöse Erzählung steht, müsse untergehen. Vielleicht. Allerdings gibt es auch andere Quellen für solche Erzählungen – Mythologie, Politik, Philosophie und Wissenschaft zum Beispiel. Doch eines ist gewiß: daß ohne Erzählungen von transzendentem Ursprung und transzendenter Kraft keine Kultur wirklich gedeihen kann.

Damit ist nicht gesagt, daß das bloße Vorhandensein einer solchen Erzählung bereits die Stabilität und Kraft einer Kultur garantiert. Es gibt auch zerstörerische Erzählungen. Eine Erzählung schafft Sinn, aber sie sichert nicht unbedingt das Überleben

– wie jene Geschichte zeigt, die Adolf Hitler in den dreißiger Jahren dieses Jahrhunderts der deutschen Nation nahegebracht hat. Ausgehend von den Quellen der germanischen Mythologie, ließ Hitler alte, urtümliche Symbole wiederaufleben und wob daraus eine Geschichte von der Überlegenheit der arischen Rasse, die die Herzen der Deutschen höher schlagen ließ, die ihren Mühen ein Ziel steckte, ihre Not linderte und ihnen neue, klare Ideale schenkte. Diese Geschichte verherrlichte die Vergangenheit, erhellte die Gegenwart und enthielt Prophezeiungen für eine Zukunft, die tausend Jahre währen sollte. Das Dritte Reich dauerte genau zwölf Jahre.

Ich will hier nicht auf die Gründe eingehen, warum sich die Geschichte von der Überlegenheit der arischen Rasse nicht halten konnte. Mir geht es vielmehr darum, daß Kulturen auf Erzählungen angewiesen sind und daß sie sie um jeden Preis finden, selbst wenn diese Erzählungen in die Katastrophe führen. Die Alternative wäre ein Leben ohne Sinn, also eine radikale Negation von Leben selbst. Wichtig ist in diesem Zusammenhang auch, daß jede Geschichte dieser Art ihre Form und ihre emotionale Färbung durch einen Komplex von Symbolen empfängt, die Achtung, Treue und Engagement verlangen. Die Verfassung der Vereinigten Staaten etwa ist nur zum Teil, und zwar zum geringeren Teil, ein juristisches Dokument. Demokratische Nationen – man denke an England – benötigen nicht unbedingt eine geschriebene Verfassung, um den Bestand ihrer Rechtsordnung zu gewährleisten und die Freiheit ihrer Bürger zu schützen. Die Bedeutung der amerikanischen Verfassung beruht weitgehend auf ihrer Funktion als Symbol der Geschichte unserer Ursprünge. Sie ist unser politisches Gegenstück zur Genesis. Wer sie verhöhnt oder mißachtet oder umgeht, der erklärt damit die Geschichte der Vereinigten Staaten als Orientierungspunkt für irrelevant. In ähnlicher Weise ist die Freiheitsstatue das Schlüsselsymbol der Geschichte Amerikas als der natürlichen Heimat von Menschen aus aller Welt, die sich nach Freiheit sehnen. Es gibt natürlich mehrere Gründe dafür, daß solche Geschichten an Kraft verlieren. Und das vorliegende Buch versucht, einen dieser Gründe zu benennen, indem es beschreibt, wie mit dem Aufkommen des Technopols ältere, bedeutungsvollere Geschichten verdrängt werden und unterliegen.

In jedem Fall wird dieser Niedergang von einer Trivialisierung der Symbole begleitet, die jene Geschichte zum Ausdruck bringen, untermauern und veranschaulichen. Die Entleerung der Symbole ist sowohl Symptom als auch Ursache für einen Verlust von Erzählsubstanz.

Die Erzieher, die ich weiter oben genannt habe, gründeten ihre Theorien auf Erzählungen, die reich an Symbolen waren. Sie respektierten diese Symbole und betrachteten sie als feste Bestandteile jener Geschichten, die nach ihrer Vorstellung von der Erziehung vermittelt werden sollten. Deshalb ist es nun an der Zeit, zu fragen: Welche Geschichte will uns die amerikanische Erziehung heute erzählen? Wozu sind Erziehung und Bildung unter einem im Wachsen begriffenen Technopol nach unserer Meinung da? Die Antworten hierauf sind entmutigend, und eine von ihnen kann man jedem Fernsehspot entnehmen, mit dem die Jugendlichen heutzutage aufgefordert werden, weiter zur Schule zu gehen. In diesen Spots wird gesagt oder angedeutet, daß Bildung dem beharrlichen Schüler helfen wird, eine gute Stelle zu bekommen. Und damit hat es sich. Jedenfalls beinahe. Denn es kommt noch die Vorstellung hinzu, die Bildung werde uns helfen, im ökonomischen Wettstreit mit den Japanern oder den Deutschen die Nummer eins zu bleiben. Keines dieser Ziele ist, um es vorsichtig auszudrücken, besonders beeindruckend oder inspirierend. Aus diesen Werbespots geht hervor, daß die Vereinigten Staaten keine Kultur sind, sondern nur eine Ökonomie, mit anderen Worten, ein Ort, an dem eine entkräftete Bildungstheorie nur in der allergrößten Not Zuflucht sucht. Diese Auffassung spiegelt sich übrigens auch in dem Regierungsbericht *A Nation at Risk* über die Situation im Bildungsbereich, der ausdrücklich unterstellt, Bildung sei ein Instrument der Wirtschaftspolitik und wenig mehr.

Eine Vorstellung davon, wie verzweifelt Pädagogen heute nach einer packenden Geschichte suchen, kann uns der »Fernsehspot«-Test vermitteln. Versuchen Sie sich einmal auszumalen, mit was für Appellen Eltern in einem solchen Fernsehspot dazu gebracht werden könnten, die Schule zu unterstützen. (Fairerweise sollten wir hier Appelle, die sich direkt an die Schüler wenden, beiseite lassen, denn junge Menschen haben die Schule noch nie für eine gute Idee gehalten, gleichgültig, welche Gründe man zu ihren Gunsten anführte. Man denke an den Abschnitt über die »Sieben Lebensalter des Menschen« in Shakespeares *Wie es euch gefällt*.)

Können Sie sich vorstellen, wie ein solcher Werbespot aussehen würde, wenn Jefferson oder John Dewey ihn vorbereitet hätten? »Ihre Kinder sind Bürger einer demokratischen Gesellschaft«, würde es darin vielleicht heißen. »Erziehung wird sie lehren, wachsame Mitglieder der Gesellschaft zu werden, indem sie ihre Denkfähigkeit verfeinern und ihren Willen stärken, die eigenen Freiheitsrechte zu schützen. Was Stelle und Beruf angeht, so wird man darüber zu einer ›geeigneten, späten Stunde‹ nachdenken.« (John Stuart Mill, von dem diese Wendung stammt, hätte den Zielvorstellungen Jeffersons oder Deweys gewiß beigepflichtet.) Gibt es heutzutage Leute, die in solchen Vorstellungen eine überzeugende Motivation erblicken würden? Einige wenige vielleicht, aber kaum so viele, daß man sie zur Grundlage eines nationalen Programms machen könnte. John Lockes Werbespot würde, so fürchte ich, noch weniger verlockend ausfallen. »Ihre Kinder«, so würde er vielleicht erklären, »müssen weiter zur Schule gehen, weil sie dort lernen, den eigenen Körper zum Sklaven ihres Geistes zu machen. Sie lernen, die eigenen Impulse und Regungen zu beherrschen und Zufriedenheit oder sogar Erregung aus dem Leben des Geistes zu gewinnen. Wenn ihnen dies nicht gelingt, werden sie nie zivilisiert oder gebildet sein.« Wie viele Leute würden dieser Botschaft Beifall zollen? Und wen könnte man sich als Sprecher vorstellen – Barbara Bush? Lee Iacocca? Donald Trump? Selbst der geschätzte Bill Cosby würde nicht sehr überzeugend wirken. Von Maine bis Kalifornien würde sich ein schallendes Gelächter erheben.

In den letzten Jahren wurden einige kühne Versuche unternommen – zum Beispiel von E. D. Hirsch, Jr. –, eine umfassende Zielvorstellung für die Erziehung zu entwickeln. In seinem Buch *Cultural Literacy* definiert Hirsch Bildung (*literacy*) als die Fähigkeit, jene Wörter, Daten, Wendungen und Namen zu verstehen und zu gebrauchen, die die Grundlage des Austauschs zwischen gebildeten Menschen in unserer Kultur sind. Zu diesem Zweck hat er mit einigen Kollegen eine Liste zusammengestellt, die angeblich jene Stichworte enthält, die für einen »kulturell gebildeten« Amerikaner wesentlich sind. Die erste Auflage

(1987) enthielt Norman Mailer, nicht aber Philip Roth, Bernard Malamud, Arthur Miller oder Tennessee Williams. Ginger Rogers kam darin vor, nicht aber Richard Rogers, Carl Rogers oder Buck Rogers, geschweige denn Fred Rogers. Der zweitbeste Baseballspieler aller Zeiten, Babe Ruth, kam vor, nicht aber der beste Baseballspieler aller Zeiten, Hank Aaron. Die Marx Brothers kamen vor, aber Orson Welles, John Ford und Steven Spielberg fehlten. Sarah Bernhardt war genannt, aber Leonard Bernstein nicht. Die Stadt Rochester im Bundesstaat New York stand auf der Liste, Trenton in New Jersey, einer der wichtigsten Schauplätze unserer Geschichte, nicht. Hirsch nahm die Ardennenschlacht auf, was meinem Bruder gefiel, der im Jahre 1944 daran teilgenommen hatte; aber mein Onkel, der 1942 in der Schlacht im Korallenmeer fiel, wäre enttäuscht gewesen, sie nicht auf der Liste zu finden.

Um die Lücken zu füllen, mußte Hirsch seine Liste erweitern, so daß es inzwischen ein ganzes Lexikon, die *Cultural Literacy Encyclopedia*, gibt. Wir können sicher sein, daß Hirsch seine Liste immer weiter ausbauen wird, bis er den Punkt erreicht, wo er nur noch einen einzigen Satz drucken zu lassen braucht: »Siehe die *Encyclopedia Americana* und *Webster's Third International*.«

Natürlich erwartet man von jedem Bildungssystem, daß es die Schüler mit den wichtigen Stichworten ihrer Kultur bekannt macht. Selbst Rousseau, der seinen Schülern nur ein einziges Buch zur Lektüre empfohlen hätte, den *Robinson Crusoe* (damit sie lernen, wie man in der Wildnis überleben kann), hätte wohl erwartet, daß sie sich auch die Namen, Wendungen und Daten einprägen, die den Inhalt des gebildeten Gesprächs ihrer Zeit bestimmten. Und dennoch ist Hirschs Vorschlag untauglich, und zwar aus zwei Gründen, in denen sich entscheidende Defekte des Technopols widerspiegeln. Auf den ersten Grund bin ich schon im vierten Kapitel »Unwahrscheinliche Welt« eingegangen: die technologisch erzeugte Information hat ein solches Ausmaß angenommen, sie ist so variabel und dynamisch, daß sie sich nicht zu einem kohärenten Bildungsprogramm organisieren läßt. Wie wollen Sie Rochester in Ihr Curriculum aufnehmen oder Sarah Bernhardt oder Babe Ruth oder die Marx Brothers? Wo soll Ginger Rogers stehen? Etwa unter der Rubrik »Die Tanzpartner von Fred Astaire«? (Dann müßten wir allerdings auch Cyd Charisse aufnehmen und, wenn ich mich nicht irre, auch Winston Churchills Tochter Sarah.) Hirschs enzyklopädische Liste bietet keine Lösung, sie beschreibt vielmehr ein Problem: das Problem der Informationsschwemme. Deshalb ist sie im wesentlichen inkohärent. Aber sie verwechselt auch eines der Ergebnisse von Bildung mit deren Ziel. Hirsch wollte die Frage beantworten: »Was ist ein gebildeter Mensch?« Unbeantwortet ließ er dagegen die andere Frage: »Wozu ist Bildung eigentlich da?« Junge Männer, die Basketball spielen, lernen auch, wie man im Sprung mit einer Hand den Ball in den Korb befördert. Solche Würfe sind Teil dessen, was einen guten Basketballspieler auszeichnet. Aber man spielt Basketball nicht ihretwegen. Hierfür gibt es umfassendere, tiefere, bedeutungsträchtigere Gründe – der Wunsch, die eigene Männlichkeit unter Beweis zu stellen, der Wunsch, dem Vater zu gefallen oder von den Gleichaltrigen akzeptiert zu werden, oder einfach der Spaß am Spiel. Die Frage, was man tun muß, um erfolgreich zu sein, stellt sich erst, nachdem man einen Grund dafür gefunden hat, erfolgreich sein zu wollen. Unter dem Technopol ist es sehr schwer, diese Reihenfolge einzuhalten, und Hirsch ist der eigentlichen Frage einfach aus dem Weg gegangen.

Nicht so Alan Bloom. In seinem Buch *The Closing of the American Mind* stellt er sich dieser Frage, indem er einen schweren Vorwurf gegen die amerikanische Universität erhebt. Die meisten amerikanischen Professoren, so klagt er, hätten die Nerven verloren. Sie hätten sich in ethischen Fragen zu Relativisten entwickelt und seien unfähig, ihren Studenten eine klare Vorstellung von richtigem Denken und angemessenem Benehmen zu vermitteln. Überdies seien sie intellektuelle Relativisten und engagierten sich nicht mehr dafür, das »Beste, was Menschen gedacht und gesagt haben«, zu bewahren und weiterzugeben.

Blooms Lösung besteht in dem Vorschlag, man solle zu den Grundlagen des abendländischen Denkens zurückkehren. Ihm ist es gleichgültig, ob die Studenten wissen, wer Ginger Rogers und Groucho Marx sind. Er will, daß wir unsere Studenten lehren, was Platon, Aristoteles, Cicero, Augustinus und andere große Geister zu den großen ethischen und erkenntnistheoretischen Gegenständen gesagt haben. Er glaubt, daß unsere Studenten durch die Beschäftigung mit »großen Büchern« eine moralische und intellektuelle Grundlage erwerben, die ihrem Leben Sinn und Struktur gibt. All das ist zwar nicht sonderlich originell, aber Bloom ist ein ernsthafter Bildungstheoretiker, mit anderen Worten, er ist im Unterschied zu Hirsch ein Moralist, der erkannt hat, daß das Technopol eine Kraft ist, der man sich widersetzen muß. Aber viel Unterstützung hat er nicht gefunden.

Gegen Blooms Vorstellung hat man mehrere Einwände erhoben. Der erste lautet, ein solches Erziehungsziel sei elitär: der Masse der Schüler oder Studenten würde die große Geschichte der abendländischen Zivilisation nicht sonderlich inspirierend erscheinen, dazu seien sie der Vergangenheit allzusehr entfremdet, und deshalb würde es ihnen auch schwerfallen, das »Beste, was Menschen gedacht und gesagt haben« in einen Zusammenhang mit ihrer eigenen Suche nach einem Sinn für ihr Leben zu bringen. Ein zweiter Einwand, der aus einer »linken« Perspektive formuliert wird, ist noch entmutigender. In gewisser Weise umreißt er genauer, was mit »elitär« gemeint ist. Er besagt, die »Geschichte der abendländischen Zivilisation« sei eine partikulare, tendenziöse und sogar repressive Geschichte. Sie sei nicht die Geschichte der Schwarzen, der Indianer, der Hispanics, der Frauen, der Homosexuellen – sondern nur die Geschichte weißer heterosexueller Männer aus dem jüdisch-christlichen Kulturkreis. Dieser Einwand bestreitet, daß es eine nationale Kultur gibt und geben kann, eine Erzählung, die eine organisierende Kraft besitzt, inspirierende Symbole, mit denen sich alle Bürger eines Landes identifizieren und aus denen sie Bestätigung schöpfen können. Wenn er zutrifft, bedeutet dies nicht weniger, als daß unsere nationalen Symbole ihre einigende Kraft verloren haben und daß die Erziehung zu einer Stammesangelegenheit werden muß, dergestalt, daß jede einzelne Subkultur ihre eigene Geschichte und ihre eigenen Symbole finden und zur moralischen Basis von Bildung und Erziehung machen muß.

Etwas außerhalb solcher Debatten stehen natürlich die religiösen Erzieher, etwa an katholischen Schulen, die sich bemühen, eine andere traditionelle Anschauung zu bewahren – daß nämlich das Lernen zum höheren Ruhm Gottes geschehe und junge

Menschen darauf vorbereiten solle, sich die moralischen Gebote der Kirche auf eine verständige, kultivierte Weise zu eigen zu machen. Viele religiöse Erzieher würden allerdings einräumen, daß es fraglich ist, ob sich ein solches Ziel unter dem Technopol erreichen läßt.

Im nächsten und zugleich letzten Kapitel dieses Buches möchte ich meine eigenen Ansichten über den Kampf um eine Ziel- und Zweckbestimmung von Erziehung unter dem Technopol darlegen. Aber ich muß schon an dieser Stelle darauf hinweisen, daß der Kampf als solcher ein Anzeichen dafür ist, daß der Bestand an bedeutsamen nationalen, religiösen und mythologischen Symbolen viel von seiner Kraft eingebüßt hat. »Wir leben in einer Zeit«, hat Irving Howe geschrieben, »in der alle einst dominanten Weltsysteme, die das intellektuelle Leben der westlichen Welt früher gestützt (und entstellt) haben, die Theologien ebenso wie die Ideologien, in Verfall geraten sind. Das führt zu einer von Skepsis erfüllten Stimmung, zu einem Agnostizismus im Urteilen und manchmal zu einem der Welt überdrüssigen Nihilismus, der selbst die schlichtesten Gemüter dazu bringt, Unterscheidungen von Wert ebenso in Frage zu stellen wie den Wert von Unterscheidungen.«[2]

In diese Leere stößt das Technopol mit seiner Geschichte vom Fortschritt ohne Grenzen, von Rechten ohne Verantwortung und von einer Technik ohne Kosten. Der Geschichte des Technopols fehlt das moralische Fundament. An dessen Stelle rückt sie Effizienz, Interesse, ökonomischen Fortschritt. Sie verspricht den Himmel auf Erden durch die Annehmlichkeiten des technischen Fortschritts. Sie schiebt alle traditionellen Erzählungen und Symbole, die auf Stabilität und Ordnung verweisen, beiseite und erzählt statt dessen von einem Leben, das sich um technische Fertigkeiten und Expertenwissen und den Komsumrausch dreht. Ihr Ziel ist es, Funktionäre für das bestehende Technopol zu gewinnen. Auf die These von Bloom antwortet sie, daß die abendländische Zivilisation belanglos sei; der politischen Linken antwortet sie, es gebe tatsächlich eine allen gemeinsame Kultur, ihr Name sei Technopol und ihr wichtigstes Symbol der Computer, und Respektlosigkeit sei ihr gegenüber ebensowenig angebracht wie Blasphemie. Sogar auf die Liste von Hirsch antwortet sie, es seien dort einige Stichworte verzeichnet, die, wenn man sie zu gründlich überdenken und zu ernst nehmen würde, den Fortschritt der Technik stören könnten.

Ich gebe zu, daß es unfair ist, von den Erziehern zu erwarten, sie selbst könnten Geschichten ausfindig machen, die imstande wären, unserer nationalen Kultur neue Kraft zu verleihen. Solche Geschichten müssen ihnen bis zu einem gewissen Grad aus der politischen Sphäre entgegenkommen. Wenn aber unsere Politik symbolisch immer mehr verarmt, wird es schwer vorstellbar, wie Lehrer eine sinnvolle Neubestimmung des großen Ziels von Erziehung liefern sollen. Ich schreibe dieses Kapitel in der vierten Woche des Krieges gegen den Irak; die Rhetorik, die den Beginn dieses Krieges begleitete, ist mir noch lebhaft in Erinnerung. Es begann damit, daß der Präsident die Amerikaner zu den Waffen rief und sie aufforderte, ihren »Lebensstil« zu verteidigen. Dann folgte der Appell des Außenministers, sie sollten kämpfen, um ihre Jobs zu schützen. Dann kam der Aufruf (sozusagen zu geeigneter, später Stunde), die »nackte Aggression« eines kleinen »Hitler« zu vereiteln. Ich sage nicht, daß es nicht gerechtfertigt war, in den Krieg zu ziehen. Ich möchte nur darauf hinweisen, daß unsere maßgeblichen Politiker seit dem Ende des Kalten Krieges wie nie zuvor darum ringen, eine für unser Dasein relevante Geschichte und die dazugehörigen Symbole zu finden, die imstande wären, den Geist der Nation zu wecken und den Menschen eine neue Entschlossenheit zu geben. Die Bürger selbst ringen ebenfalls. Nachdem sie vielen ihrer traditionellen Symbole alle ernsthafte Bedeutung genommen haben, tragen sie nun gelbe Schleifen, um zu symbolisieren, daß sie sich der Sache der Nation verpflichtet fühlen. Nach dem Krieg werden die gelben Schleifen wieder verschwinden, aber die Frage: Wer sind wir und was stellen wir dar? wird bleiben. Ist es möglich, daß uns am Ende nur noch ein Symbol bleibt – ein F-15-Kampfflugzeug, das von einem fortgeschrittenen Computersystem gelenkt wird?

11. Der liebevolle Widerstandskämpfer

Jeder, der die Kunst der Kulturkritik ausübt, muß sich die Frage gefallen lassen: Worin besteht die Lösung für die Probleme, die du schilderst? Die meisten Kritiker mögen diese Frage nicht, denn sie sind meist schon zufrieden damit, daß sie die Probleme formuliert haben, und meist sind sie auch kaum gerüstet, praktische Vorschläge zu entwickeln. Aus diesem Grund sind sie ja Kulturkritiker geworden.

Trotzdem wird die Frage gestellt, und zwar in drei verschiedenen Stimmlagen. Die erste Stimme klingt freundlich und eifrig, so als wollte der Fragende zu verstehen geben, daß der Kritiker die Lösungen gewiß kenne und nur vergessen habe, sie in seine Arbeit aufzunehmen. Die zweite Stimme klingt drohend und zurechtweisend, so als wollte sie dem Kritiker klarmachen, daß es nicht seines Amtes sei, die Leute zu beunruhigen, solange er nicht ein paar ordentliche Lösungen bei der Hand habe. Die dritte Stimme klingt erwartungsvoll und aufmunternd, so als wollte sie andeuten, daß es selbstverständlich nicht für jedes ernste Problem sofort eine Lösung gebe, daß aber vielleicht doch etwas Konstruktives dabei herauskommen könnte, wenn der Kritiker sich ein paar Gedanken machte.

Auf diese letzte Art, Fragen zu stellen, möchte ich hier antworten. Ich habe mir tatsächlich ein paar Gedanken gemacht, und dieses Kapitel ist das Ergebnis meiner Überlegungen. Seine Schlichtheit wird dem Leser deutlich machen, daß auch ich, wie die meisten anderen Kritiker, eher Probleme als Lösungen im Gepäck habe.

Soweit ich sehe, kann man eine vernünftige Reaktion (also nicht gerade eine Lösung) auf die Probleme, die sich ergeben, wenn man unter einem in Entwicklung befindlichen Technopol lebt, in zwei Teile aufspalten: indem man einerseits auf die Frage eingeht, was der Einzelne tun kann, ungeachtet dessen, was die Kultur tut; und andererseits auf die Frage, was die Kultur tun kann, ungeachtet dessen, was die in ihr lebenden Einzelnen tun. Ich möchte mit der Frage nach der Reaktion des Einzelnen beginnen, muß aber sofort anmerken, daß ich nicht vorhabe, hier eine Liste von Ratschlägen nach Art jener »Experten« zu liefern, über die ich mich im 5. Kapitel unter dem Stichwort »Zusammenbruch der Abwehrmechanismen« lustig gemacht habe. Es gibt keine Experten dafür, wie man das eigene Leben führen soll. Ich habe aber ein talmudisches Prinzip anzubieten, das mir eine verläßliche Richtschnur für diejenigen zu sein scheint, die sich gegen die schlimmsten Auswirkungen des amerikanischen Technopols zur Wehr setzen wollen. Es lautet: Sie müssen versuchen, ein liebevoller Widerstandskämpfer zu sein. Das ist die Lehre, so würde Hillel sagen. Nun folgt der Kommentar: Mit »liebevoll« meine ich, daß Sie trotz der Verwirrung, trotz der Irrtümer und Dummheiten, die Sie um sich herum erblicken, jene Erzählungen und Symbole stets achtsam hegen und pflegen sollten, die einst aus Amerika eine Hoffnung für die ganz Welt gemacht haben und die vielleicht noch immer so viel Lebenskraft besitzen, daß es dereinst wieder so sein wird. Vielleicht hilft es Ihnen, wenn Sie sich zuweilen in Erinnerung rufen, daß die chinesischen Studenten auf dem Platz des Himmlischen Friedens ihrem leidenschaftlichen Wunsch nach einer Demokratisierung ihres Landes auch dadurch Ausdruck verliehen, daß sie, für die ganze Welt sichtbar, aus Pappmaché ein Modell der Freiheitsstatue herstellten. Keine Statue von Karl Marx und keinen Eiffelturm und auch keinen Buckingham Palace, sondern die Freiheitsstatue. Es läßt sich nicht sagen, wie dieses Ereignis auf die Amerikaner gewirkt hat. Aber man muß doch fragen: Gibt es einen Amerikaner, der innerlich so abgestorben ist, daß er angesichts dieser Berufung auf ein einst eindrucksvolles Symbol nicht wenigstens ein befriedigtes Gemurmel (wenn schon keinen Jubelruf) vernehmen läßt? Gibt es einen Amerikaner, der sich schon so sehr in dem aus der Leere des Technopols erwachsenden Zynismus verfangen hat, daß er sich von den Studenten, die 1989 auf den Straßen von Prag mit lauter Stimme aus den Werken Thomas Jeffersons vorgelesen haben, nicht aufgerüttelt fühlt? Amerikaner vergessen vielleicht, aber andere vergessen nicht, daß die amerikanischen Proteste während des Vietnamkrieges womöglich der einzige Fall in der Geschichte sind, in dem eine Regierung durch die öffentliche Meinung gezwungen wurde, ihre Außenpolitik zu ändern. Amerikaner vergessen vielleicht, aber andere vergessen nicht, daß Amerikaner die Idee der öffentlichen Schulbildung für alle Bürger erfunden und seither nicht mehr aufgegeben haben. Und jeder weiß, auch die Amerikaner, daß Tag für Tag noch immer Einwanderer in der Hoffnung nach Amerika kommen, diese oder jene Art von Entbehrung abzuschütteln.

Es gibt hundert andere Dinge, auf die man sich besinnen kann und die einem helfen können, sich für die Vereinigten Staaten zu erwärmen, nicht zuletzt die Tatsache, daß dieses Land eine Reihe von großangelegten Experimenten durchgeführt hat, denen die Welt mit Staunen zugesehen hat. Drei von ihnen scheinen mir besonders wichtig. Das erste fand gegen Ende des 18. Jahrhunderts statt und stellte die Frage: Kann eine Nation ihren Bürgern die denkbar größte politische und religiöse Freiheit gewähren und dennoch ihre Identität und ihre Orientierung bewahren? Um die Mitte des 19. Jahrhunderts wurde ein zweites großes Experiment unternommen, das die Frage stellte: Kann eine Nation ihren Zusammenhalt und ihr Zusammengehörigkeitsgefühl bewahren, wenn sie sich Menschen aus der ganzen Welt öffnet? Und nun folgt das dritte – das Experiment des Technopols, das die Frage stellte: Kann eine Nation ihre Geschichte, ihre Originalität und ihre Humanität bewahren, wenn sie sich ganz der Vorherrschaft einer technologischen Gedankenwelt ausliefert?

Ich glaube allerdings nicht, daß die Antwort auf diese letzte Frage so zufriedenstellend ausfallen wird wie die Antworten auf die ersten beiden. Aber wenn es ein Bewußtsein von den Gefahren des Technopols gibt und einen Widerstand gegen sie, dann besteht auch Hoffnung, daß die Vereinigten Staaten ihre hybride Gedankenlosigkeit im Umgang mit der Technik überleben werden. Und nun möchte ich erläutern, was ich unter einem »Widerstandskämpfer« verstehe. Widerstand gegen das amerikanische Technopol leisten Menschen, die einer Meinungsumfrage keine Beachtung schenken, sofern sie nicht wissen, wie die Fragen formuliert waren und warum sie gestellt wurden;

die sich weigern, Effizienz als das vorrangige Ziel des Umgangs und der Beziehungen zwischen Menschen zu akzeptieren;

die sich von dem Glauben an die magische Kraft der Zahlen befreit haben, die Berechnungen nicht als einen angemessenen Ersatz für die Urteilskraft betrachten und Präzision nicht als Synonym für Wahrheit;

die nicht bereit sind, zuzulassen, daß die Psychologie oder eine andere »Sozialwissenschaft« Sprache und Denken des Menschenverstandes unterläuft;

die der Idee des Fortschritts zumindest mit Argwohn begegnen und Information nicht mit Begreifen verwechseln;

die die alten Menschen nicht für nutzlos halten;

die die Begriffe Familienzusammenhalt und Ehre ernst nehmen;

die die großen Erzählungen der Religion ernst nehmen und nicht glauben, die Wissenschaft sei das einzige Denksystem, das Wahrheit hervorbringen könne;

die den Unterschied zwischen dem Sakralen und dem Profanen kennen und die Tradition nicht zugunsten der Modernität ignorieren;

die technische Erfindungsgabe bewundern, aber nicht glauben, sie stelle die denkbar höchste Errungenschaft des Menschen dar.

Ein Widerstandskämpfer begreift, daß man die Technik niemals als Bestandteil der natürlichen Ordnung der Dinge einfach hinnehmen darf, daß jede Technologie – vom Intelligenztest über den Fernsehapparat bis hin zum Computer – Produkt eines bestimmten ökonomischen und politischen Umfeldes ist und ein Programm, eine Ausrichtung, eine Theorie in sich birgt, die das Leben lebenswerter machen kann oder auch nicht. Kurz, der Widerstandskämpfer wahrt eine epistemologische und psychische Distanz zur Technik, so daß sie ihm stets sonderbar erscheint und niemals unausweichlich, niemals selbstverständlich.

Mehr kann ich dazu nicht sagen, denn jeder muß selbst entscheiden, wie er diese Ideen umsetzt. Es ist aber sehr wohl möglich, daß die Bildung, über die ein Mensch verfügt, in erheblichem Maße nicht nur dazu beiträgt, den Widerstand gegen die Technik allgemein zu propagieren, sondern daß sie gerade den jungen Menschen hilft, ihre eigenen Widerstandsformen zu entwickeln. Deshalb möchte ich dieses Buch mit Überlegungen zu Fragen der Bildung schließen. Ich will damit nicht sagen, daß politisches Handeln und Sozialpolitik beim Widerstand gegen das Technopol nicht wertvolle Dienste leisten könnten. Selbst heute gibt es immer noch Anzeichen dafür, daß das Technopol als ein Problem aufgefaßt wird, auf das man mit politischen und rechtlichen Mitteln reagieren sollte – in der Umweltschutzbewegung und dort, wo man juristische Überlegungen zur Beschränkung der Computertechnologie anstellt, in dem wachsenden Mißtrauen gegen die medizinische Technologie, in der Ablehnung der immer mehr um sich greifenden Tests, in verschiedenen Bemühungen um die Wiederherstellung eines Gefühls von sozialer Zusammengehörigkeit in Städten und Stadtvierteln. Aber wie Lawrence Cremin einmal bemerkte – immer wenn wir in den Vereinigten Staaten eine Revolution brauchen, bekommen wir ein neues Curriculum. Und so werde auch ich ein solches vorschlagen. Ich habe das schon einmal getan und damit nicht eben großen Beifall geerntet.[1] Aber nach meiner Auffassung bietet ein solches Curriculum einer Kultur die beste Möglichkeit, sich dem Problem des Technopols zu stellen. Gewiß, die Schule ist selbst eine Technologie, aber eine sehr spezielle Technologie insofern, als sie im Unterschied zu den meisten anderen fortwährend überprüft, kritisiert und modifiziert wird. Sie ist das wichtigste Instrument Amerikas, um Fehler zu korrigieren und Probleme aufzugreifen, von denen sich andere Institutionen verwirren und lähmen lassen.

Wenn man bedenkt, welche zersetzende Kraft das Technopol zu entfalten vermag, besteht der wichtigste Beitrag, den die Schulen zur Bildung junger Menschen leisten können, vielleicht darin, daß sie ihnen ein Gefühl für die Kohärenz in ihren Studien vermitteln, ein Gefühl dafür, daß das, was sie lernen, Zweck, Sinn und Zusammenhalt hat. Die moderne Erziehung scheitert nicht deshalb, weil sie nicht lehrt, wer Ginger Rogers, Norman Mailer und tausend andere Leute waren, sondern weil sie kein moralisches, soziales oder intellektuelles Zentrum besitzt. Sie verfügt nicht über einen Komplex von Ideen oder Einstellungen, der alle Teile des Curriculums durchdringt. Das Curriculum von heute ist im Grunde genommen überhaupt kein Studien-»Gang«, sondern nur ein sinnloses Durcheinander von Fächern oder Themen. Es entwickelt nicht einmal eine klare Vision davon, was einen gebildeten Menschen ausmacht, oder allenfalls die, es sei dies jemand, der über verschiedene »Fertigkeiten« verfügt. Aber das ist ein Ideal für Technokraten – die Vorstellung von einem Menschen ohne Engagement und ohne Perspektive, allerdings mit einer Menge Fertigkeiten, die sich vermarkten lassen.

Natürlich dürfen wir die Fähigkeit der Schule, Kohärenz zu vermitteln angesichts einer Kultur, aus der fast alle Kohärenz verschwunden scheint, nicht überschätzen. In unserer technisierten, gegenwartsbezogenen Informationsumwelt ist es nicht leicht, ein Grundprinzip für die Bildung zu finden, und noch schwerer ist, ein solches Prinzip anderen überzeugend zu vermitteln. Von wenigen Leuten abgesehen, würde heute wohl niemand mehr die Vorstellung ernst nehmen, Lernen geschehe zum höheren Ruhm Gottes. Offensichtlich ist auch, daß die Wissensexplosion begrenzte, wenngleich gut koordinierte Curricula, die einige wenige »große Bücher« ins Zentrum rücken, ein für allemal unpraktikabel gemacht hat. Manche Leute empfehlen, die Vaterlandsliebe zum übergreifenden Prinzip der Bildung zu erheben. Die Erfahrung hat jedoch gezeigt, daß Vaterlandsliebe immer wieder in Liebe zum Staat umschlägt und sich am Ende nicht mehr von dem unterscheiden läßt, was noch immer im Mittelpunkt des kubanischen oder chinesischen Bildungssystems steht.

Manche schlagen vor, die »psychische Gesundheit« zum Zentrum des Curriculums zu machen. Ich meine hier einen Gesichtspunkt, der zuweilen mit dem Namen Rogers, manchmal mit dem Namen Maslow verknüpft wird und der die Entfaltung der individuellen Psyche durch die Suche nach dem eigenen »wirklichen Selbst« über alles andere stellt. Eine solche Idee macht jedes Curriculum natürlich irrelevant, da ihr nur die »Selbst-Erkenntnis«, d. h. die Erkenntnis der eigenen Gefühlsregungen, wertvoll erscheint. Carl Rogers selbst schrieb einmal, wahrscheinlich sei alles, was gelehrt werden könne, entweder belanglos oder schädlich, und erklärte damit jegliche Erörterung über die Schule für überflüssig. Aber die Verherrlichung des »Selbst«

lastet ohnehin schon so schwer auf unserer Kultur, daß es ganz und gar redundant wäre, wenn sich die Schulen, sofern sie denn dazu imstande wären, ihrer ebenfalls noch annehmen wollten.

Man betritt natürlich schwankenden Boden, wenn man einer vielgestaltigen, diesseitsorientierten Bevölkerung ein einleuchtendes Thema vorschlagen will. Dennoch – mit aller gebotenen Vorsicht möchte ich als eine Möglichkeit jenes Thema vorschlagen, von dem Jacob Bronowskis Buch *The Ascent of Man* handelt. Dieses Buch und seine »Philosophie« sind voller Optimismus und durchdrungen von der Überzeugung, daß die Bestimmung der Menschheit in der Entdeckung von Wissen und Erkenntnis liegt. Und obwohl Bronowski den Akzent auf die Naturwissenschaft setzt, findet er reichlich Gründe, die Künste und die Geisteswissenschaften als Teil des niemals endenden Strebens nach einem einheitlichen Verständnis der Natur und unserer Stellung in ihr in seine Darstellung einzubeziehen.

Um den Aufstieg des Menschen oder, wie ich es formulieren möchte, den »Aufstieg der Menschheit« nachzuzeichnen, müssen wir Kunst und Wissenschaft miteinander verbinden. Aber wir müssen auch Vergangenheit und Gegenwart verbinden, denn der Aufstieg der Menschheit ist vor allem eine kontinuierliche Geschichte. Er ist sogar eine Schöpfungsgeschichte, wenn auch nicht gerade jene, die die Fundamentalisten heute so heftig verteidigen. Er ist die Geschichte der schöpferischen Kräfte, die die Menschheit bei dem Versuch, Einsamkeit, Unwissen und Elend zu besiegen, entfaltet hat und immer wieder entfaltet. Zu dieser Geschichte gehört auch die Entwicklung verschiedener religiöser Systeme, die dazu beigetragen haben, dem Dasein Ordnung und Sinn zu verleihen. Es wirkt in diesem Zusammenhang durchaus inspirierend, daß sich die biblische Version der Schöpfungsgeschichte zum Erstaunen aller, vielleicht mit Ausnahme der Fundamentalisten, als eine fast vollkommene Mischung aus künstlerischer Einbildungskraft und wissenschaftlicher Intuition erwiesen hat: die heute von den Kosmologen weithin akzeptierte Theorie, das Universum sei durch einen Urknall entstanden, bestätigt in wesentlichen Einzelheiten das, was die Bibel über die Welt »im Anfang« sagt.

Es spricht jedenfalls vieles dafür – und vor allem in unserer heutigen Situation –, den Aufstieg der Menschheit gleichsam zum Gerüst für ein neues Curriculum zu machen. Zum einen wird es – von wenigen Ausnahmen abgesehen, auf die ich noch hinweisen werde – nicht erforderlich sein, neue Fächer zu erfinden und alte abzuschaffen. Die thematische Gliederung des Curriculums, so wie sie heute an den meisten Schulen besteht, ist durchaus verwendbar. Zum anderen kann man mit diesem Thema schon in den untersten Klassen beginnen und kann es von Klasse zu Klasse bis hin zum College immer mehr vertiefen und erweitern. Noch besser: es bietet den Schülern einen Gesichtspunkt, aus dem sie die Bedeutung der Fächer und Themen, mit denen sie sich beschäftigen, begreifen können, denn man kann jedes Fach als eine Art Schlachtfeld betrachten, als ein Gebiet, auf dem heftige geistige Kämpfe stattgefunden haben und immer noch stattfinden. Jede Idee innerhalb eines Faches markiert eine Stelle, an der jemand gefallen oder jemand aufgestanden ist. Insofern ist der Aufstieg der Menschheit eine optimistische Geschichte, nicht ohne Unglück und Leiden, aber immer wieder markiert von erstaunlichen Siegen. In dieser Hinsicht könnte man das Curriculum selbst für eine Huldigung an den menschlichen Verstand und die menschliche Kreativität erachten, jedenfalls nicht für eine sinnlose Ansammlung von Prüfungswissen.

Und das Beste ist, daß uns das Thema »Aufstieg der Menschheit« eine nicht-technische, nicht-kommerzielle Definition von Bildung liefert. Diese Definition leitet sich aus einer ehrwürdigen humanistischen Tradition her und spiegelt eine bestimmte Auffassung von den Zielen des akademischen Lebens, die den Vorstellungen der Technokraten ganz und gar zuwiderläuft. Bildung gewinnen bedeutet nämlich, auch die Ursprünge und das Wachstum des Wissens und der Wissenssysteme wahrnehmen lernen; es bedeutet, sich vertraut machen mit den geistigen und schöpferischen Prozessen, in deren Verlauf das Beste, was gedacht und gesagt worden ist, zutage kam; es bedeutet, lernen, wie man, und sei es nur als Zuhörer, an dem teilnehmen kann, was Robert Maynard Hutchins einmal das »Große Gespräch« genannt hat – ein anderes Bild für das, was hier mit »Aufstieg der Menschheit« gemeint ist. Sie werden bemerken, daß eine solche Definition nicht das Kind in den Mittelpunkt stellt und nicht den Unterricht, auch nicht den Erwerb von Fertigkeiten, ja, nicht einmal die »Probleme«. In den Mittelpunkt stellt sie vielmehr die

Idee und die Kohärenz. »Weltfremd« ist sie übrigens auch insofern, als sie nicht der Meinung huldigt, was man in der Schule lernt, müsse sich unbedingt und direkt auf irgendein Tagesproblem münzen lassen. Mit anderen Worten, es geht hier um eine Bildung, die Wert auf die Geschichte legt, auf eine wissenschaftliche Denkweise, auf einen disziplinierten Umgang mit Sprache, auf eine weitgefächerte Kenntnis von Kunst und Religion und insgesamt auf die Kontinuität menschlichen Strebens. Bildung, so verstanden, ist ein ausgezeichnetes Korrektiv gegen den geschichtsfeindlichen, informationsübersättigten, technikverliebten Charakter des Technopols.

Wenden wir uns zunächst der Geschichte zu, denn sie ist in mancher Hinsicht die zentrale Disziplin bei alledem. Ich brauche wohl kaum darauf hinzuweisen, daß, wie Cicero es formulierte, »derjenige ein Kind bleibt, der nichts von den Dingen weiß, die vor seiner Geburt geschahen«. Die Geschichte ist das wirksamste intellektuelle Mittel zur »Erweiterung« unseres Bewußtseins. Aber einige Gesichtspunkte, die die Geschichte und ihren Unterricht betreffen, müssen hier hervorgehoben werden, weil sie an unseren Schulen meist übersehen werden. Zuerst muß darauf hingewiesen werden, daß die Geschichte nicht bloß ein Fach unter vielen anderen ist; jedes Fach hat eine Geschichte, auch Biologie, Physik, Mathematik, Literatur, Musik und Kunst. Deshalb meine ich, jeder Lehrer sollte auch Geschichtslehrer sein. Unser heutiges biologisches Wissen im Unterricht darzustellen, ohne auf das einzugehen, was die Menschen früher darüber wußten oder zu wissen glaubten, heißt Wissen zu einem bloßen Konsumprodukt verkürzen. Man gibt den Schülern nicht die Möglichkeit, die Bedeutung unseres Wissens und der Wege, auf denen wir es erlangt haben, zu begreifen. In der Schule über das Atom sprechen, ohne Demokrit zu erwähnen, über Elektrizität, ohne Faraday zu erwähnen, über politische Wissenschaft, ohne Aristoteles oder Machiavelli zu erwähnen, über Musik, ohne Haydn zu erwähnen, heißt, den Schülern den Zugang zum »Großen Gespräch« verwehren. Es heißt, ihnen das Wissen von ihrer Herkunft verweigern, ein Wissen, um das sich zur Zeit keine andere gesellschaftliche Institution kümmert. Denn von der eigenen Herkunft wissen, bedeutet nicht nur, daß man weiß, woher der eigene Großvater stammt und was er in seinem Leben ertragen mußte. Es bedeutet auch, daß man weiß, woher die eigenen Ideen stammen und wie es kommt, daß man von ihnen überzeugt ist; daß man weiß, woher die eigenen moralischen und ästhetischen Empfindungen stammen. Es bedeutet, daß man weiß, woher die eigene Welt und nicht nur die eigene Familie stammt. Um den oben begonnenen Gedankengang Ciceros abzuschließen: »Worin besteht der Wert des Menschenlebens, wenn es nicht einbezogen ist in das Leben der eigenen Vorfahren und in den Zusammenhang der Geschichte?« Mit den »eigenen Vorfahren« meinte Cicero nicht nur die Tante Ihrer Mutter.

Deshalb möchte ich empfehlen, jedes Fach *als* Geschichte zu unterrichten. Auf diese Weise können Kinder, anders als es heute der Fall ist, schon in den untersten Klassen erfahren, daß Wissen und Erkenntnis keine feststehenden Dinge sind, sondern Stufen in der Entwicklung, daß sie eine Vergangenheit und eine Zukunft haben. Um noch einmal auf die Schöpfungstheorien zurückzukommen: wir sollten unseren Schülern vor Augen führen, wie eine vor fast viertausend Jahren entstandene Idee nicht nur durch die Zeit, sondern auch durch verschiedene Bedeutungssphären gewandert ist, aus der Wissenschaft in die Sphäre religiöser Gleichnisse und wieder zurück in die Wissenschaft. Was für ein erfreulicher, tiefer Zusammenhang – zwischen den wundersamen Spekulationen in einem alten hebräischen Wüstenzelt und den nicht minder wundersamen Spekulationen in einem modernen Seminarraum am M.I.T.! Ich will damit sagen, daß die Geschichte der verschiedenen Fächer Zusammenhänge aufschließt; sie lehrt, daß die Welt nicht an jedem Tag neu geschaffen wird und daß jeder auf den Schultern eines anderen steht.

Ich bin mir darüber im klaren, daß ein solcher Ansatz in bezug auf die verschiedenen Fächer durchaus schwierig wäre. Es gibt zur Zeit kaum Texte, die dabei helfen könnten, und die Lehrer sind nicht darauf vorbereitet, in dieser Weise mit dem Wissen umzugehen. Hinzu kommt die Schwierigkeit, daß wir lernen müssen, dies alles für Kinder verschiedener Altersstufen zu leisten. Aber daß es geschehen muß, steht für mich außer Zweifel.

Der Vorschlag, die verschiedenen Fächer so zu lehren, daß dabei zugleich historische Prozesse sichtbar werden, soll aber die

Geschichte als gesondertes Fach nicht überflüssig machen. Wenn jedes Fach im Unterricht eine historische Dimension erhält, hat der Geschichtslehrer die Chance, zu zeigen, woraus Geschichte besteht: aus Hypothesen und Theorien darüber, warum es zu Veränderungen kommt. In gewissem Sinne gibt es so etwas wie die »Historie« gar nicht, denn jeder Historiker, von Thukydides bis zu Toynbee, hat stets gewußt, daß er seine Geschichten aus einem bestimmten Blickwinkel erzählen muß, in dem sich seine spezielle Theorie der gesellschaftlichen Entwicklung spiegelt. Und die Historiker wissen auch, daß sie ihre Geschichten zu einem bestimmten Zweck schreiben – nicht selten, um die Gegenwart entweder zu verherrlichen oder zu verdammen. Es gibt keine definitive Geschichte von irgend etwas – es gibt nur Geschichten, menschliche Erfindungen, die uns nicht *die* eine Antwort geben, sondern immer bloß jene Antworten, die durch die jeweils gestellten Fragen hervorgerufen wurden.

Historiker wissen das alles – für sie ist dies eine alltägliche Vorstellung. Aber vor den jungen Menschen machen wir ein Geheimnis daraus. Ihre Ahnungslosigkeit hindert sie daran, zu begreifen, warum sich »die Geschichte« verändern kann und warum Russen, Chinesen, Indianer und manch anderer auch geschichtliche Ereignisse ganz anders sehen als die Verfasser unserer Geschichtsbücher. Die Aufgabe des Geschichtslehrers besteht also darin, aus sich einen »Geschichtenlehrer« zu machen. Das bedeutet nicht, daß nun unbedingt jede partikulare Version der Geschichte Amerikas, Europas oder Asiens erörtert werden müßte. Aber es bedeutet, daß ein Geschichtenlehrer jederzeit die Aufgabe hat, zu zeigen, inwiefern die Geschichten selbst Erzeugnisse von Kulturen sind; wie jede Geschichte die Gedanken und selbst die metaphysischen Vorstellungen der Kultur widerspiegelt, aus der sie hervorgegangen ist; wie Religion, Politik, Geographie und Wirtschaft eines Volkes die Menschen dazu bringen, die eigene Vergangenheit anhand ganz bestimmter Linien neu zu erschaffen. Der Geschichtenlehrer muß seinen Schülern klarmachen, was »Objektivität« und was »Ereignis« bedeutet, er muß ihnen zeigen, was ein »Blickwinkel« und was eine »Theorie« ist, und er muß ihnen eine Ahnung davon vermitteln, wie man Geschichten bewerten kann.

Man könnte einwenden, diese Idee – Geschichte als vergleichende Geschichte zu lehren – sei zu abstrakt für den Verstand von Schülern. Aber dies ist gerade einer von mehreren Gründen dafür, eine solche vergleichende Geschichte zu unterrichten. Wer die Vergangenheit bloß als eine Chronik unbestreitbarer, zerstückelter, konkreter Ereignisse darstellt, der modelt die Geschichte nach jenen Vorstellungen, denen das Technopol selbst Vorschub leistet, wenn es unserer Jugend den Zugang zu Begriffen und Theorien verwehrt und sie nur mit einem Strom sinnloser Ereignisse konfrontiert. Deshalb klingen auch die Kontroversen über die Frage, welche Ereignisse in das Curriculum des Faches Geschichte aufgenommen werden sollen und welche nicht, immer ein wenig hohl. Manche dringen zum Beispiel darauf, daß der Holocaust oder die Blutbäder, die Stalin angerichtet hat, oder der Leidensweg der Indiander in die Lehrpläne aufgenommen werden sollen. Auch ich finde, daß unsere Schüler etwas über diese Sachverhalte wissen sollten, und dennoch müssen wir uns fragen: Was genau sollen sie über diese Ereignisse eigentlich »wissen«? Soll man ihnen erklären, daß die Geschichte hier verrückt gespielt hat? Sollen sie in ihnen Beispiele für die »Banalität des Bösen« oder für das »Gesetz vom Überleben des Stärkeren« erblicken? Manifestiert sich in ihnen die universelle Kraft ökonomischer Habgier? Oder die Natur des Menschen?

Gleichgültig, welche Ereignisse im Geschichtsunterricht dargestellt werden – das Schlimmste wäre, sie ohne jene Kohärenz darzustellen, die aus einer Theorie oder aus mehreren Theorien erwächst, das heißt, sie als etwas Sinnloses darzustellen. Dies – da können wir sicher sein – tut das Technopol jeden Tag. Der Geschichtenlehrer muß über die Ereignisebene weit hinaus in das Gebiet der Begriffe, Theorien, Hypothesen, Vergleiche, Ableitungen und Bewertungen vordringen. Es geht darum, die Abstraktionsebene, auf der »Geschichte« gelehrt wird, anzuheben. Das sollte für alle Fächer gelten, auch für die Naturwissenschaften.

Aus dem Blickwinkel des Aufstiegs der Menschheit ist die Wissenschaft eine unserer großartigen Leistungen. Wenn am Jüngsten Tag Gericht gehalten wird, werden die Menschen ganz bestimmt rasch auf ihre Wissenschaft zu sprechen kommen. Ich habe schon darauf hingewiesen, wie wichtig es ist, in jeden naturwissenschaftlichen Kurs auch die Geschichte der jeweiligen Wissenschaft einzubeziehen. Aber genauso wichtig ist es, ihre »Philosophie« einzubeziehen. Ich sage das mit einer gewissen Verzweiflung. Mehr als die Hälfte der High Schools in den Vereinigten Staaten bieten nämlich keinen einzigen Kurs in Physik an. Und ich möchte behaupten, daß, grob geschätzt, an 90 Prozent unserer Schulen das Fach Chemie noch immer so unterrichtet wird, als ginge es darum, aus den Schülern Apotheker zu machen. Hinweise darauf, daß die Wissenschaft eine Betätigung der menschlichen Phantasie ist, daß sie etwas ganz anderes ist als die Technologie, daß es »Philosophien« der Wissenschaft gibt und daß dies alles Teil des naturwissenschaftlichen Unterrichts sein sollte – solche Hinweise gehen über das, was heute üblich ist, weit hinaus. Dennoch halte ich sie für unabdingbar.

Wäre die Behauptung übertrieben, daß von fünfzig Schülern nicht einer weiß, was »Induktion« bedeutet? Oder was eine wissenschaftliche Theorie ist? Oder ein wissenschaftliches Modell? Oder wie die optimalen Bedingungen für ein gültiges wissenschaftliches Experiment beschaffen sind? Oder sich je die Frage gestellt hat, was wissenschaftliche Wahrheit ist? In seinem Buch *The Identity of Man* sagt Bronowski: »Darin besteht das Paradox der Phantasie innerhalb der Wissenschaft, daß ihr Ziel die Verarmung der Phantasie ist. Mit diesem unerhörten Satz will ich sagen, daß die höchste Leistung der wissenschaftlichen Phantasie darin besteht, das Gewucher neuer Ideen auszujäten. In der Wissenschaft ist die großartige Perspektive eine kümmerliche Perspektive, und ein reichhaltiges Modell des Universums ist eines, das so arm wie möglich an Hypothesen ist.«

Würde man unter hundert Schülern einen finden, der sich auf diese Sätze einen Reim machen könnte? Die Formulierung »Verarmung der Phantasie« mag unerhört klingen, aber sonst ist nichts Verblüffendes oder auch nur Ungewöhnliches an dem hier zitierten Gedanken. Jeder praktizierende Wissenschaftler versteht, was Bronowski meint. Aber vor unseren Schülern machen wir ein Geheimnis daraus. Es sollte gelüftet werden. Über den Vorschlag hinaus, daß jeder naturwissenschaftliche Kurs eine ernsthafte historische Dimension haben sollte, möchte ich weiter vorschlagen, daß jede Schule – von der Grundschule bis zum

College – einen Kurs in Wissenschaftsphilosophie anbieten und verlangen sollte. Ein solcher Kurs sollte sich mit der Sprache der Wissenschaft beschäftigen, mit dem Wesen des wissenschaftlichen Beweises, mit der Quelle wissenschaftlicher Hypothesen und der Rolle der Phantasie, mit den Bedingungen für das Experimentieren und vor allem mit dem Wert von Irrtum und Widerlegung. Wenn ich mich nicht irre, glauben immer noch viele Menschen, irgendein Satz werde dadurch zu einem wissenschaftlichen Satz, daß man ihn verifizieren kann. In Wirklichkeit ist das Gegenteil der Fall: Wissenschaftliche Sätze unterscheiden sich von nichtwissenschaftlichen dadurch, daß man die ersteren »falsifizieren« kann. Wissenschaft beruht nicht auf unserer Fähigkeit, »Wahrheit« zu erkennen, sondern auf unserer Fähigkeit zum Erkennen von »Falschheit«.

Ein solcher Kurs müßte eine Vorstellung davon vermitteln, daß Wissenschaft nicht Pharmazie und nicht Technologie und keine Serie von Zaubertricks ist, sondern eine besondere Art und Weise, die menschliche Intelligenz zu betätigen. Die Schüler sollten lernen, daß man nicht zum Wissenschaftler wird, indem man sich einen weißen Kittel anzieht (wie es das Fernsehen lehrt), sondern indem man mit einem Komplex von Denk- und Verstandesregeln operiert, von denen viele auf einem disziplinierten Umgang mit der Sprache beruhen. Zur Wissenschaft gehört auch eine Methode, eine allgemein zugängliche Sprache zu verwenden. Der Aufstieg der Menschheit beruht zu einem großen Teil eben darauf.

Was den disziplinierten Umgang mit Sprache angeht, so möchte ich empfehlen, daß jede Schule – wiederum angefangen bei den Grundschulen bis zum College – neben den Kursen in Wissenschaftsphilosophie auch einen Kurs in Semantik anbietet, in dem es um die Prozesse geht, mit denen die Menschen Sinn erzeugen. In diesem Zusammenhang muß ich auf die betrübliche Tatsache hinweisen, daß Englischlehrer sich dem Fach Semantik schon immer verschlossen haben – mit anderen Worten, sie haben es ignoriert. Ich habe das nie verstehen können, denn Englischlehrer behaupten immerhin, sie würden Unterricht im Lesen und Schreiben erteilen. Aber wenn sie dabei nichts über die Beziehung zwischen Sprache und Realität verlauten lassen – und genau damit beschäftigt sich die Semantik –, dann weiß ich nicht, wie sie Lesen und Schreiben bei ihren Schülern verbessern wollen.

Jeder Lehrer sollte auch Semantiklehrer sein, denn es ist nicht möglich, die Sprache von dem zu trennen, was wir Wissen oder Erkenntnis nennen. So wie die Geschichte ist auch die Semantik interdisziplinär: man muß etwas von ihr wissen, wenn man in irgendeinem Fach irgend etwas verstehen will. Aber für die Entwicklung der Intelligenz der jungen Leute wäre es äußerst nützlich, wenn es auch einen speziellen Kurs gäbe, in dem bestimmte Grundprinzipien der Sprache benannt und erklärt werden. Ein solcher Kurs würde sich nicht nur mit verschiedenen Arten von Sprachgebrauch beschäftigen, sondern auch mit der Beziehung zwischen Gegenständen und Wörtern, zwischen Symbolen und Zeichen, zwischen Tatsachenfeststellungen und Urteilen, zwischen Grammatik und Denken. Vor allem bei jungen Schülern würde der Kurs jene semantischen Irrtümer hervorheben, die uns allen immer wieder unterlaufen und die sich durch ein bewußtes und diszipliniertes Verhältnis zur Sprache vermeiden lassen – Verwechslung von Abstraktionsebenen, Verwechslung von Wörtern und Dingen, floskelhaftes Reden.

Unter allen Disziplinen, die in das Curriculum aufgenommen werden können, gehört die Semantik gewiß zu den »grundlegenden«. Weil sie sich mit den Prozessen beschäftigt, durch die wir Sinn erzeugen und deuten, kann sie elementare Auswirkungen für die Intelligenz unserer Schüler haben. Trotzdem wird die Semantik selten genannt, wenn der Ruf »Zurück zu den Grundlagen« ertönt. Warum? Ich vermute, weil die Semantik zu tief vordringt. In Anlehnung an George Orwell könnte man sagen: viele Fächer sind grundlegend, aber einige sind grundlegender als andere. Solche Fächer können kritisches Denken entfalten und den Schülern den Zugang zu Fragen eröffnen, die an den Kern der Dinge rühren. Aber das ist es nicht, was den Befürwortern eines »Zurück zu den Grundlagen« meist vorschwebt. Sie wünschen sich Sprachtechniker: Leute, die Anweisungen befolgen, klare Berichte verfassen und orthographisch korrekt schreiben können. Es spricht vieles dafür, daß die Beschäftigung mit der Semantik die Schreib- und Lesefähigkeit der Schüler verbessert. Aber sie leistet in jedem Fall mehr. Sie versetzt die Schüler in die Lage, über den Sinn und die Wahrheit dessen nachzudenken, was sie schreiben und lesen sollen. Sie lehrt sie, die Annahmen zu erkennen, die dem, was ihnen gesagt wird, zugrunde liegen. Sie macht die zahlreichen Formen sichtbar, in denen Sprache die Wirklichkeit verzerren kann. Sie hilft den Schülern, das zu werden, was Charles Weingartner und ich einmal »Quatsch-Detektoren« genannt haben. Schülern, die über eine feste Grundlage in der Semantik verfügen, wird es schwerfallen, sich einem Lesetest zu unterziehen. Ein Lesetest lädt nämlich nicht dazu ein, die Frage zu stellen, ob das Geschriebene wahr ist oder nicht – und wenn es wahr ist, danach zu fragen, in welchen Zusammenhängen es steht. Die Beschäftigung mit der Semantik beharrt auf solchen Fragen. Aber so »grundlegend« haben sich die Befürworter des Grundsatzes »Zurück zu den Grundlagen« die Bildung denn doch nicht vorgestellt. Und deshalb nehmen sie Literatur, Musik und Kunst im allgemeinen auch nicht in ihre Lehrpläne auf. Wenn wir hingegen den Aufstieg der Menschheit zum Grundthema machen, wird es selbstverständlich notwendig, diesen Fächern einen wichtigen Platz einzuräumen.

Vor allem deshalb, weil das, was diese Fächer zum Inhalt haben, besser als alles andere die Einheit und Kontinuität menschlicher Erfahrung und menschlichen Empfindens bezeugen kann. Und deshalb schlage ich vor, im geisteswissenschaftlichen Unterricht die Werke der Vergangenheit in den Vordergrund zu stellen. Von den zeitgenössischen Werken hingegen sollten sich die Schulen möglichst fern halten. Die Kommunikationsindustrie sorgt schon dafür, daß unsere Schüler ständig Zugang zur Populärkunst ihrer Zeit haben – zu Musik, Rhetorik, Design, Literatur und Architektur. Ihr Wissen von Form und Inhalt dieser Künste ist bei weitem nicht zufriedenstellend. Aber ihr Unwissen im Hinblick auf Form und Inhalt der Kunst vergangener Zeiten gleicht einer gähnenden Leere. Dies ist der erste gute Grund dafür, die Kunst der Vergangenheit in den Vordergrund zu rücken. Ein zweiter besteht darin, daß kein Fach besser geeignet ist, uns von der Tyrannei der Gegenwart zu befreien, als das historische Studium der Kunst. Die Malerei zum Beispiel ist mehr als dreimal so alt wie das Schreiben und enthält im Wechsel der Stile und Motive eine Chronik des Aufstiegs der Menschheit, die sich über fünfzehntausend Jahre erstreckt.

Ich will hiermit nicht sagen, daß die Kunst unter die Rubrik Archäologie gestellt werden sollte, ich möchte nur empfehlen, der Kunstgeschichte einen wesentlichen Platz im Curriculum zu geben. Aber Kunst ist mehr als bloß historisches Artefakt. Wenn sie uns etwas bedeuten soll, muß sie in eine Beziehung zu Gefühlsschichten treten, die der diskursiven Sprache nicht zugänglich sind. Es stellt sich also die Frage, ob es den Schülern heute überhaupt möglich ist, auf der Ebene von Gefühl und Empfinden ein Verhältnis zu Malerei, Architektur, Musik, Bildhauerei oder Literatur der Vergangenheit herzustellen. Die Antwort lautet, wie ich glaube: nur unter größten Schwierigkeiten. Ihre ästhetische Sensibilität und die vieler anderer Menschen ist weit von dem entfernt, was nötig ist, um ein Sonett von Shakespeare, eine Symphonie von Haydn oder ein Bild von Frans Hals anregend oder gar unterhaltsam zu finden. Um es übermäßig zu vereinfachen: einem jungen Mann, der Madonna für den absoluten Höhepunkt musikalischen Ausdrucks hält, fehlt die Sensibilität, zwischen Auf- und Abstieg der Menschheit zu unterscheiden. Aber ich will hier nicht die Populärkultur anschwärzen. Ich möchte nur darauf hinweisen, daß die Produkte der Populärkunst von der Kultur selbst ausgiebig propagiert werden. Die Schulen müssen sich um die Produkte der klassischen Kunstformen gerade deshalb kümmern, weil sie nicht so verfügbar sind und weil sie eine andere Form von Sensibilität und Aufnahmebereitschaft verlangen. Heutzutage gibt es keine Entschuldigung für Schulen, die Rock-Konzerte veranstalten, während ihre Schüler die Musik von Mozart, Beethoven, Bach oder Chopin noch nie gehört haben. Oder für Schüler, die ihren Abschluß an der High School machen und noch nie Shakespeare, Cervantes, Milton, Keats, Dickens, Whitman, Twain, Melville oder Poe gelesen haben. Oder für Studenten, die noch nie ein Gemälde von Goya, El Greco oder David und sei es nur als Reproduktion gesehen haben. Es kommt nicht darauf an, daß viele dieser Komponisten, Schriftsteller und Maler zu ihrer Zeit durchaus populär waren. Es kommt darauf an, daß sie in einer Sprache und aus einem Blickwinkel gesprochen haben, die sich von unserer Sprache und unserem Blickwinkel unterscheiden und dennoch in einer kontinuierlichen Beziehung zu ihnen stehen. Diese Künstler sind nicht nur deshalb

210

wichtig, weil sie Maßstäbe für den Umgang zivilisierter Menschen mit der Kunst aufgestellt haben. Sie sind wichtig, weil die heutige Kultur ihre Stimmen zum Schweigen zu bringen und ihre Maßstäbe unsichtbar zu machen versucht.

Es ist sehr wahrscheinlich, daß Schüler, die ganz in der Populärkunst von heute aufgehen, eine solche Akzentuierung als langweilig und sogar als quälend empfinden werden. Dies wiederum werden die Lehrer als quälend empfinden, die verständlicherweise lieber etwas unterrichten, das direkt begeisterte Reaktionen auslöst. Aber wir müssen den Jugendlichen zeigen, daß nicht alles Wertvolle unmittelbar zugänglich ist und daß es Ebenen von Wahrnehmungsfähigkeit gibt, die sie gar nicht kennen. Und vor allem müssen wir ihnen die künstlerischen Wurzeln der Menschheit zeigen. Und diese Aufgabe fällt in unserer Zeit unausweichlich den Schulen zu.

Anknüpfend an das Stichwort »Wurzeln«, möchte ich zum Schluß zwei Themenbereiche in meinen Vorschlag aufnehmen, die unentbehrlich sind, wenn wir verstehen wollen, woher wir kommen. Zum einen die Geschichte der Technik, die genau wie Wissenschaft und Kunst einen Beitrag zur Geschichte der Menschheit und ihrer Konfrontation mit der Natur und mit ihren eigenen Grenzen liefert. Es ist wichtig, den Schülern zu zeigen, daß es zum Beispiel einen Zusammenhang zwischen der Erfindung der Brille im 13. Jahrhundert und den Experimenten der Gen-Forschung im 20. Jahrhundert gibt: daß wir nämlich in beiden Fällen die These, Anatomie sei Schicksal, zurückweisen und mit Hilfe der Technik unser Schicksal selbst bestimmen. Kurz, wir brauchen Schüler, die die Beziehungen zwischen unserer Technik und unserer gesellschaftlichen und psychischen Welt begreifen, so daß sie sich auf eine informierte Weise an Gesprächen darüber beteiligen können, wohin uns Technik und Technologie führen und wie dies geschieht.

Der zweite Themenbereich ist die Religion, die mit Malerei, Musik, Technik, Architektur, Literatur und Wissenschaft eng und auf vielfältige Weise verbunden ist. Ich möchte vorschlagen, in das Curriculum einen Kurs zum Thema Religionsvergleich aufzunehmen. Er würde sich mit der Religion als Ausdruck der schöpferischen Kraft der Menschheit, als einer umfassenden Antwort auf die fundamentalen Fragen nach dem

Sinn des Daseins beschäftigen. Der Kurs würde deskriptiv verfahren, er würde keine bestimmte Religion befürworten, sondern die Gleichnisse, die Literatur, die Kunst, das Ritual des religiösen Ausdrucks selbst beleuchten. Ich bin mir über die Schwierigkeiten, mit denen es ein solcher Kurs zu tun hätte, durchaus im klaren. Zu ihnen gehört nicht zuletzt die Auffassung, daß Schule und Religion keinesfalls miteinander in Berührung kommen dürfen. Aber ich kann mir nicht vorstellen, wie wir den Heranwachsenden Bildung vermitteln wollen, wenn wir ihnen nicht vor Augen führen, wie unterschiedliche Menschen zu unterschiedlichen Zeiten und an unterschiedlichen Orten versucht haben, über die Welt hinauszudenken. Bildung kann Texte wie die Genesis, das Neue Testament, den Koran oder die Bhagawadgita nicht außer acht lassen. Jeder von ihnen verkörpert einen Stil und eine Weltsicht, die über den Aufstieg der Menschheit so viel mitteilen, wie man sich von einem Buch nur wünschen kann. Und diesen Schriften würde ich auch das *Kommunistische Manifest* an die Seite stellen, dem sich bis in die jüngste Zeit Millionen von Menschen verbunden fühlten.

Um noch einmal zusammenzufassen: Ich schlage für den Anfang ein Curriculum vor, in dem alle Fächer als Stufen der historischen Entwicklung der Menschheit dargestellt werden, in dem die Philosophien von Wissenschaft, Geschichte, Sprache, Technik und Religion gelehrt werden; in dem den klassischen Ausdrucksformen der Kunst ein bevorzugter Platz eingeräumt wird. Dieses Curriculum geht »zurück zu den Grundlagen«, aber nicht so, wie die Technokraten sich das wünschen. Und mit Sicherheit steht es in Opposition zum Geist des Technopols. Ich gebe mich nicht der Illusion hin, daß ein solches Bildungsprogramm das weitere Vordringen des Technopols stoppen könnte. Aber vielleicht hilft es, ein ernsthaftes Gespräch in Gang zu bringen und in Gang zu halten, das es uns ermöglicht, Distanz gegenüber dem Technopol zu gewinnen, es zu kritisieren und zu verändern. Die gleiche Hoffnung verbinde ich mit diesem Buch.

Anmerkungen

1. Das Urteil des Thamus

1 Platon, *Phaidros* 274e–275b, S. 55, in Anlehnung an Schleiermachers Übersetzung, aber unter Berücksichtigung der von Postman verwendeten englischen Übersetzung.
2 Freud, S. 446f.
3 Vgl. hierzu Keith Hoskin, »The Examination, Disciplinary Power and Rational Schooling«, in: *History of Education*, Bd. VIII, Nr. 2 (1979), S. 133–146. Hoskin berichtet über Farish noch die folgende Anekdote: Er sei Professor für mechanische Wissenschaften in Cambridge gewesen und habe in seiner dortigen Wohnung eine bewegliche Trennwand eingebaut. Diese Wand ließ sich mit Hilfe eines Flaschenzugs zwischen dem oberen und dem unteren Stockwerk bewegen. Eines Abends, als er zu später Stunde noch im unteren Stock arbeitete, wurde es Farish kalt, und er ließ die Wand herunter. Sonderlich inhaltsschwer ist diese Anekdote nicht, und es ist auch nicht überliefert, was danach geschah. Aber es zeigt, wie wenig über William Farish bekannt ist.
4 Ausführlich äußert sich Mumford zu den Auswirkungen der mechanischen Uhr in *Technics and Civilization*.

2. Von der Werkzeugkultur zur Technokratie

1 Die Marx-Zitate: *Deutsche Ideologie*, S. 21; *Grundrisse der Kritik der Politischen Ökonomie*, S. 31.
2 Vielleicht ist der Ausdruck »Land der Dritten Welt« ein Synonym für »Werkzeugkultur« – obwohl auch weite Teile von China als Werkzeugkultur bezeichnet werden können.
3 Eine genaue Untersuchung der Technik im Mittelalter findet sich bei Jean Gimpel, *The Medieval Machine*.

4 Zit. n. Muller, S. 30.

5 Vgl. sein Buch *Die mittelalterliche Technik und der Wandel der Gesellschaft*.

6 Die Erkenntnisse von De Vries gibt Alvin Toffler wieder in seinem Artikel »Value Impact Forecaster: A Profession of the Future«, in dem Buch von Baier und Rescher, *Values and the Future: The Impact of Technological Change on American Values*, New York: Free Press 1969, S. 3.

3. Von der Technokratie zum Technopol

1 Giedion, S. 61.

2 Eine ausgezeichnete Darstellung der Geschichte solcher Utopien findet sich bei Segal.

3 Vgl. dazu David Linton, »Luddism Reconsidered«, in: *Etcetera*, Frühjahr 1985. S. 32–36.

4 Tocqueville, Bd. 1, S. 600.

4. Unwahrscheinliche Welt

1 Eine ausführliche Darstellung über die Auswirkungen der Druckpresse auf die abendländische Kultur findet sich bei Eisenstein.

2 Ausgiebiger habe ich mich in meinem Buch *Wir amüsieren uns zu Tode* mit dem Telegraphen beschäftigt, vgl. dort S. 83ff.

5. Der Zusammenbruch der Abwehrmechanismen

1 Eine bedeutsame Ausnahme unter den Soziologen, die sich zu diesem Thema geäußert haben, ist Arnold Gehlen mit seinem Buch *Die Seele im technischen Zeitalter*.

2 Dieser Begriff wurde von E. D. Hirsch nicht geprägt, aber seine derzeitige Popularität läßt sich wohl auf sein Buch *Cultural Literacy* zurückführen.

3 So lautet der ursprüngliche Titel eines der wichtigsten Bücher von Christopher Lasch: *Haven in a Heartless World*.

4 James Beniger, *The Control Revolution*, S. 13. Benigers Buch bietet eine ausgezeichnete Grundlage für ein Verständnis der technischen Mittel zur Ausschaltung – d. h. zur Kontrolle – von Information.

5 Tocqueville, Bd. 1, S. 392.

6 Lewis, S. X.

7 Ebd.
8 Siehe Arendt.

6. Die Maschinen-Ideologie: Medizinische Technologie

1 Ich weiß nicht, ob die Firma noch existiert, aber um zu beweisen, daß es sie einmal gegeben hat, nenne ich hier die Adresse, unter der die Hagoth Corporation jedenfalls früher einmal erreichbar war: 85 NW Alder Place. Department C. Issaquah, Washington 98027.
2 Diese und weitere Fakten finden sich bei Payer und bei Inlander u. a.
3 Reiser, S. 160.
4 Ebd., S. 161.
5 Payer, S. 127.
6 Zit n. ebd.
7 Eine faszinierende Darstellung von Laënnecs Erfindung findet sich bei Reiser.
8 Ebd., S. 38.
9 Ebd., S. 230.
10 Horowitz, S. 31.
11 Ebd., S. 80.
12 Zit. n. Inlander u. a., S. 106.
13 Zit. n. ebd., S. 113.

7. Die Maschinen-Ideologie: Computertechnologie

1 *New York Times*, 7. August 1990, Teil C, S. 1.
2 *Personal Computing*, 29. Juni 1990, S. 36.
3 *New York Times*, 24. November 1989.
4 *Publishers Weekly*, 2. März 1990, S. 26.
5 *Bottom Line*, 15. Juli 1989, S. 5.
6 Eine knappe, gut lesbare Darstellung der Entwicklung des Computers gibt Arno Penzias in seinem Buch *Ideas und Information: Managing in a High-Tech World.*
7 Zit. n. Hunt, S. 318; dt. S. 376.
8 Searle, S. 30.
9 Siehe Gozzi, S. 177–180.
10 Siehe Milgram.
11 Weizenbaum, S. 32; dt. S. 54f.
12 *The Sun* berichtet in der Ausgabe vom März 1991 über den zweijährigen Lance Smith. Man nennt ihn den »Mozart der Video-Spiele«, weil er bei einem der Spiele der Firma Nintendo astronomi-

sche Punktzahlen erreicht. Näher werden die Computer der Kunst Mozarts nicht mehr kommen.

13 Siehe das Buch von J.D.Bolter, *Writing Space: The Computer, Hypertext and the History of Writing*, Hillsdale, N.J.: Lawrence Erlbaum 1991.

14 *Science Digest*, Juni 1984.

15 Beide Männer zitiert die Zeitung *News and Observer*, Raleigh, North Carolina, in der Ausgabe vom 13. August 1989.

16 Katsch, S. 44.

8. Unsichtbare Technologien

1 Zit. n. Gould, S. 75. Dem Buch von Gould, das eine umfassende Geschichte der Versuche, Intelligenz zu quantifizieren, entwirft, habe ich viel zu verdanken.

2 *The National Elementary Principal*, März/April 1975.

3 Weizenbaum, S. 203; dt. S. 269.

4 Der Anlaß war ein Seminar im Frühjahr 1990 außerhalb von Washington. Die Gruppe der dreiundzwanzig Kongreßabgeordneten der Demokratischen Partei wurde von Richard Gephardt geleitet.

5 Diese lächerlichen Statistiken stammen natürlich von mir selbst. Wichtig ist aber, daß es darauf nicht ankommt.

6 Vgl. die vorige Anmerkung.

7 Ein interessantes Beispiel für die Tyrannei der Statistik ist die Entscheidung des College Board vom 1. November 1990, im Rahmen des Schuleignungstests von den Schülern nicht die Anfertigung eines Aufsatzes zu verlangen. Die Schreibfähigkeit prüft dieser Test weiterhin mit Hilfe von Multiple-Choice-Fragen, die die Fähigkeit messen, Regeln, die sich auf Grammatik, Rechtschreibung und Interpunktion beziehen, auswendig zu lernen. Man sollte meinen, wenn man herausfinden will, wie gut ein Schüler oder eine Schülerin schreiben kann, dann sei es das Vernünftigste, sie etwas schreiben zu lassen. Aber um die Vernunft ist es unter dem Technopol wundersam bestellt. Dokumentiert ist der gesamte Sachverhalt in *The Chronicle of Higher Education*, 16. Januar 1991.

8 Siehe Keith W. Hoskin, Richard H. Macve, »The Genesis of Accountability: The West Point Connections«, *Accounting Organizations and Society*, Bd. 13, Nr. 1 (1988), S. 37–73. Ich bin den beiden Verfassern vor allem für ihre Darstellung der modernen Managementsysteme zu Dank verpflichtet.

9. Szientismus

1 Zit. n. Hayek, S. 201. Hayeks Buch bin ich für die Darstellung der Geschichte der Ecole Polytechnique zu Dank verpflichtet.
2 Ebd., S. 21.
3 Myrdal, S. 6.
4 Einen großen Teil der Überlegungen zur Unterscheidung zwischen Naturwissenschaft und Sozialforschung habe ich meinem Aufsatz »Sozialwissenschaft als Geschichtenerzählen« entnommen, in: N. P., *Die Verweigerung der Hörigkeit*, Frankfurt: S. Fischer 1988.

10. Die Entleerung der Symbole

1 Obwohl Boorstins Buch in mancher Hinsicht veraltet ist, kommt ihm das Verdienst zu, schon sehr früh auf die Auswirkungen der optischen Gesellschaft aufmerksam gemacht zu haben.
2 *The New Republic*, 18. Februar 1991, S. 42.

11. Der liebevolle Widerstandskämpfer

1 Hier folgt eine Fassung eines Vorschlages, den ich bereits mehrere Male gemacht habe. Eine ausführlichere Version enthält mein Buch *Teaching as a Conserving Activity*.

Bibliographie

Al-Hibri, A. u. Hickman, L. (Hrsg.), *Technology and Human Affairs*, London: The C. V. Mosby Company 1981.

Arendt, H., *Eichmann in Jerusalem. Ein Bericht von der Banalität des Bösen*, München: Piper 1964.

Bellah, R. N.; Madsen, R.; Sullivan, W. H.; Swidler, A. u. Tipton, S. M., *Habits of the Heart: Individualism and Commitment in American Life*, Berkeley: University of California Press 1985.

Beniger, J. R., *The Control Revolution: Technological and Economic Origins of the Information Society*, Cambridge, Mass., u. London: Harvard University Press 1986.

Bolter, J. D., *Turing's Man: Western Culture in the Computer Age*, Chapel Hill: The University of North Carolina Press 1984.

Bury, J. B., *The Idea of Progress: A Inquiry into its Origins and Growth*, New York: Dover Publications 1932.

Callahan, R. E., *Education and the Cult of Efficiency: A Study of the Social Forces That Have Shaped the Administration of the Public Schools*, Chicago: The University of Chicago Press 1962.

Christians, C. G. u. Van Hook, J. M. (Hrsg.), *Jacques Ellul: Interpretive Essays*, Chicago: University of Illinois Press 1981.

Eisenstein, E., *The Printing Revolution in Early Modern Europe*, Cambridge, Mass.: Cambridge University Press 1983.

Ellul, J., *La technique ou l'enjeu du siècle*, Paris: Colin 1954.

Ellul, J., *The Betrayal of the West*, New York: The Seabury Press 1978.

Farrington B., *Francis Bacon: Philosopher of Industrial Science*, New York: Henry Schuman 1949.

Freud, S., *Das Unbehagen in der Kultur*, in: S. F., *Gesammelte Werke*, Bd. XIV, Frankfurt a. M.: S. Fischer 1948 ff.

Gehlen, A., *Die Seele im technischen Zeitalter. Sozialpsychologische Probleme in der industriellen Gesellschaft*, Reinbek: Rowohlt 1957.

Giedion, S., *Die Herrschaft der Mechanisierung. Ein Beitrag zur anonymen Geschichte*, Frankfurt a. M.: Europäische Verlagsanstalt 1982.

Gimpel J., *The Medieval Machine: The Industrial Revolution of the Middle Ages*, New York: Holt, Rinehart & Winston 1976.

Gould, S. J., *The Mismeasure of Man*, New York: W. W. Norton 1981; dt. *Der falsch vermessene Mensch*, Frankfurt: Suhrkamp 1988.

Gozzi, R. J., jr., »The Computer ›Virus‹ as Metaphor«, in: *Etcetera: A Review of General Semantics*, Bd. 47, Nr. 2 (Sommer 1990).

Hayek, F. H., *The Counter-Revolution of Science: Studies on the Abuse of Reason*, Indianapolis: Liberty Press 1952.

Hirsch, E. D., jr., *Cultural Literacy: What Every American Needs to Know*, Boston: Houghton Mifflin 1987.

Hodges, A., *Alan Turing: The Enigma*, New York: Simon & Schuster 1983.

Hoffer, E., *The Ordeal of Chance*, New York: Harper & Row 1952; dt. *Die Angst vor dem Neuen. Freiheit als Herausforderung und Aufgabe*, Reinbek: Rowohlt 1968,

Horowitz, L. C, M. D., *Taking Charge of Your Medical Fate*, New York: Random House 1988.

Hunt, M., *The Universe Within: A New Science Explores the Mind*, New York: Simon & Schuster 1982; dt. *Das Universum in uns. Neues Wissen vom menschlichen Denken*, München, Zürich: Piper 1984.

Hutchins, R. M., *The Higher Learning in America*, New Haven: Yale University Press 1936; *Die Hochschulbildung in Amerika*, Stuttgart: Klett 1948.

Inlander, C. B.; Levin, L. S. u. Weiner E., *Medicine on Trial: The Appalling Story of Medical Ineptitude and the Arrogance that Overlooks It*, New York: Pantheon Books 1988.

Katsch, M. E., *The Electronic Media and the Transformation of Law*, New York u. Oxford: Oxford University Press 1989.

Koestler, A, *The Sleepwalkers*, New York: The Macmillan Company 1968; dt. *Die Nachtwandler. Die Entstehungsgeschichte unserer Welterkenntnis*, Frankfurt: Suhrkamp 1980.

Lasch, C. *Haven in a Heartless World: The Family Besieged*, New York: Basic Books 1975; dt. *Geborgenheit. Die Bedrohung der Familie in der modernen Welt*, München: Steinhausen 1981.

Lewis, C. S., *The Screwtape Letters*, New York: Macmillan 1943.

Logan, R. K., *The Alphabet Effect: The Impact of the Phonetic Alphabet on the Development of Western Civilization*, New York: St. Martin's Press 1986.

Luke, C., *Pedagogy, Printing, and Protestantism*, Albany: State University of New York Press 1989.

Marx, K. u. Engels, F., *Die deutsche Ideologie* (MEW Bd. 3), Berlin: Dietz 1969.

Marx, K., *Grundrisse der Kritik der Politischen Ökonomie*, Frankfurt a. M., Wien: Europäische Verlagsanstalt o. J.

Milgram, S., *Obedience to Authority: An Experimental View*, New York: Harper & Row 1974; dt. *Das Milgram-Experiment. Zur Gehorsamsbereitschaft gegenüber Autorität*, Reinbek: Rowohlt 1974.

Muller, H. J., *The Children of Frankenstein: A Primer on Modern Technology and Human Values*, Bloomington, London: Indiana University Press 1970.

Mumford, L.: *Technics and Civilization*, New York: Harcourt, Brace Jovanovich 1963.

Myrdal, G., *Objectivity in Social Research*, New York: Pantheon Book 1969; dt. *Objektivität in der Sozialforschung*, Frankfurt: Suhrkamp 1971.

Papert, S., *Mindstorms: Children, Computers, and Powerful Ideas*, New York: Basic Books 1980; dt. *Kinder, Computer und neues Lernen*, Basel, Stuttgart: Birkhäuser 1985.

Payer, L., *Medicine and Culture: Varieties of Treatment in the United States, England, West Germany and France*, New York: Penguin Books 1988.

Penzias, A., *Ideas and Information: Managing in High-Tech World*, New York, London: W. W. Norton 1989.

Platon, *Phaidros*, in: P., *Sämtliche Werke*, Bd. 4, Reinbek: Rowohlt 1958 ff.

Postman, N., *Amusing Ourselves to Death: Public Discourse in the Age of Show Business*, New York: Penguin Books 1985; dt. *Wir amüsieren uns zu Tode. Urteilsbildung im Zeitalter der Unterhaltungsindustrie*, Frankfurt a. M.: S. Fischer 1985.

Read, H., *To Hell with Culture and Other Essays on Art and Society*, New York: Schocken Books 1963.

Reiser, S. J., *Medicine and the Reign of Technology*, Cambridge, London, New York, Melbourne: Cambridge University Press 1978.

Rifkin, J., *Time Wars: The Primary Conflict in Human History*, New York: Henry Holt 1987; dt. *Uhrwerk Universum. Die Zeit als Grundkonflikt des Menschen*, München: Kindler 1988.

Schumacher, E. F., *Small is Beautiful: Economics As If People Mattered*, New York: Hagerstown, San Francisco, London: Harper & Row; dt. *Die Rückkehr zum menschlichen Maß. Alternativen für Wirtschaft und Technik*, Reinbek: Rowohlt 1977.

Schumacher, E. F., *A Guide for the Perplexed*, New York: Viking Penguin 1977.

Searle, J., *Minds, Brains and Science*, Cambridge, Mass.: Harvard University Press 1984.

Segal, H. P., *Technological Utopianism in American Culture*, Chicago: The University of Chicago Press 1985.

Snow, C. P., *The Two Cultures and the Scientific Revolution*, New York: Cambridge University Press 1959.

Sturt, M., *Francis Bacon*, New York: William Morrow 1932.

Szasz, T., *Anti-Freud: Karl Kraus's Criticism of Psychoanalysis and Psychiatry*, Syracuse: Syracuse University Press 1976.

Tocqueville, A. de, *Über die Demokratie in Amerika*, 2 Bde., Zürich: Manesse 1987.

Usher, A. P., *History of Mechanical Inventions*, New York: Dover Publications 1929.

Weingartner, C., »Educational Research: The Romance of Quantification«, in: *Etcetera: A Review of General Semantics*, Bd. 39, Nr. 2 (Sommer 1982).

Weizenbaum, J., *Computer Power and Human Reason: From Judgement to Calculation*, San Francisco: W. H. Freeman 1976; dt. *Die Macht der Computer und die Ohnmacht der Vernunft*, Frankfurt a. M.: Suhrkamp 1977.

White, L., jr., *Medieval Technology and Social Change*, London: Oxford University Press 1962; *Die mittelalterliche Technik und der Wandel der Gesellschaft*, München: Heinz Moos 1968.

Whitehead, A. N., *The Aims of Education and Other Essays*, New York: The Free Press 1929.

Whitrow, G. J., *Time in History: The Evolution of Our General Awareness of Time and Temporal Perspective*, Oxford, New York: Oxford University Press 1988.